Edition KWV

Die „Edition KWV" beinhaltet hochwertige Werke aus dem Bereich der Wirtschaftswissenschaften. Alle Werke in der Reihe erschienen ursprünglich im Kölner Wissenschaftsverlag, dessen Programm Springer Gabler 2018 übernommen hat.

Weitere Bände in der Reihe http://www.springer.com/series/16033

Stefan Spörrer

Content Management Systeme

Begriffsstruktur und Praxisbeispiel

Stefan Spörrer
Regen, Deutschland

Bis 2018 erschien der Titel im Kölner Wissenschaftsverlag, Köln

Edition KWV
ISBN 978-3-658-24350-0   ISBN 978-3-658-24351-7   (eBook)
https://doi.org/10.1007/978-3-658-24351-7

Die Deutsche Nationalbibliothek verzeichnet diese Publikation in der Deutschen Nationalbibliografie; detaillierte bibliografische Daten sind im Internet über http://dnb.d-nb.de abrufbar.

Springer Gabler

Springer Gabler ist ein Imprint der eingetragenen Gesellschaft Springer Fachmedien Wiesbaden GmbH und ist ein Teil von Springer Nature
Die Anschrift der Gesellschaft ist: Abraham-Lincoln-Str. 46, 65189 Wiesbaden, Germany

Meiner Familie gewidmet

Vorwort

Content Management Systeme wurden für die Organisation und das Management von Inhalten konzipiert. Es folgten umfangreiche Redaktionssysteme, um neben der Koordination von Arbeitsabläufen die Onlinepräsentation von Inhalten aus verschiedenen Quellen zu unterstützen.

Unternehmen sehen sich aktuell einer Vielzahl von Lösungen gegenüber. Obwohl die Systeme teilweise verschieden aufgebaut sind, versprechen die Hersteller, die richtige und ultimative Lösung anbieten zu können.

Dieses Buch ist aus einer wissenschaftlichen Arbeit entstanden. Es wird versucht, durch Ergänzung praktischer Erfahrungen eine Brücke zwischen Theorie und Praxis zu schaffen.

Neben der Betrachtung der Begriffe im Bereich Content Management Systeme und den notwendigen Abgrenzungen zu benachbarten Bereichen liegen in diesem Buch Schwerpunkte in der Unterstützung bei der Suche nach dem passenden System und der praktischen Arbeit im Zusammenhang mit der damit verbundenen Realisierung eines Kundenauftrags als Fallbeispiel. Die verwendeten Vorlagen können für eigene Projekte im Intranet, Extranet oder Internet verwendet werden. Ebenso sollen diese als Anregungen für die Erstellung eigener Anforderungskataloge dienen. Unabhängig davon, ob es sich um eine kommerzielle oder um eine Open Source-Lösung handelt. Für technisch versiertere Anwender enthält dieses Buch darüber hinaus im Anhang vier beispielhafte Installationen aktueller Content Management Systeme im Bereich Open Source. Das vorliegende Buch soll helfen, die Möglichkeiten und Wege zur sinnvollen Nutzung des Potenzials elektronischer Dokumente mit überschaubaren Kosten im Rahmen eines CMS zu erkennen und die Entscheidungsfindung zu erleichtern.

Sie haben die Möglichkeit, alle Anforderungskataloge und Grafiken unter http://cms.spoerrer.de herunterzuladen und mit Hinweis auf die Quelle zu verwenden.

viii

Ich bedanke mich bei meiner Familie, allen voran bei meiner Frau Carola, und bei meinen Teamleitern, die mir den Rücken für dieses zeitintensive Buchprojekt frei gehalten haben.

Für das Korrekturlesen bedanke ich mich bei Herrn Georg Dotzler, der Fehler finden konnte, die man als Autor trotz mehrmaligen Lesens übersieht.

Jedem Leser wünsche ich, aus der Lektüre dieses Buches viele Anregungen für seine Intentionen im Bereich CMS zu schöpfen. Für Kommentare und Kritik stehe ich gerne unter der Emailadresse cms@spoerrer.de zur Verfügung.

Stefan Spörrer

Regen, im Oktober 2009

Inhaltsverzeichnis

1. Einleitung..1

2. Grundlagen und Abgrenzungen 5

2.1 Content und Content Management 5

2.2 Content Management vs. Dokumentenmanagement ....
und Wissensmanagement...8

2.2.1 Enterprise Content Management 9

2.2.2 Dokumenten Management.......................................11

2.2.3 Abgrenzung Content- und Dokumentenmanagement......14

2.2.4 Wissensmanagement 18

2.2.5 Abgrenzung Content- und Wissensmanagement............20

2.3 Web Content Management 23

2.4 Content Management Systeme und Web-CMS..................26

2.5 Allgemeine Charakterisierung von CM-Systemen............44

2.6 Funktionen von CM-Systemen 55

3. Aktuelle Marktübersicht Content Management Systeme 59

3.1 Vergleichskriterien für CMS 63

3.2 Vergleich ausgewählter Systeme...............................78

3.3 Zusammenfassung der Vergleichsergebnisse 79

4. Praxisbeispiel für die Umsetzung eines CMS........................83

4.1 Beschreibung Realitätsausschnitts und Problem 84

4.2 Beschreibung des Istzustands 86

4.3 Beschreibung des Sollkonzepts 88

4.4 Kosten-Nutzen-Vergleich mit und ohne CMS 91

5. Aktuelle Entwicklungen 99

6. Zusammenfassung 103

Literatur- und Quellenverzeichnis..................................107

Anhang

Anhang 1:   Teilbereiche von Content   117

Anhang 2:   ECM-Hauptkomponenten,
5-Komponenten-Modell des ECM   118

Anhang 3:   Unterschiede und Abgrenzungen
KMS / DMS / CMS   119

Anhang 4:   Web Content Management System,
Trennung von Inhalt und Layout   120

Anhang 5:   Typische Portalarchitektur   121

Anhang 6:   Architektur bestehend aus KMS,
DMS und CMS   122

Anhang 7:   Frontend und Backend eines CMS   123

Anhang 8:   Verwaltung der Inhalte und der
dazugehörigen Metainformationen
über eine zentrale Datenbank   124

Anhang 9:   Contentbearbeitung, Benutzerverwaltung und Rechtevergabe   125

Anhang 10:   Webpublishing ohne CMS   126

Anhang 11:   Webpublishing mit CMS   127

Anhang 12:   Content Life Cycle, Beispiel für eine
Basisarchitektur   128

Anhang 13:   Komponenten eines CMS,
Arten von CMS nach Klassifizierung   129

Anhang 14:   CMS-Frontend auf mobilen
Endgeräten   130

Anhang 15:   Objektorientierter Ansatz eines CMS   131

Anhang 16:   Weitere aktuell verfügbare
Open-Source-CMS   132

Anhang 17:   CMS-Anforderungskatalog   133
allgemein

Anhang 18:   CMS-Anforderungskatalog –
                  beschränkt auf projektbezogene
                  Kriterien – hier Schema   134

Anhang 19:   CMS-Anforderungskatalog –
                  beschränkt auf projektbezogene
                  Kriterien mit Auswertung   135

Anhang 20:   Teamzusammenstellung vor und
                  nach Projektbeginn   136

Anhang 21:   Gantt-Ablaufdiagramm vom
                  Kick-off bis Online-Freigabe   137

Anhang 22:   Geplante Struktur des Webauftritts   138

Anhang 23:   Beispiel API – hier Google Maps   139

Anhang 24:   Einbindung API Google Maps
                  mit vielen Standorten   140

Anhang 25:   Gegenüberstellung traditionelles
                  Webpublishing – WCMS   142

Anhang 26:   ROI eines CMS
                  Grafischer Kosten-Nutzen-Vergleich   143

Anhang 27:   Erst- bzw. Ausrüstungskosten
                  ohne CMS
                  Kostenaufstellung ohne CMS   144

Anhang 28:   Erst- bzw. Ausrüstungskosten mit CMS
                  Kostenaufstellung mit CMS   145

Anhang 29:   Mensch – Aufgabe – Technik
                  bei CM-Systemen   146

Anhang 30:   Exemplarische Installation von
                  Joomla!   147

Anhang 31:   Exemplarische Installation von
                  Contenido   161

Anhang 32:   Exemplarische Installation von
                  OpenEngine   176

Anhang 33:   Exemplarische Installation von
                  Redaxo   184

Tabellenverzeichnis

Hinweis:
Tabellen befinden sich im Anhang.

Anhang 1:   Tabelle 1:   Teilbereiche von Content

Anhang 3:   Tabelle 1:   Unterschiede und Abgrenzungen
                                   KMS / DMS / CMS

Anhang 17:   Tabelle 1:   CMS-Anforderungskatalog
                                   allgemein

Anhang 18:   Tabelle 1:   CMS-Anforderungskatalog,
                                   beschränkt auf projektbezogene
                                   Kriterien – Schema

Anhang 19:   Tabelle 1:   CMS-Anforderungskatalog,
                                   beschränkt auf projektbezogene
                                   Kriterien, mit Auswertung

Anhang 21:   Tabelle 1:   Gantt-Ablaufdiagramm vom Kick-
                                   off bis Online-Freigabe

Anhang 25:   Tabelle 1:   Gegenüberstellung traditionelles
                                   Webpublishing – WCMS

Anhang 27:   Tabelle 1:   Erst- bzw. Ausrüstungskosten ohne
                                   CMS
                 Tabelle 2:   Kostenaufstellung ohne CMS

Anhang 28:   Tabelle 1:   Erst- bzw. Ausrüstungskosten
                                   mit CMS
                 Tabelle 2:   Kostenaufstellung mit CMS

Abbildungsverzeichnis

Hinweis:
Abbildungen befinden sich im Anhang.

Anhang 2:	Abbildung 1:	ECM-Hauptkomponenten
	Abbildung 2:	5-Komponenten-Modell des ECM
Anhang 4:	Abbildung 1:	Web Content Management System
	Abbildung 2:	Trennung von Inhalt und Layout
Anhang 5:	Abbildung 1:	Typische Portalarchitektur
Anhang 6:	Abbildung 1:	Architektur bestehend aus KMS, DMS und CMS
Anhang 7:	Abbildung 1:	Frontend eines CMS
	Abbildung 2:	Backend eines CMS
Anhang 8:	Abbildung 1:	Verwaltung der Inhalte und der dazugehörigen Metainformationen über eine zentrale Datenbank
Anhang 9:	Abbildung 1:	Contentbearbeitung
	Abbildung 2:	Benutzerverwaltung und Rechtevergabe
Anhang 10:	Abbildung 1:	Webpublishing ohne CMS
Anhang 11:	Abbildung 1:	Webpublishing mit CMS
Anhang 12:	Abbildung 1:	Content Life Cycle
	Abbildung 2:	Beispiel für eine Basisarchitektur

Anhang 13:   Abbildung 1:   Komponenten eines CMS
              Abbildung 2:   Arten von CMS nach Klassifizierung

Anhang 14:   Abbildung 1:   CMS-Frontend auf mobilen Endge-
                              räten

Anhang 15:   Abbildung 1:   Objektorientierter Ansatz eines CMS

Anhang 20:   Abbildung 1:   Teamzusammenstellung bei Projekt-
                              beginn
              Abbildung 2:   Teamzusammenstellung nach Frei-
                              gabe CMS

Anhang 22:   Abbildung 1:   Geplante Struktur des Webauftritts

Anhang 23:   Abbildung 1:   Web Content Management System

Anhang 26:   Abbildung 1:   RoI eines CMS
              Abbildung 2:   Grafischer Kosten-Nutzen-Vergleich

Anhang 29:   Abbildung 1:   Mensch – Aufgabe – Technik bei
                              CM-Systemen

Abkürzungsverzeichnis und Glossar

Abb.	Abbildung
API	Application Programming Interface Programmierschnittstelle zur Anbindung von Programmen oder Systemen auf Quelltextebene.
ASP	Application Service Providing
AVI	Audio Video Interleave Containerformat für Videos
Barcode	Optoelektronisch lesbare Schrift, aus schwarzen und weißen Flächen bestehend, kann durch Barcodelesegeräte verarbeitet werden.
Bzw.	Beziehungsweise
CI	Corporate Identity Unternehmensidentität, abgestimmter Einsatz von Verhalten, Kommunikation und Erscheinungsbild nach innen und außen.
CIO	Chief Information Officer
CMS	Content Management System
CSS	Cascading Style Sheets Deklarierte Stylesheet-Sprache für strukturierte Daten, für verschiedene Medien können unterschiedliche Darstellungen angeboten werden.
ECM	Enterprise Content Management
DENIC	Deutsches Network Information Center Zentrale Registrierungsstelle (Registry) für Domains unterhalb der Top-Level-Domain .de.
DMS	Document Management System
ERP	Enterprise Resource Planning
EU	Europäische Union, Staatenverbund aus 27 Ländern
FTP	File Transfer Protocol Netzwerkprotokoll zur Datenübertragung. Verwendet nach RFC 959 in der Regel den TCP-Port 20 als Datenport und den TCP-Port 21 als Kontrollport.

GIF	Graphics Interchange Format Grafikformat für Bilder mit nahezu verlustfreier Komprimierung.
Hardware	Oberbegriff für die maschinentechnische Ausrüstung eines Computersystems.
HTTP	Hypertext Transfer Protocol Protokoll zur Übertragung von Daten über ein Netzwerk, verwendet nach RFC 1945 und 2616 in der Regel den TCP-Port 80.
HTTPS	Hypertext Transfer Protocol Secure Dieses Protokoll wird zur Verschlüsselung und zur Authentifizierung der Kommunikation zwischen Webserver und Browser im World Wide Web verwendet. Daten können möglichst abhörsicher übertragen werden, verwendet wird in der Regel nach RFC 2818 der TCP-Port 443.
Interface	Schnittstelle, als Teil eines Systems, das der Kommunikation dient.
JPEG	Joint Photographic Experts Group File Interchange Format (JFIF), Grafikformat zur Speicherung von Bildern, die nach der JPEG-Norm komprimiert werden.
LAMP	Betriebssystemplattform mit Linux, Apache, MySQL und PHP
MAMP	Betriebssystemplattform mit Linux, Apache, MySQL und PHP
MD5	Message-Digest Algorithm 5 Kryptographische Hashfunktion, wird zum Beispiel zur Integritätsprüfung von Dateien eingesetzt.
Middleware	Anwendungsneutrale Programme, die meist im Hintergrund zwischen Anwendungen und Prozessen vermitteln.
MP3	MPEG-1 Audio Layer 3 Dateiformat zur verlustbehafteten Kompression von Audiodaten.
MPEG-1	Moving Picture Experts Group, Format 1 Progressives Format für Videodaten

PDF	Portable Document Format Plattformübergreifendes Dokumentenformat
PHP	Rekursives Akronym für „PHP: Hypertext Preprocessor" Skript-/ Programmiersprache mit einer an C angelehnten Syntax.
PNG	Portable Network Graphics Grafikformat für Rastergrafiken mit verlustfreier Bildkompression.
RFC	Request for Comments Technische und organisatorische Dokumente zur Standardisierung und Formalisierung, um Missverständnisse in der Interpretation und Implementierung zu vermeiden.
RGB	Rot Grün Blau RGB ist ein additiver Farbraum, der Farbwahrnehmungen durch das additive Mischen dreier Primärfarben (rot, grün und blau) nachbildet.
SMTP	Simple Mail Transfer Protocol Verfahren zum Senden von Emails.
Software	Oberbegriff für die Gesamtheit von ausführbaren Datenverarbeitungsprogrammen und den dazugehörigen Daten.
SSL	Secure Sockets Layer Verschlüsselungsprotokoll zur Datenübertragung im Internet.
System	Gesamtheit von Elementen, die zueinander in Wechselwirkung stehen, damit sie aufgabentechnisch, sinn- und zweckgebunden als Einheit auftreten und sich von der Umwelt abgrenzen.
TCP/IP	TCP: Transmission Control Protocol IP: Internet Protocol
TLD	Top Level Domain Höchste Ebene der Namensauflösung wie .de, .com, .net oder .org.
U. a.	und andere

UML	Unified Modeling Language Modellierungssprache für Software und andere Systeme.
UWG	Gesetz gegen den unlauteren Wettbewerb.
WAMP	Systemplattform mit Windows, Apache, MySQL und PHP.
WEB 2.0	Schlagwort, das auf der Basis von Interaktivität und der Zusammenarbeit mehrerer Personen oder Gruppen von Personen im WWW in Anlehnung an die Versionsnummern von Softwareprodukten eine Abgrenzung von früheren Nutzungsarten fordert.
Webserver	Computer, meist Server, der mittels Websoftware im Intranet oder Internet WWW-Dienste wie FTP, HTTP oder HTTPS zur Verfügung stellt.
WWW	World Wide Web
WYSIWYG	Akronym für "What you see is what you get" Programme oder Editoren, die die Eingabe von Inhalten dahin gehend unterstützen, dass das gerade zu bearbeitende Dokument fast gänzlich dem späteren Ausdruck auf Papier oder Bildschirm entspricht.
XML	Extended Markup Language Auszeichnungssprache, die es erlaubt, hierarchisch strukturierte Daten in Form von Textdaten darzustellen. Sie beschreibt Schnittstellen, Strukturen, Metadaten und Dokumente.
Z. B.	Zum Beispiel
ZIP	Datenkompressionsformat Kurzform des englischen Wortes „zipper" für Reißverschluss.

1.   Einleitung

Im Zuge der enorm schnellen Verbreitung der weltweiten Internetnutzung haben Unternehmen die Möglichkeiten erkannt, die das
Medium Internet für Unternehmenskommunikation und Management
von Kundenbeziehungen sowie für die Abwicklung von Geschäftsprozessen und als Instrument zum Erlangen von Marktvorteilen bietet. Ende der 90er-Jahre gab es nur eine einfache Präsentation nach
dem Motto „wir sind online", falls man überhaupt einen dazu notwendigen Domainnamen zur externen Präsentation sein Eigen nennen konnte. Dann begannen die Unternehmen schrittweise, ihre
Dienstleistungen und später auch ihre Produkte im Internet anzubie-
ten. 1998 waren bei der DENIC nur 258.541 TLDs mit der Endung
„.de" registriert, am 30. September 2009 waren es bereits 13.095.547
(DENIC 2009). Das Webpublishing wurde in den meisten Unternehmen zu einem eigenen Aufgabenbereich, in dem interne Mitarbeiter
oder externe Agenturen damit beauftragt waren, die Website als
möglichst dynamische Informationsquelle für externe Besucher und
potenzielle Kunden zu pflegen, zu erweitern und aktuell zu halten.
Websites wurden zu digitalen Visitenkarten eines Unternehmens.
Dem Management sind vermehrt Themen wie eine sinnvolle, schnelle und einfach zu administrierende Präsentation im Internet wichtig.
Vor allem die Forderung nach Aktualität der präsentierten Daten
steht vordergründig im Raum. Nichts liegt näher, ein funktionelles
CMS (Content Management System) aufzubauen, um sich anschließend unter Wahrung einer durchgängigen Corporate Identity nur
noch auf die Inhalte konzentrieren zu müssen. Mitte und Ende der
90er-Jahre lag der Schwerpunkt von Content Management Systemen
noch mehr oder weniger im visuellen Design. Im Laufe der Jahre
kamen weitere Funktionalitäten hinzu. Dazu gehörte unter anderem
das Veröffentlichen von unterschiedlichen Inhalten, die Nutzung von
Workflows, das mittlerweile aus dem Begriff folgende konsequente
„Management" des Contents und moderne Softwarearchitekturen.
Laufend wurde an der Personalisierung und Dynamisierung von Ab-
läufen gearbeitet. Die Systeme wurden so aufgebaut, dass diese jederzeit durch Module in den Funktionen erweitert werden konnten.

© Springer Fachmedien Wiesbaden GmbH, ein Teil von Springer Nature 2009
S. Spörrer, *Content Management Systeme*, Edition KWV,
https://doi.org/10.1007/978-3-658-24351-7_1

Den Unternehmen sollten schnelle und effiziente Werkzeuge an die
Hand gegeben werden. Content Management Systeme sind deshalb
ein viel diskutiertes Thema bei CIOs und IT-Managern, die vermehrt
Querschnittsaufgaben in den Unternehmen wahrnehmen. Neben den
Grundlagen und den Abgrenzungen der einzelnen Begriffe enthält
dieses Buch eine Übersicht ausgewählter Produkte am Markt. Anhand eines Praxisbeispiels werden Konzepte und Umsetzung erläutert. Es wurde von einem Produktionsunternehmen, das bereits bezüglich IT-Service seit mehreren Jahren betreut wird, der Auftrag
übergeben, ein CMS für eine Produktinnovation zu realisieren.
Das   Dienstleisterverzeichnis   im   Content-Management-Portal
Contentmanager.de listet mit Stand März 2009 insgesamt 383 Content Management Systeme, 117 Enterprise Content Management
Systeme und 53 Open-Source-Lösungen auf (CONTENTMANAGER
2009a).   Daneben   werden   Systeme   wie   Agenturlösungen,
Groupwarelösungen, Redaktionssysteme und Intranetlösungen beschrieben. Diese Aufstellung zeigt bereits die Schwierigkeiten bei
der richtigen Wahl und der Abgrenzung zwischen den einzelnen
Systemen. Heute bietet der Markt eine vierstellige Anzahl von Systemen unterschiedlichster Ausprägungen. Die Tendenz bezüglich der
Menge angebotener Systeme ist jedoch fallend. Bereits heute kann
man davon ausgehen, dass die meisten dieser Content Management
Lösungen nicht hinreichend weiterentwickelt werden, um den aktuellen Entwicklungen Rechnung zu tragen. Immer mehr Lösungen bau-
en auf Open Source und setzen auf kostenlose Systeme mit kosten-
pflichtigem Support anstelle von Lizenzkosten für die Software. Dies
führt zu einer weiteren Marktkonsolidierung (HEIN 2009a).
In den folgenden Kapiteln wird auf die Begrifflichkeiten im Zusammenhang mit Content Management Systemen eingegangen. Vorab
werden Begriffe wie Content und Information betrachtet. Es folgen
Abgrenzungen zu benachbarten Systemen wie Dokumenten Management Systeme und Wissensmanagementsysteme. Dabei wird abschließend versucht, basierend auf den einzelnen Erklärungen, ganz-
heitliche Definitionen zu finden. Weiterhin werden verschiedene
Architekturen beschrieben und Funktionen aufgezählt. Ausgewählte
Systeme werden verglichen und ein Marktüberblick soll zeigen, welche Systeme derzeit im Bereich Open Source aktuell sind. Die Entscheidungsfindung und die Umsetzung werden im Rahmen eines

Praxisbeispiels näher erläutert. Ein Schwerpunkt wird dabei auf die notwendigen Funktionalitäten gelegt und der Entscheidungsprozess wird mithilfe der Verwendung von Kriterienkatalogen unterstützt. Anhand des Kundenbeispiels wird auf die strategischen und operativen Ziele Bezug genommen, die zur Entscheidungsfindung führten. Ein wesentlicher Aspekt liegt in der monetären Betrachtung des Aufbaus einer Unternehmenspräsentation auf klassische Weise mit Hilfe von HTML und alternativ mit einem Content Management System. Die Ersteinrichtungskosten, laufenden Kosten und Gesamtkosten beider Wege der Realisierung werden gegenübergestellt. Dieser für ein Unternehmen strategisch wichtige Punkt wurde in der Literatur bis dato noch nicht ausreichend behandelt. Am Schluss werden noch aktuelle Strömungen und zukünftige Entwicklungen angesprochen. Um den Lesefluss soweit wie möglich nicht mit Abbildungen und Tabellen im Hauptteil zu behindern, wurden diese in den Anhang verschoben. Dort sind auch exemplarisch vier im Zusammenhang mit einem Projekt realisierte Installationen von Open-Source-CM-Systemen beschrieben. Die Grade der Einfachheit bei der Installation und der aktuelle Status der geprüften Sicherheit der Systeme hatten entscheidenden Einfluss auf die Auswahl des passenden Systems.

2.   Grundlagen und Abgrenzungen

2.1   Content und Content Management

Content wird als Begriff im Zusammenhang mit Content Management (CM) ganz unterschiedlich definiert und verwendet. Es sind Daten, Informationen und Content zu unterscheiden. Daten stellen nach Hanser Informationen, also Sachverhalte und Vorgänge, aufgrund bekannter oder unterstellter Abmachungen in einer maschinell zu verarbeitenden Form dar (HANSEN 1998, S. 6). Content wird von KLINGELHÖLLER als Wissen, Information und Dokumente zusammengefasst (2001, S. 29). Der Autor NIX (2005, S. 25) beschreibt Content einfach als Übersetzung aus dem Englischen als „Inhalt". Eine seiner Meinung nach unscharfe Beschreibung, weil Content nicht nur die Substanz, wie Texte, Audio und Video, umfasst, sondern auch beschreibende Metadaten, wie Autor, Titel oder Inhaltsbeschreibung beinhalten kann. Für ihn gehören alle Inhaltsarten in digitaler Form dazu, sowohl Daten aus ERP-Systemen als auch redaktionelle Inhalte in diversen Formaten oder auch elektronische Transaktionen und Prozesse. In der Literatur finden sich auch Stellen, an denen die Autoren den Begriff Content mit den Inhalten einer Internetseite gleichstellen, getrennt vom Layout (NOHR 2007). Nach KOOP et al., S. (2001, S. 21) wird unter Content eine Information als Objekt oder Austauschgegenstand zwischen Sender und Empfänger verstanden. Es kann sich dabei um Texte, Bilder, Audio- oder Videosequenzen handeln, welche über ein Medium elektronisch oder auf Papier übermittelt werden können. SCHUSTER, E. und WILHELM, S. (2000a, S. 6 f.) definieren Content als Summe der Einzelinformationen zu Inhalt, Struktur und Darstellungsform. Content wird auch einfach nur als Synonym für den Begriff Inhalt verwendet, ohne weiter darauf einzugehen, was unter den Inhalten verstanden werden soll. Auch bei TRAUB et al. (2003, S. 40 f.) wird angenommen, dass der Begriff Content nicht weiter erläutert werden müsste. Aufgrund der genannten Erklärungen ließe sich Content zusammenfassend erklären als maschinell erfassbares Produkt von Inhalt, Layout und

© Springer Fachmedien Wiesbaden GmbH, ein Teil von Springer Nature 2009
S. Spörrer, *Content Management Systeme*, Edition KWV,
https://doi.org/10.1007/978-3-658-24351-7_2

Struktur. Tabelle 1 in Anhang 1 zeigt die Teilbereiche bzw. Bestandteile von Content.

Die Möglichkeit, Content mit zusätzlichen (Meta-)Informationen zu
versehen, ist eines der wesentlichen Merkmale. Content kann so mit
Regeln, wie zum Beispiel Zugriffsrechten, oder Statusinformationen
versehen werden. Auch die Suche ist durch diese zusätzlichen Informationen einfacher und effektiver. Der Content bringt entweder
softwarebedingt vordefinierte Metainformationen bereits mit oder er
kann durch das CMS bzw. durch den Benutzer mit weiteren Informationen versehen werden. In modernen CM-Systemen werden dabei
auch objektorientierte Methoden wie die Vererbung eingesetzt.

Content besteht also in der Regel aus Einzelinformationen bzw. einzelnen Komponenten. Eine HTML-Seite besteht zum Beispiel aus
einem Textteil und einer zusätzlicher Illustration durch ein Bild. Der
Content ist also eine Art Behälter, der aus einem oder mehreren nicht
mehr aufspaltbaren Komponenten oder aus weiteren Behältern besteht. Ein Basisbehälter speichert nicht die Komponenten selbst oder
die enthaltenen Behälter, sondern „zeigt" mittels einer Referenz nur
auf diese. Somit werden beim Löschen der Inhalte eines Contents
nicht die Inhalte selbst, sondern nur die Referenzen gelöscht, was
sich wiederum sinnvoll auf die Versionsverwaltung oder die Archiv-
verwaltung   auswirkt.   Durch   die   Referenztechnik   können
Contentobjekte und der Content selbst mehrfach verwendet werden.

Der Begriff Content Management wird in der Literatur und in der
Praxis allgemein in Verbindung mit der Verwaltung von Webseiten
verwendet. Typisch für den Contentprozess sind Erstellung, Kontrolle, Freigabe, Publizierung und Archivierung von Content entlang des
sogenannten Content-Life-Cycle, auf den später noch genauer eingegangen wird. Dabei kann es sich um eine externe Website handeln,
die vornehmlich von Kunden verwendet wird, oder um eine Website
im Intranet, die Mitarbeitern als Informationsplattform dient (CHRIST
2003, S. 15). Ein wichtiger Aspekt des Content Managements ist die
strukturierte Aufbereitung und Verwaltung sämtlicher Inhalte. Das
Content Management befasst sich mit der systematischen Sammlung,
Erstellung, Speicherung und Veredelung von strukturierten Inhalten
und Mediendaten aller Art in einem einzigen, fein granulierten (logischen) Bestand (ROTHFUSS, G. UND RIED, G., 2001, S. 60). Nach

NIX (2005, S. 25) bezeichnet CM den gesamten Prozess der systematischen und strukturierten Verwaltung von Informationen in Form modularisierter elektronischer Inhalte. Dabei sei vor allem eine explizite Trennung von Inhalt, Layout und Struktur notwendig. Seiner Meinung nach sei die grundlegende Herausforderung des Content Managements, das gesamte digitale Inventar eines Unternehmens zu verwalten, ganz gleich, ob es sich um Dateien, Voicemails, Artikelnummern, Videos, Werbebanner oder Dateien anderer Art handelt. Die Basis von Content Management Systemen sind Multimediadatenbanken, also Datenbanken, die nicht nur Daten in Form codierter Information, sondern auch sämtliche Formen nichtcodierter Informationen, wie Imagedaten, bewegte Bilder oder Tonfolgen speichern, verwalten und für den Zugriff zur Verfügung stellen. Für den Zugriff sind die gespeicherten Objekte, auch aufgrund der möglichen Speichergröße, durch Indizes zu kennzeichnen (STAHLKNECHT, P. und HASENKAMP, U., 2002, S. 202 f.).

Nach KOCH (2004, S. 520) haben sich die allgemeinen Bedingungen und das Nutzenpotenzial von praktischen Anforderungen im Kontext der technologischen Entwicklung herausgebildet. Der Umfang der zu veröffentlichenden Inhalte wurde immer größer. Gleichzeitig nahmen die technischen Möglichkeiten, wie multimediale Gestaltung, zu. Da anfänglich die redaktionellen Arbeiten nur mit technischen Kenntnissen möglich waren, bestand ein Lösungsansatz in der Trennung von inhaltlicher Information und dem Layout sowie der Funktionalität.

Content Management unterteilt jedes Informationsobjekt (Contentobjekt) in (vgl. SCHUSTER und WILHELM, 2000b, S. 373 f.) Struktur, Darstellung und Inhalt. Die Struktur sei die inhaltliche Definition der Einzelinformation, wie die Dokumententypdefinition oder das Datenbankschema, und der Abfolge bzw. der Verschachtelung. Die Darstellung ist die Anweisung, wie der Inhalt auf den einzelnen Ausgabemedien formatiert und präsentiert wird. Man nennt diese Anweisungen zur Informationsdarstellung auch „Stylesheet". Der Inhalt sind die Rohdaten selbst, wie zum Beispiel Zeichenketten, die unabhängig von Struktur und Darstellung gespeichert werden. Zur Ermöglichung eines arbeitsteiligen Publikationsprozess enthält ein CMS in der Regel eine Workflowkomponente, die im Content Life Cycle endet.

BODROW und BERGMANN (2003, S. 20) definieren Content Management als einen zielgerichteten, systematischen und durchgängigen Umgang mit der Erzeugung, Einordnung, Analyse, Verwaltung und Zurverfügungstellung von Content in Form von Informationspaketen, die mittels eines Mediums weitergegeben werden können.

Zusammenfassend lässt sich Content Management definieren als eine Applikation, die dazu verwendet werden, Content zu erstellen, zu bearbeiten, zu verwalten und die Contents unter Wahrung der Corporate Identity nach außen zu präsentieren. Sie werden in der Mehrzahl genutzt für Speichern, Kontrolle, Versionisierung und Veröffentlichung von Contents. Die Contents enthalten Dateien, Bilder, Audiodateien, Videodateien, alle anderen Arten von elektronischen Dokumenten und natürlich auch Webinhalte, basierend auf HTML oder anderen WWW-konformen Skriptsprachen. Diese zuletzt genannte Art eines CMS bezeichnet man auch als Web Content Management (WCM) oder Web Content Management System (WCMS). Es gibt zwei Arten von Werkzeugen, mit denen ein WCM bzw. WCMS verwaltet werden kann. Einerseits gibt es anwendungsspezifische Clients, andererseits können die Managementsysteme online, also per Browser, administriert werden. Die zweite Möglichkeit wird vermehrt genutzt und von den Herstellern angeboten, da die Kosten bezüglich Installations- und Administratoraufwand weitaus geringer sind, und die Mehrplatznutzung einfacher zu realisieren ist.

2.2   Content Management vs. Dokumentenmanagement und Wissensmanagement

Beim Schreiben dieses Buchs wurde deutlich, dass gewisse Begriffe immer wieder im Zusammenhang mit Content Management Systemen genannt werden. Sehr oft sind die Abgrenzungen der einzelnen Begriffe nicht eindeutig zu erkennen. Neben Dokumentenmanagement und Wissensmanagement wird auch der Begriff Enterprise Content Management (ECM) genannt. Enterprise Content Management soll kurz erläutert werden, bevor die weiteren Begriffe näher betrachtet werden und Abgrenzungen erfolgen.

2.2.1 Enterprise Content Management

ECM wird in großen Unternehmen eingesetzt, um alle Anforderungen von Content Management zu erfüllen. ECM soll sämtliche Contentquellen erschließen und muss deshalb auch in der Lage sein, bestehende Systeme im Unternehmen anbinden zu können. ECM soll möglichst plattformunabhängig sein und offene Standards verwenden. Daneben ist die Gefahr in der Definition eines ECM zu erkennen, da dieses System eigentlich alles können sollte (ZSCHAU, 2002).

KAMPFFMEYER (2006, S. 3) weist auf das AIIM-Modell für ECM hin. Danach besteht die Rahmenarchitektur eines Enterprise Content Management System (ECMS) basierend auf der Definition des Dachverbandes AIIM International (http://www.aiim.org/) aus fünf Hauptkomponenten, die für die Integration von strukturierten und unstrukturierten Informationen verantwortlich sind. Diese Komponenten sind (Anhang 2, Abbildung 1) „Capture" (Erfassung), „Manage" (Verwaltung zur Bearbeitung und Nutzung), „Store" (Speicherung), „Preserve" (Bewahrung bzw. Archivierung) und „Deliver" (Bereitstellung bzw. Ausgabe). Diese Hauptkomponenten betreffen alle unternehmensrelevanten Informationen und stellen diese den Mitarbeitern oder den Geschäftspartnern zur Verfügung.

Die Manage-Komponente umfasst als den zentralen Kern wiederum fünf Unterkomponenten, zu denen neben Collaboration (Collab), Records Management (RM) und Workflow/ Business Process Management (WF/ BPM) auch die beiden Komponenten DM und WCM gehören. Die Anwendungen der Verwaltungskomponente verbinden wiederum die Komponenten Capture, Store, Deliver und Preserve. Egal, ob es sich um Dokumente, Experten-Know-how oder Arbeitsabläufe handelt. Sie helfen dabei, die Prozesse im Unternehmen zu beschleunigen und somit Kosten durch schnelle Bearbeitung zu sparen. Collaboration, sprich die Zusammenarbeit, hat sich aus dem Bereich Groupware entwickelt, beinhaltet aber nun auch den Bereich Wissensmanagement. RM beschreibt den Bereich Ablage und Archivierung. Dazu gehört die Verwaltung von Records, die aus wichtigen aufbewahrungspflichtigen oder –würdigen Informationen bestehen. WF/ BPM beschreibt die Vorgangsbearbeitung und bildet nach

KAMPFFMEYER mit Unterstützung von Verbindungs-, Steuerungs-
und Kontrollfunktionen das „Rückrat von ECM".

Die Abbildung 2 in Anhang 2 zeigt die Komponenten grafisch und
verdeutlicht gleichzeitig den Zusammenhang und den zeitlichen Ablauf. Die Bestandteile der zentralen Managekomponente sind in der
Grafik ringförmig um die Komponente „Store" in der beabsichtigten
zeitlichen Reihenfolge aufgelistet. In mehreren Schichten wird die
notwendige Infrastruktur für beliebige Anwendungen bereitgestellt.

Enterprise Content Management (ECM) ist kein einheitlicher und
präzise definierter IT-Ansatz sondern eher ein Kompetenzansatz.
ECM versteht sich vielmehr als eine gesamtheitliche Sicht und Refe-
renzarchitektur zur Darstellung von Lösungen, die allgemein mit
Dokumenten zu tun haben. Es geht dabei vielmehr um Konzepte und
Lösungen rund um elektronische und gedruckte Dokumente und
auch um die damit verbundenen Prozesse. Somit wäre das oberste
Ziel von ECM, verteilte und unterschiedliche Ansätze wie Dokumentenmanagement, Workflow, Collaboration, Archivierung oder Do-
kumentenaustausch anzubinden und aufeinander abzustimmen. Die
Zusammenstellung all dieser Teilsysteme zu einer Rahmenarchitektur für Dokumente und Geschäftsprozesse ist die eigentliche Innovation von ECM. Ein ECM soll strukturierte, schwach strukturierte
und nicht strukturierte Informationen erschließen und zusammenfassen (KAMPFFMEYER 2006, S. 78). Grundsätzlich können die Methoden der Komponente „Manage" kombiniert oder alternativ eingesetzt
werden. Großunternehmen nutzen meist alle Verfahren für die Organisation der Geschäftsprozesse. Kleinere Unternehmen dagegen konzentrieren sich auf eine Auswahl und verzichten somit auf bestimmte
Komponenten. So kann ein Web Content Management beispielswei-
se nur bei einem hinreichend komplexen Webauftritt wichtig sein.
Ein Workflowmanagement dagegen nur zur Optimierung der betrieblichen Abläufe.

2.2.2 Dokumenten Management

Ein Dokumenten Management System verwaltet datenbankgestützt meist innerbetriebliche Dokumente. Möglichst alle Dokumente eines Unternehmens sollen zentral abgelegt, verwaltet und gefunden werden. Meist existieren diese Dokumente bereits. Es stehen vor allem die Dokumente selbst im Vordergrund und nicht die Herstellung der Inhalte. Die Ablage ist im Originalformat möglich und sinnvoll, sodass Dokumente jederzeit überarbeitet oder neu verwendet werden können. Die systemtechnische Ablage ist meist mit Anforderungen an eine Revisionssicherheit gekoppelt. Dieser Begriff bezieht sich auf die revisionssichere Archivierung für elektronische Archivsysteme, die in Deutschland den Anforderungen des Handelsgesetzbuches, der Abgabenordnung, der Grundsätze ordnungsmäßiger DV-gestützter Buchführungssysteme (GoBS) und weiterer steuerrechtlichen und handelsrechtlichen Vorgaben entsprechen. Der Begriff orientiert sich damit am Verständnis der Revision aus wirtschaftlicher Sicht und betrifft aufbewahrungspflichtige oder aufbewahrungswürdige Informationen und Dokumente. Bei der Thematik Archivierung darf nicht außer Acht gelassen werden, ob archivierte Daten in Zeiten von ständigem Technologiewechsel bezüglich der Archivierungssysteme und der Medien auch in 20 oder 50 Jahren noch originalgetreu gelesen werden können. In Bearbeitung befindliche Dokumente können gesperrt werden. Damit werden Inkonsistenzen vermieden. Jeder Mitarbeiter soll von seinem Arbeitsplatz aus Zugriff auf die für ihn relevanten Informationen über eine einheitliche Schnittstelle haben. Ein Schlagwort in diesem Zusammenhang ist die Einführung eines „papierlosen" Büros.

Unter Dokumenten Management (DM) ist teilweise nicht das allgemeine DMS zu verstehen, sondern das DMS im engeren Sinne. Die Hauptaufgabe besteht darin, den Lebenszyklus von Dokumenten von der Entstehung bis zur Archivierung zu überwachen. Dazu gehören Funktionen, wie das Check-in und das Check-out, zur Gewährleistung der Konsistenz der Informationen, ein Versionsmanagement zur Kontrolle unterschiedlicher Versionen und Überschneidungen, eine Such- und Navigationsfunktion zum Auffinden von Informationen und auch eine grafische Oberfläche, die ein einfaches und schnelles Navigieren in den Datenbeständen ermöglicht.

Die früher in Deutschland häufig anzutreffende Abgrenzung des Begriffes auf rechtlich relevante Urkunden, Verträge oder Geschäftsbriefe ist für das heutige Verständnis zu eng gefasst. Dokumentenmanagementsysteme können Archivsysteme sein, die große Datenbestände mit codierten (Texte oder Dokumente) oder nichtcodierten Informationen (Bilder, Grafiken oder Zeichnungen) archivieren oder ablegen (STAHLKNECHT und HASENKAMP, 2002, S. 58). Nichtcodierte Informationen machten die Weiterentwicklung von sogenannten Textretrievalsystemen zu Dokumenten Management Systemen notwendig, die weit über die Funktionalität früherer Archivierungssysteme hinausgehen. Sie befassen sich mit der Verwaltung nicht-codierter Informationen. Das elektronische Erfassen, Speichern, Wiederfinden, Verarbeiten, Verteilen und Drucken wird als Image Processing, kurz Imaging, bezeichnet. Man verwendet auch die Bezeichnung Dokumentenretrieval in Anlehnung an das oben genannte Textretrieval.

KAMPFFMEYER (2006, S. 40) umschreibt allgemein Document Management mit den Funktionen „Check-in und Check-out", „Versionsmanagement", „Suchen und Navigieren" und „Visualisierung". Die Aufgabe besteht nach KAMPFFMEYER darin, „den Lebenszyklus der Dokumente von der Entstehung bis zur Langzeitarchivierung zu kontrollieren". Man beachte, dass sich die DM-Aufgaben zunehmend mit den klassischen „Manage"-Komponenten von Officesystemen oder auch anderen Systemen zur speichertechnischen Verwaltung von Informationen überschneiden. KRÄNZLE (1995, S. 27) definiert wie folgt: „Ein Dokumenten-Management-System – DMS – ist eine Software, die der aufgabengerechten Erzeugung, Bereitstellung, Steuerung, Weiterleitung und Archivierung von Dokumenten im Rahmen von organisatorischen Prozessen dient. Dokumente sind dabei alle informatorischen Objekte – seien sie auf Papier oder als elektronische Objekte wie Dateien, Verzeichnisse oder zusammengesetzte Objektstrukturen -, die Informationen für die jeweiligen betrieblichen Prozesse zur Verfügung stellen. Ein Dokument fixiert also einen bestimmten Informationsstand zu einem bestimmten Zeitpunkt für Personen und organisatorische Stellen. Dokumente diesen zur Kommunikation zwischen in- und externen organisatorischen

Einheiten".

PRECHT (2004, S. 618) bezeichnet Dokumentenmanagementsysteme einfach als zentrale Informationsbehälter, in denen sowohl gescannte unstrukturierte Dokumente als auch strukturierte Dokumente abgelegt werden. Der Einsatz von DMS ist seiner Meinung nach nur in Verbindung mit der Nutzung von Anwendungsprogrammen und Workflowsystemen sinnvoll.

In aktuellen Systemen werden die Dokumente automatisch aus anderen innerbetrieblichen Systemen über definierte Schnittstellen übernommen oder durch Scannen erfasst und am Bildschirm angezeigt. Nach Sichtung und Prüfung speichert der Sachbearbeiter diese elektronisch erfassten Dokumente auf sinnvollen Speicherablageplätzen im DMS ab. Das Retrieval, sprich Wiederauffinden, erfolgt meist über Verzeichnisse, die traditionell hierarchisch aufgebaut sind. Man findet sie wieder mit Hilfe von speziellen Suchalgorithmen. Nichtcodierte Dokumente müssen deshalb vor dem Abspeichern durch den Sachbearbeiter „verschlagwortet" werden. Eingangspost wird oft auch mit Barcodes versehen, die eine Ablage und spätere Suche erleichtern. Bestimmte Textmuster auf immer wiederkehrend eingehenden und gleich aufgebauten Dokumenten, wie zum Beispiel Rechnungen vom selben Lieferanten, können nach einer Lernphase automatisch erkannt werden. Somit sind eine passende Zuordnung und eine Ablage im DMS möglich. Nach STAHLKNECHT UND HASENKAMP (2002, S. 429) unterscheidet man Archivsysteme, die sich durch seltenen Zugriff, keine Möglichkeit der Änderung und gesetzlich geregelten Aufbewahrungsfristen auszeichnen. Daneben können DMS auch Sicherungssysteme darstellen, sodass im Notfall ein Zugriff möglich ist. Damit ist die Revisionssicherheit gewährleistet, denn Daten, auf einmal beschreibbare Datenträger abgelegt, können nachträglich nicht verändert werden. Als dritte Möglichkeit gibt es die Vorgangsbearbeitungssysteme, die sich durch einen häufigen Zugriff und nur gelegentliche Änderungen oder Ergänzungen auszeichnen.

Ein DMS begleitet ein Dokument durch dessen gesamten Lebenszyklus. Eine Information entsteht, wird archiviert, muss vor unberechtigtem Zugriff geschützt werden, soll wiedergefunden werden, kann bearbeitet oder aktualisiert werden, muss gepflegt, verwaltet und zu einem festdefinierten Zeitpunkt eventuell auch gelöscht werden. Ein DMS ist in der Lage, Dokumente zu verwalten und stellt sicher, dass dem Benutzer die gewünschten Informationen schnell in sinnvoller Qualität zur Verfügung stehen. Da mit einem Zugriff auf die Dokumente auch die damit verbunden Informationen zur Verfügung stehen, bildet diese Eigenschaft eines der Kernelemente für das Wissensmanagement (ROGER 2002, S. 3 ff., in BODROW und BERGMANN 2003, S. 20).

Zusammenfassend speichert das Dokumenten Management bereits in einem elektronischen Format vorhandene Dokumente oder Abbildungen von Dokumenten jeder Art elektronisch. Die Beschreibung überschneidet sich mit den Konzepten eines CMS und wird oft als eine der Komponenten eines ECM gesehen. Diese steht damit in Verbindung zu Digital Asset Management (DAM), Document Imaging (DI), Workflowsystemen (WfS) and Records Management Systemen (RMS). DMS ist besonders geeignet für Unternehmen mit einem hohen Aufkommen von Dokumenten, die schnell und einfach gefunden werden sollen.

2.2.3   Abgrenzung Content- und Dokumentenmanagement

Content Management Systeme und Dokumenten Management Systeme gehören zum Informationsmanagement. Beide Systeme erhalten ihren Wert durch ihren Beitrag zur Aufgabenerfüllung im Unternehmen.

Vergleicht man die Begriffe Content Management und Dokumentenmanagement, so haben wir bereits einen erkennbaren Unterschied bezüglich der Begriffe Content und Dokument.

Content selbst wurde bereits beschrieben, zusammenfassend handelt es sich um die Gesamtheit aller digital zur Verfügung stehender Formate, die für den Betrieb einer Website strukturiert verwaltet werden. Ein Content Management System ist ein Softwaresystem für das Erstellen, Verwalten und Zusammenführen von Inhalten. Diese Ausgabe der Informationen kann auf verschiedenen Medien erfolgen.

Ein WCMS wird um die Funktionen einer Aufbereitung für das Intranet, Extranet oder Internet ergänzt.

Ein Dokument ist ein physisch existenter Behälter für Informationen in Form eines Papierdokuments oder einer Datei. Ein Dokument soll als Einheit speicherbar und versendbar sein. Es soll gefunden, gesehen, gelesen oder gehört werden können. Ein Dokument kann deshalb Informationen beliebiger Darstellungsformen enthalten. Beinhaltet ein Dokument ausschließlich Textinformationen, so handelt es sich um ein Textdokument. Bei Daten, Grafiken, Bilder, Videos oder Ton spricht man von multimedialen Dokumenten. Da die Dokumenten Management Systeme eine Vorgangssteuerung unterstützen, werden diese häufig zusammen mit Workflowsystemen eingesetzt (STAHLKNECHT UND HASENKAMP, 2002, S. 428).

STAHLKNECHT UND HASENKAMP (2002, S. 430) kommen zur Auffassung, dass Dokumentenmanagementsysteme neben Workflowsystemen in der Regel auch Bestandteile von Content Management Systemen sind, bei denen die Verwaltung der gespeicherten Dokumente und deren Darstellung mit Hilfe von unterschiedlichen Medien strikt und absolut getrennt werden. Auch in technischer Hinsicht erkennt man Parallelen zwischen CMS und DMS. Es werden vermehrt sogenannte Zweibildschirmlösungen als Darstellungsmedium verwendet. Bei DMS wird ein Bildschirm zur Ausgabe der Scanergebnisse verwendet und der zweite Bildschirm zum Kennzeichnen der Dokumente, auch „Verschlagwortung" genannt. Ebenso sind bei CMS zwei Bildschirme sehr hilfreich, weil bei Änderungen der Inhalte zeitgleich die Ergebnisse angezeigt werden können. Bei beiden Systemen führt der Einsatz von zwei Bildschirmen zu enormer Zeitersparnis, da das Handling von zwei Fenstern mit vielen sonst notwendigen Mausklicks zum Umschalten zwischen den einzelnen Fenstern entfällt.

Nach BOIKO (2002, S. 132 ff.) ergeben sich folgende Unterschiede zwischen Dokumenten Management Systemen und Content Management Systemen:

- Ein DMS konzentriert sich auf Dateien, das CMS dagegen auf die Contentinhalte. Für die Verwaltung von Webinhalten sind Dateien meist weniger gut geeignet, da sie die Inhalte nur aufbewahren und diese damit in der Folge auch nicht strukturiert vorliegen.

■ Ein DMS verwaltet Dateien, die von Programmen erstellt werden. Gespeicherte Dateien können jederzeit mithilfe dieser Programme geöffnet und weiterverarbeitet werden. Das CMS dagegen stellt Funktionen zur Erstellung und Verwaltung einzelner Contentelemente zur Verfügung. In beiden Systemen werden Metadaten hinzugefügt und verwaltet, doch nur ein CMS unterstützt direkt die Erstellung von Content.

■ DMS hat als Hauptziel, den Benutzer schnell recherchieren zu lassen und ihm innerhalb kürzester Zeit die benötigten Dokumente zum Lesen oder zur Weiterbearbeitung zur Verfügung zu stellen. In einem CMS werden diese Funktionen grundsätzlich auch benötigt, zusätzlich aber müssen Veröffentlichungen aus den einzelnen verwalteten Inhaltskomponenten erstellt werden können.

■ Beim DMS werden hauptsächlich innerbetriebliche Dokumente verwaltet (zum Beispiel Lieferscheine, Eingangsrechnungen etc.), die einzelne Abteilungen und Prozesse betreffen, in der Regel aber nicht der Öffentlichkeit bzw. einer breiten Masse zur Verfügung gestellt werden. Ein CMS dagegen verwaltet hauptsächlich Informationen für externe Zielgruppen.

EINFINGER (2002, S. 21ff.) beschreibt die Unterschiede wie folgt:

■ DMS legt den Fokus auf Dateien, die für die Inhaltsverwaltung für das WWW weniger gut geeignet sind, da diese nur eine Art Behälter für die Inhalte darstellen. Die Dokumente und Dateien sind auch die kleinste Einheit für die Ablage auf den Speichermedien. Die Inhalte liegen unstrukturiert vor. Die innere Struktur eines Dokuments wird nicht mehr weiter verfolgt. CMS basiert auf den einzelnen Inhaltskomponenten, den sogenannten Contentobjekten. Um eine optimale Flexibilität zu erreichen, ist es sinnvoll, Objekte in diesen kleinsten Einheiten zu speichern.

■ DMS verwaltet Dateien aller möglichen Quellen. Diese Dateien werden elektronisch erstellt, liegen bereits in elektronischer Form vor oder werden ganz einfach eingescannt. Grundsätzlich ist es auch möglich, dass die Dateien in Formaten abgespeichert werden, die jederzeit wieder durch die Quellapplikation geöffnet und auch weiterverarbeitet werden können. Die Systeme haben gemeinsam, dass sie Metadaten hinzufügen und verwalten. Aber nur das DMS unterstützt die direkte Erstellung von Content.

- Schneller Zugriff auf Dokumente innerhalb eines DMS ist oberstes Ziel. Das CMS dagegen will in erste Linie Publikationen verwalten. Neben den Funktionalitäten eines DMS benötigt das CMS die Fähigkeit, Publikationen aus den einzelnen verwalteten Inhaltskomponenten zu erstellen.

- Ein DMS verwaltet hauptsächlich innerbetriebliche Dokumente. Diese betreffen meist einzelne Prozesse. Ein CMS dagegen ist konzipiert für den Zugriff meist externer Zielgruppen. Selbst wenn ein CMS in einem Intranet verwendet wird, so ist die Absicht eher im informativen und wissensvermittelnden Bereich zu suchen als in der Dokumentation von Prozessen.

Eine komprimierte Abgrenzung von CMS zu DMS könnte somit wie folgt lauten:

- Ein DMS beschäftigt sich vor allem mit der Verwaltung von bereits existierenden und meist innerbetrieblichen Dokumenten. Nicht der Inhalt oder die Erstellung des Inhalts, sondern die Dokumente selbst stehen im Vordergrund. Die Dokumente werden im Originalformat revisionssicher abgelegt und dienen hauptsächlich zur internen Informationsgewinnung.

- Ein CMS beschäftigt sich mit Inhalten, die mittels Vorlagen „schön verpackt" auch externen Benutzern zur Verfügung gestellt werden. Hier steht jedoch die Erstellung von den Inhalten selbst im Vordergrund. Ein Schwerpunkt liegt in der Verwaltung der Inhalte. Die Verwaltung wird durch ein Redaktionssystem realisiert. Von der Erstellung über die Freigabe bis hin zur Archivierung wird in einem Content Life Cycle ein automatischer Workflow abgebildet. Bei den Autoren handelt es sich um eine festgelegte Benutzergruppe.

2.2.4   Wissensmanagement

PROBST (2006, S. 23) nennt Wissensmanagement bzw. Knowledge-management (KM) ein integriertes Interventionskonzept, das der Gestaltung der organisationalen Wissensbasis dient. REHÄUSER und KRCMAR (1996, S. 5) betonen, dass Wissen hauptsächlich auf soge-nannte begründete Kenntnisse aufbaut. Für GÜLDENBERG (2001, S. 161) ist Wissen die Gesamtheit aller Endprodukte von Lernprozes-sen. OBERSCHULTE (1996, S. 51) bezeichnet Wissen als Gesamtheit von Informationen, die Individuen und Organisationen zur Lösung von Problemen einsetzen. Somit ist das übereinstimmende Ergebnis aller Autoren, dass Wissen letztendlich aus Informationen entsteht, die sich aus Daten ergeben, die wiederum aus Zeichen bestehen. Zu beachten ist dabei, dass nicht jede Information automatisch in Wis-sen transferiert werden kann.

Für SCHÜPPEL (1996) umfasst Wissensmanagement alle möglichen human- und technikorientierten Interventionen und Maßnahmenpa-kete, um die Wissensproduktion, -reproduktion, -distribution, -verwertung und -logistik in einem Unternehmen optimieren zu kön-nen. Der Schwerpunkt soll dabei auf der Mobilisierung der individu-ellen und kollektiven Wissensbestände bzw. auf den Lernprozessen zur Veränderung und Verbesserung der Wissenspotenziale liegen. WILLKE (1998) bezeichnet Wissensmanagement als die Gesamtheit organisationaler Strategien zur Schaffung einer "intelligenten" Orga-nisation. Mit Blick auf die Personen handelt es von organisationswei-tem Niveau der Kompetenzen, der Ausbildung und der Lernfähigkeit der Mitglieder. Bezüglich der Organisation dreht es sich um die Schaffung, Nutzung und Entwicklung der kollektiven Intelligenz und des Gemeinschaftssinns. Hinsichtlich der technologischen Infrastruk-tur handelt es sich um die Schaffung und effiziente Nutzung der zur Organisation passenden Kommunikations- und Informationsinfra-struktur. In der Literatur versteht man Wissensmanagement als ein an Kunden- oder Geschäftsprozessen ausgerichtetes Konzept. Das Ziel von WM ist eine effiziente und effektive Bereitstellung von Wissen in Prozessen.

Eine genauere Betrachtung des Managements von Wissen zeigt, dass die infrastrukturellen und organisatorischen Voraussetzungen für eine lernende Organisation geschaffen werden sollen. So ist es möglich, dass das Wissen analysiert, genutzt und weiterverarbeitet bzw. optimiert werden kann (REHÄUSER und KRCMAR, 1996, S. 18). Nach AMELINGMEYER (2000, S. 28) stellt dieses Management auch die notwendigen Konzepte und Methoden bereit, um Wissen passend bzw. situativ zur Verfügung zu stellen.

PROBST (2006, S. 28 ff.), BULLINGER (1998, S 24 ff.) und GÜLDENBERG (2001, S. 246 ff.) beschreiben folgende Prozesse als Kernprozesse eines Wissensmanagements, die teilweise auch in einem Content Management System eine wesentliche Rolle spielen. Dies sind Wissenserwerb, Wissensziele, Wissensidentifikation und Wissensentwicklung. Neben der Wissensbewertung spielen weiterhin Wissensbewahrung, Wissensverteilung und Wissensnutzung entscheidende Rollen.

Die bisher im Zusammenhang der Begriffsbestimmung von Content Management genannte Begriffe befinden sich auf nahezu gleicher Ebene und damit sind Überlappungen und ineinandergreifende Funktionen deutlich zu erkennen. Alle sind grundsätzlich der Informationstechnologie zuzuordnen und haben letztendlich alle das Ziel, die Informationsflut einzudämmen und die Effizienz der Veröffentlichung von Contents zu erhöhen. Wissensmanagement versucht, Wissen mithilfe der Informationstechnologie zugänglich und wiederverwendbar zu machen.

Zusammenfassend versucht das KM, Wissen aus bisher erfassten Informationen zu generieren. Es geht dabei weniger um den Einsatz der Technik. Vielmehr soll das Bewusstsein der Nutzer angeregt werden, aus strukturierten Informationen Wissen zu gewinnen, zu aggregieren und vorteilhaft einzusetzen. Meist spezialisieren sich die Hersteller von KM-Systemen auf bestimmte Teilbereiche, wie zum Beispiel Wissensaustausch in einer abgeschlossenen Gruppe oder Routinen zum intelligenten Auffinden von Informationen.

2.2.5   Abgrenzung Content- und Wissensmanagement

Zur Abgrenzung von Content Management und Wissensmanagement
werden die einzelnen Begriffe wie „Zeichen", „Daten" oder „Information", die sehr oft synonym für „Wissen" verwendet werden, genauer betrachtet. Zeichen sind das kleinste Datenelement (Rehäuser
und Krcmar, 1996, S. 3), Daten sind bereits eine Folge von Zeichen.
Daten und Information hängen zusammen, indem die Daten in den
Kontext eines Problemzusammenhangs gestellt werden. So können
die Daten kontextbezogen interpretiert werden (Rehäuser und
Krcmar, 1996, S. 4) und für die meisten Autoren beginnt die Unterscheidung der zusammenhängenden Begriffe erst ab diesem Punkt
(Willke, 1998, S.13f. und Güldenberg, 2001, S. 154f.). Information
kann auf zwei Arten bewertet werden. Einerseits kann die Information nach seinem Nutzen bewertet werden. Damit ist die Information
auch als ein wirtschaftliches Gut einsetzbar. Andererseits kann auch
der Wissensgehalt einer Information bewertet werden. Wird Information zu Wissen transferiert, kann es menschliches Verhalten beein-
flussen. Damit ist die Wichtigkeit und Tragweite von Informationen
erkennbar, im Ergebnis auch der Einfluss auf die Handhabung im
CM und im KM.

Nach RIEMPP (2004, S.144 ff.) gehören in die Reihe von
Competency Management Systemen, Community Management Systemen und Orientation Management Systemen auch Content Management Systeme, da sie Informationsobjekte, wie Dokumente und
Abbildungen, abspeichern, eventuell in Verbindung mit einem Dokumenten Management System. Der Zugriff wird meist im Intranet
realisiert. Man erkennt somit sowohl in Content Management Systemen als auch Wissensmanagementsystemen eine Überschneidung bei
der Behandlung und Verarbeitung von Informationsobjekten. Nach
RIEMPP (2004, S. 91) wird in einem KM nicht Wissen, sondern es
werden lediglich Informationsobjekte verarbeitet. Mitarbeiter werden
bei der Ausführung der elementaren Kernprozesse des Wissensmanagements unterstützt. Durch eine Vielfalt an integrierten Funktionen
wird eine effiziente Nutzung der Systeme ermöglicht. Die Systeme

folgen dabei meist dem Prinzip, ein komplettes Lösungssystem darzustellen, oder sie bilden einzelne Komponenten eines übergeordneten Systems ab.

Das Knowledge Management System (KMS) arbeitet grundsätzlich ähnlich einem DMS, ist aber nicht alleine auf Dokumente beschränkt. Generell wird versucht, alle relevanten Informationen zu erfassen. Ein wichtiges Kriterium ist die Suchfunktion. Gespeichertes Wissen wird verfügbar gemacht. Es ist eine Aufgabe des Informationsmanagements, das Wissensmanagement in den Unternehmen so aufzubauen, damit das über auch lange Zeiträume gesammelte und somit bereits an irgendeiner Stelle im Unternehmen vorhandene Wissen schnell gefunden und sinnvoll genutzt werden kann. CHRIST (2003) betrachtet Content Management als ein Instrument des Wissensmanagements. Während Wissensmanagement die Gesamtheit des für den Geschäftserfolg relevanten expliziten und impliziten Wissens zum Gegenstand erhebt, fokussiert Content Management ausschließlich auf explizites Wissen in Form von Daten und Dokumenten. Knowledge Management Systeme werden für die Sammlung, Verwaltung, Verbreitung und Nutzung von Wissen angeboten. Intranet- und Internettechnologien, Computer Supported Cooperative Work (CSCW)-Systeme und vor allem DMS gehören zu den Basissystemen. Zur Wissensspeicherung werden auch relationale Datenbanken und DMS verwendet.
Die Dokumentenmanagementsysteme sind ein Teil der Wissenskodifizierung im Wissenslebenszyklus. Wissenskodifizierung bedeutet eine Extrahierung, Kategorisierung und Speicherung des Wissens für sich und andere. Der Wissenstransfer an sich erfolgt durch Internet- und Intranetsysteme oder mittels CSCW-Systemen. CMS und DMS können also einem KMS helfen, das Wissen in einem Unternehmen reproduzierbar und erfahrbar zu machen. Ein KMS wäre ein Ansatz, Wissen gewinnbringend einzusetzen.
Die Begriffe sind nicht feststehend. Gerade Mischformen sind üblich. Die Hersteller entsprechender Software denken bei der Auswahl des Begriffes in erster Linie an das Marketing. So wird ein einfaches WCMS mit der Zielgruppe Unternehmen mit mehr als einem Mitarbeiter gerne bereits als ECMS (Enterprise Content Management Sys-

tem) bezeichnet. Der Begriff CMS ist hier oft nach Meinung der Hersteller nicht angebracht. Dies hat sicherlich auch damit zu tun, dass durch den hohen Anteil von Open-Source-Lösungen in den Bereichen DMS und CMS oft eine falsche Meinung vertreten ist. Software, die nichts kostet, kann nichts taugen. Ergo will man diese nicht.

Würde man nun Informationen und Wissen gleichbedeutend verwenden, so sind abhängig von diesen Begriffen unter anderem folgende Gemeinsamkeiten der zwei Systeme CM und DM sowie dem Ansatz KM erkennbar:

- Kodifizierung von Wissen und Informationen basiert auf (meist relationalen) Datenbanken, die Suche nach Wissen und Informationen erfolgt über Indizes und Information Retrieval.
- Transfer von Wissen und Informationen mittels Internet- und Intranettechnologien. Workflows unterstützen dabei stark strukturierte Abläufe.
- Grafische Benutzeroberflächen unterstützen den User bei seiner Arbeit.
- Alle haben das Ziel, internes oder externes Wissen bzw. Informationen in verschiedenen Informationstiefen den berechtigten Usern zur Verfügung zu stellen.

Für die Unterschiede und Abgrenzungen wurde in Anhang 3 eine Tabelle zusammengestellt, die eine Auswahl von bestimmten Eigenschaften übersichtlich gegenüberstellen soll. Abgrenzungskriterien wie die Tiefe der Informationen oder die Zielgruppen sind darin enthalten. Bei dieser Gegenüberstellung wird davon ausgegangen, dass die drei betrachteten „Systeme" für sich allein genutzt werden. In dieser Betrachtung wird damit vernachlässigt, dass es sehr wohl sinnvolle Kombinationen aus den drei Bereichen gibt. Dabei ist zu beachten, dass den Attributwerten der einzelnen Kriterien das Vorwort „überwiegend" voranzustellen ist. In speziellen Fällen können in der Praxis die Schwerpunkte anders zugeordnet werden.

Zusammenfassend steht sowohl bei CMS als auch KMS die Erstellung von Inhalten im Vordergrund. Auf Seite des CMS gibt es jedoch eine klare Verschiebung des Schwerpunktes in Richtung Verwaltung der Inhalte, auf der Seite des KMS in Richtung Tiefe der Information. Die Verwaltung bzw. dieses Management wird durch ein Redaktionssystem realisiert. Dadurch ist ein CMS weitaus komplexer als ein KMS. Dies geschieht aber unter anderm auch zur Erhöhung der Benutzerfreundlichkeit. Darüber hinaus unterstützen ein automatisierter Workflow und der Content Life Cycle die Prozesse innerhalb eines CMS. Wissensmanagementsysteme und CM-Systeme können und sollen zusammen eingesetzt werden. Ziel ist ein kombiniertes System, unterstützt von der Einfachheit der Benutzung eines CMS, verbunden mit optimalster Qualität der zur Verfügung gestellten Informationen eines KMS. Ein CMS kann damit auch die Einführung eines KMS in einem Unternehmen sehr gut unterstützen.

2.3   Web Content Management

Im Weiteren nehmen wir an, dass eine Website der Oberbegriff für eine Ansammlung von einer oder mehrerer Webseiten ist. Das Web Content Management wird zum Management von Webseiten innerhalb einer Website benötigt. Es unterstützt den Benutzer bei der Bereitstellung und Verwaltung von webbasierten Inhalten. Anhand der Begriffsbestandteile wird nachfolgend versucht, einer möglichst eindeutigen Definition nahe zu kommen. Der Begriff Web entspricht der Abkürzung für World Wide Web, kurz WWW genannt. Das Internet gilt nach Stahlknecht und Hasenkamp (2002, S. 89) als „Netz der Netze", das weltweit andere Netze verbindet und mittels diverser Protokolle eine Reihe von Anwendungsdiensten zur Verfügung stellt. Das WWW wurde 1989 am Schweizer Forschungszentrum CERN ins Leben gerufen. Ein Abruf von Webseiten geschieht in der Regel mittels HTTP auf Port 80. Die Informationen werden mittels des TCP/ IP-Protokolls übertragen. Das „Netz" ist ein globales, öffentliches und multimediales Informationssystem, welches die weltumspannenden Netzwerke als Transportmedium benutzt, um Informationen jeglicher elektronischer Art in Form von Internetseiten, auch Websites genannt, auszugeben. Nach Mertens (1997, S. 445 f.) sind Verknüpfungen von verschiedenen Seiten über sogenannte „Hyperlinks" möglich, die durch einfachen Mausklick von einem Ort zu einem beliebigen anderen Dokument verzweigen. Eine Website selbst kann damit aus einzelnen Seiten bestehend ein komplettes und umfangreiches Angebot an Webseiten mit Informationen im WWW sein. Der Zugriff auf diese Seiten kann durch Zugriffsschutz geregelt werden. Bei einem öffentlichen Zugriff handelt es sich meist um ein Angebot im Internet, bei einem privaten Zugriff, zum Beispiel innerhalb eines Unternehmens, spricht man vom Intranet. Darüber hinaus gibt es noch den Begriff Extranet, eine Mischung aus beidem. In der Regel ist das Extranet für eine eingeschränkte Benutzergruppe, wie Lieferanten oder Mitarbeiter im Außendienst, freigegeben.

Der Begriff Content wurde bereits erläutert und bezeichnet im Zusammenhang mit Web Content Management grundsätzlich Inhalte aller Art, die zum Betrieb einer Website verwendet werden.
Neben Text können auch alle weiteren relevanten Inhalte wie multimediale Daten, Datenbanken und Foren in Webseiten untergebracht sein. Auch nicht sichtbare Inhalte wie Vorlagen, die im Zusammenhang mit Content Management Systemen als Templates bezeichnet werden, können als Content angesehen werden. Template ist der englische Begriff für Schablone, also eine Vorlage, die mit Inhalt gefüllt werden kann. GRAF leitet den Begriff Content und Management direkt von den englischen Begriffen Content gleich Inhalt und Management gleich Verwaltung ab. Seiner Ausführung nach handelt es sich dabei um ein „sehr ungenaues System", mit dem Inhalte verwaltet werden können. Dieses System kann einfach nur aus einer Tafel und einem Stück Kreide bestehen, es kann aber auch ein freies Wissensportal, wie Wikipedia, sein. Dieses wird zudem von vielen Teilnehmern verwaltet (GRAF 2008, S. 27).
Für den Begriff „Management" gibt es in den Wirtschaftswissenschaften zahlreiche Definitionen. Auf der einen Seite sind es die Personen, die administrative oder dispositive Tätigkeiten ausüben. Andererseits können damit auch funktionale Vorgänge, wie Steuerung von verschiedenen Einzelaktivitäten in einer Unternehmung gemeint sein, um Ziele übergeordneter Natur zu koordinieren. Nach CORSTEN (1993, S. 546) handelt es sich beim Management um die zielgerichtete Planung, Steuerung und Kontrolle von Aufgaben und Tätigkeiten. Auch wird in der Literatur der Begriff Entscheidung im Managementzyklus als Brücke zwischen Steuerung und Kontrolle verwendet.

KAMPFFMEYER (2006) umschreibt Web Content Management mit den Funktionen „Content Creation", „Publication Process", „Conversion", „Security" und „Website Visualization". Die Bereitstellung von Inhalten im Internet oder Extranet oder alternativ auf einem Portal sollte nur eine gesteuerte Darstellung bereits vorhandener Informationen in einem Unternehmen sein. „Content Creation" umfasst dabei alle Funktionen zur Erstellung vorhandener oder neuer Informationen. Die Erstellungs- und Veröffentlichungsprozesse laufen dabei kontrolliert ab. Der „Publication Process" umschreibt die Bereitstellung und Verwaltung der zu veröffentlichenden Informationen. „Conversion" sorgt für die automatische Konvertierung für unterschiedliche Formate, Anzeigen und Versionisierung. Die Funktion „Security" spielt bei CMS ein große Rolle, da die Daten auch öffentlich im Internet zugänglich sein können. Es muss gewährleistet sein, dass der Zugriff auf öffentliche und nicht öffentliche Informationen voneinander sicher getrennt ist. Die „Website Visualization" sorgt für die passende Visualisierung für den Benutzer, sprich der Content wird anschaulich und nutzbar „verpackt".

WCMS, das gewöhnlich als Webapplikation implementiert ist, wird verwendet für das Erzeugen und das Management von auch sehr großen Mengen von HTML-Inhalten inklusive der eingebundenen Mediadaten. Die Erzeugung von Content, die Kontrolle von Content, das Bearbeiten und viele weitere grundsätzliche Funktionen im Zusammenhang mit dem WWW werden dadurch erleichtert. Für gewöhnlich unterstützt das System unter anderem "Authoring Tools", die den Autor dabei unterstützen, mit weniger oder keinem Wissen über eine Programmier- oder Skriptsprache, einfach und schnell Content zu administrieren.

Versucht man nun aus den drei Begriffen Web Content Management eine passende Definition zu entwickeln, so handelt es sich dabei um Tätigkeiten, wie koordinierte Planung, Steuerung, Kontrolle und anschließender Ausführung aller Notwendigkeiten, die zur Erstellung, Verwaltung und Bereitstellung von Inhalten mittels einer Website beitragen.

2.4   Content Management Systeme und Web Content Management Systeme

Österle nennt Content Management in einem Geleitwort (CHRIST 2003) eine „verschämte Umschreibung dessen, was von Knowledge Management übrig geblieben ist". Seiner Meinung nach „ist die Euphorie des Wissensmanagements, die von einer neuen Dimension der Suche von Wissen, der Ableitung von Erkenntnissen und der Kommunikation von Inhalten beseelt war, einer tiefen Ernüchterung gewichen". Grundsätzlich können die allgemeinen Konzepte von Websites abstrahiert und für beliebige Arten von Präsentationen verwendet werden.

Die Sammlung von Werkzeugen und Methoden zur Unterstützung von Web Content Management wird als Web Content Management System (WCMS) oder Content Management System (CMS) bezeichnet. In der weiteren Folge werden deshalb Content Management und Web Content Management synonym verwendet, da in der Regel der Schwerpunkt allgemein von CMS auf dem Management von Websites liegt. In Anhang 4 Abbildung 1 wird versucht, eine einfache Übersicht eines Content Management Systems aufzuzeigen, wie die Bereiche Web, Content und das Management. Die Grafik zeigt, dass ein WCMS den Schwerpunkt in den Bereichen Intranet, Extranet und Internet hat.

ABTS und MÜLDER (2002, S. 199 f.) benennen zur Pflege und Administration der unterschiedlichen Informationen, die über ein Portal im Intranet bzw. Internet angeboten werden, das Content Management System. Dieses ermöglicht es, Informationen dezentral, arbeitsteilig und ohne Programmierkenntnisse dort einzugeben, wo sie erarbeitet werden.

Mann könnte eine Hauptaufgabe von Web Content Management Systemen definieren. Diese besteht darin, Portale im Web wirtschaftlich zu erstellen und zu verwalten. Diese Startseite sollte so aufgebaut sein, dass beim Besucher das Interesse geweckt wird und sich dieser auch sofort zurechtfindet. Ein hauptsächliches Anwendungsgebiet des Content Managements sind Portale, die ein kodifiziertes Wissen über standardisierte Protokolle und Schnittstellen nutzbar machen (CHRIST 2003, S. 11). Portale sind zentrale Anlaufstellen im WWW, von denen der Besucher beginnend sich Informationen aus den verknüpften Webseiten der Websites holen kann.

Oberstes Ziel der Systeme ist damit die effiziente Organisation von Websites und aller darin eingebundenen Objekte. Der Besucher soll also von einem Portal auf eine Weise unterstützt werden, dass er möglichst schnell den Weg zu den gewünschten Informationen findet. Diese Inhaltsobjekte sollen schnell und einfach eingebunden, geändert und bereitgestellt werden.

Die Portale lassen sich in drei Arten gliedern:

- Unternehmensportale
  Die Contents sind bei Unternehmensportalen nicht nur im Internet erreichbar, sondern meist auch im Intranet. Mitarbeiter des Unternehmens haben die Möglichkeit, Unternehmensinformationen abzurufen. Auch Lieferanten und Kunden greifen bei Bedarf auf diese Portale zu.
- Horizontale Portale
  Horizontale Portale decken ein breites Feld an Informationen ab. Diese Informationen gehen aber nicht stark in die Tiefe, sondern verschaffen dem Benutzer mehr einen Überblick. Über Links und Weiterleitungen können vertikale Portale angehängt sein. Ein Merkmal eines horizontalen Portals ist die Anmeldung. Der Benutzer kann seine Anmeldedaten und weitere Informationen hinterlegen. In der Regel bekommt der Benutzer nach Angabe von Pflichtdaten eine Begrüßungsmail an seine Adresse per Email gesendet. Nach Bestätigung beziehungsweise einem Aktivierungslink ist er angemeldet und hat Zugriff auf geschützte Bereiche oder kann mit News und weiteren Informationen per Email periodisch versorgt werden. Beispiele für horizontale Portale sind T-Online (http://www.t-online.de/) oder Yahoo (http://de.yahoo.com/). Es werden also allgemein breite Benutzerschichten angesprochen.
- Vertikale Portale
  Die vertikalen Portale sind meist erst nach Weiterleitungen

aus den horizontalen Portalen für den Benutzer erreichbar.
Dafür haben sie die Aufgabe, weitergehende und genauere
Informationen zur Nutzung bereitzustellen. Hier werden spe-
zielle Interessen der Benutzer angesprochen.

In Anhang 5 Abbildung 1 wird eine typische Portalarchitektur aufgezeigt. Diese zeigt die Einbindung eines CMS in ein Unternehmen
und das Zusammenspiel mit anderen Systemen.

Im Idealfall sind alle Hauptzielgruppen wie Kunden, Lieferanten und
Mitarbeiter durch die Architektur eines Portals angesprochen und
können somit zielgerichtet auf die jeweiligen notwendigen Teilbereiche und Services zugreifen. Der Vorteil liegt in der besseren Integration von Kunden und damit in der Erhöhung der Kundenbindung.
Lieferanten haben die Möglichkeit, online ihre Angebote und Preise
abzugeben. Medienbrüche werden dadurch vermieden und die nach-
gelagerten Prozesse, wie Bestellvorgänge, beschleunigt. Dazu gehört
eben auch der Bereich Content Integration, zu dem auch Content
Management Systeme gehören.

Es liegt nach den bisherigen Betrachtungen nahe, eine Kombination
aus CMS, DMS und KMS für das Intranet eines Unternehmens mithilfe des CMS als zentrales Portal und als einfaches Darstellungs-
und Verwaltungssystem zu kreieren, in dem sowohl DMS als auch
KMS sinnvoll integriert sind. Darauf aufbauend wird in Anhang 6
Abbildung 1 der Versuch unternommen, einen Architekturvorschlag
zu entwerfen, der eine mögliche Kombination der Systeme und Ansätze in einem Unternehmen abbildet.

Der Grundgedanke besteht darin, dass Kunden, Lieferanten und Mitarbeiter verschiedene Möglichkeiten des Zugriffs, wie mittels Browser, mobilen Geräten oder Thin Clients, haben. Der Mitarbeiter kann
vom Intranet aus auf das Portal und die damit verbundenen Systeme
zugreifen. Von seinem Heimarbeitsplatz aus kann er dies zum Beispiel mittels Terminalserver. Die Zugriffsebene ist in drei Frontendebenen unterteilt. Ebene 1 umfasst das Internet, sprich das WWW.
Diese Ebene ist relativ ungesichert, da auf Informationen zugegriffen
wird, die in der Regel für eine breite Masse und damit für die Öffentlichkeit bestimmt sind. Frontendebene 2 befindet sich in einer demi-
litarisierten Zone (DMZ). Diese DMZ sorgt dafür, dass ein Teilbe-
reich des Netzwerks zwar eingeschränkt öffentlich erreichbar ist,

aber die daran angeschlossenen Server nur mithilfe einer Firewall sicherheitstechnisch stark kontrollierbare Zugriffsmöglichkeiten zulassen. Diese Möglichkeit wird in der Regel für Lieferanten- oder Heimarbeitsplatzanbindungen verwendet. Die dritte Ebene umfasst das interne Netz. Dort befinden sich auch das Portal und die Applikationsserver, die mittels grafischer Benutzeroberfläche dem Benutzer die Systeme zur Verfügung stellen. Als Portal könnte auch ein reines CMS fungieren. Der Besucher der Webseite greift in der Regel über den Webbrowser auf die Frontendebene 1, dem WWW, zu. Dort stehen nach einem Staging die Daten des CMS zum Abruf zur Verfügung. Der Datenabruf für einen Besucher der Website endet damit in der ersten Ebene. Die drei genannten Frontendebenen sind voneinander auch prinzipiell getrennt, sodass Datenaustausch nur kontrolliert über vordefinierte Schnittstellen erfolgen darf.

Die Datenhaltung an der Basis stellt über den Transformationsservice den Systemen die notwendigen Daten zur Verfügung. Die Systeme selbst sind über Schnittstellen miteinander verbunden, sodass Daten mit gleicher Datenbasis in Echtzeit und ohne Medienbrüche zur Verfügung stehen. Applikationsserver wiederum verwenden diese Daten nach Visualisierung und Klassifikation derart, dass jeder Benutzer personalisierte Daten zur Verfügung gestellt bekommt. Auf der Benutzerebene entscheidet sich bereits, welche Art von Benutzer bzw. welcher Benutzer durch Personalisierung im System Zugriff auf welche Daten hat. In der aufgezeigten Architektur kann der Zugriff von extern über das Staging auf einen Webserver erfolgen, der Zugriff intern erfolgt über das Portal direkt auf das CMS. Die Portalfunktion wird bei neuen Systemen meist auch über einen Browser zur Verfügung gestellt.

SCHUSTER, WILHELM und BULLINGER (2000a, S. 8) beschreiben zwei Hauptziele, die mit einem CMS verfolgt werden. Zum einen werden dezentral agierende Lieferanten (Autoren) von Content angebunden und beteiligt. Meist sind es Mitarbeiter aus Fachabteilungen. Oft werden auch Beiträge externer Contentlieferanten eingebunden. Zum anderen wird der Administrator bei Pflege und Wartung eines komplexen und hochgradig vernetzten Umfangs an Informationen entlastet. Die technisch dafür zuständigen Personen müssen sich nicht mit der Erstellung und Aktualisierung von Inhalten beschäftigen, sondern können sich auf die Kernaufgaben konzentrieren, nämlich die technische Infrastruktur, Erreichbarkeit und Sicherung der Systeme, Sicherung auch im Sinne von Zugriffsschutz und Backupstrategien. Durch geringe Durchlaufzeiten wird eine hohe Aktualität der Inhalte unter Beachtung des Content Life Cycle erreicht und somit auch die Attraktivität der Websites gegenüber den Besuchern erzielt. Durch Einbindung und der Möglichkeit einer durchgehend digitalen Erfassung von neuem Content werden Übertragungsfehler, Medienbrüche und Folgefehler nahezu ausgeschlossen.

ZSCHAU (2002, S. 319 FF.) teilt Content Management Systeme in fünf unterschiedliche Klassen ein:

- Enterprise Content Management Systeme (ECM)
- Redaktionssysteme
- Open-Source-Systeme
- Agenturlösungen
- „Application-Service-Providing"-Systeme (ASP)

KOCH (2004) versucht angelehnt an ZSCHAU (2002, S. 319 ff.) in Anhang 13 Abbildung 2 eine eigene Klassifizierung der Arten von WCMS nach den Kriterien Lizenzmodell, Einsatzzweck, Entwicklung und Sonderformen zu finden.

ECM wird von ZSCHAU als eine Schnittstelle zu allen unternehmensinternen Informationen beschrieben. Über ein Webportal erhält der Benutzer die auf ihn zugeschnittenen Informationen. ECM schließt das Web Content Management mit ein. Dabei werden Informationen aus den Datenbeständen des ECM konvertiert und für die Veröffentlichung im WWW erstellt. Redaktionssysteme werden meist von Agenturen, Verlagen oder Magazinen verwendet. Im Vordergrund steht hier wegen der Anforderung an die Aktualität eine einfache und schnelle Handhabung. Als Agenturlösungen werden Systeme bezeichnet, die meist durch Dritte gemäß den Wünschen des Kunden speziell entworfen werden. Der große Nachteil dabei ist, dass diese Systeme meist nur durch die externe Agentur allein gewartet werden kann. ASP-Systeme können von Unternehmen angemietet werden. Für einen meist monatlichen Betrag stehen Hardwaresysteme mit installierter Software zur Verfügung. Der Kunde muss sich nicht um die Hardwaresysteme oder um die Updates bzw. Patches für die

Softwaresysteme kümmern. Er kann sich auf die Verwaltung konzentrieren.

GRAF beschreibt die Struktur eines WCMS bestehend aus einem Frontend und einem Backend. Das Frontend (Anhang 7, Abbildung 1) ist dabei die Website, also das Resultat, das die Besucher zur Kenntnis nehmen. Das Backend (Anhang 7, Abbildung 2) ist die dafür notwendige Verwaltungsanwendung, die bei einem WCMS ebenfalls mit Hilfe von einem Internetbrowser administriert werden kann. In diesem sogenannten Backend können berechtigte Personen das System konfigurieren, pflegen, Sicherungen erstellen, Statistiken abrufen, Dateien raufladen oder auch neue Inhalte erzeugen. Die Startadresse für die Administrationsoberfläche ist in der Regel anderslautend als der Startlink der Website (GRAF 2008, S. 33).

Nachfolgend sind die Kernfunktionalitäten eines CMS nach SCHUSTER, WILHELM und BULLINGER (2000a, S. 8 f.) zusammengetragen:

- Verwaltung der Inhalte und der dazugehörigen Metainformationen über eine zentrale Datenbank (Anhang 8, Abb. 1).
- Trennung von Inhalt, Struktur und Layout, womit nicht nur verteiltes Arbeiten sondern auch mehrsprachige Versionen und verschiedene Ausgabemedien unterstützt werden.
- Die Oberfläche zur Eingabe, Änderung und Verwaltung von Inhalten ist einfach und benutzerfreundlich gehalten (Anhang 9, Abb. 1).
- Die Bedienung der Werkzeuge erfolgt typischerweise mittels eines Internetbrowsers.
- Navigationsinhalte innerhalb der Website werden so weit als möglich automatisch erstellt.
- Workflowfunktionen und Prozessunterstützung werden bereitgestellt.
- Für Administration, Benutzer- und Rechteverwaltung werden Werkzeuge zur Verfügung gestellt (Anhang 9, Abb. 2)
- Fallweise gibt es Werkzeuge zur Qualitätssicherung, Berichtserstellung und Versionskontrolle der Inhalte.

MANHART (2002) beschreibt die Kernprozesse und Funktionen, die von einem CMS unterstützt werden müssen, wie folgt:

- Neue redaktionelle Informationen lassen sich einfach ohne Programmierkenntnisse erstellen.
- Bestehende Informationen können bearbeitet werden.
- Gruppen, Rollen und Rechte lassen sich mit einer Benutzerverwaltung festlegen und vergeben.
- Für die Entwicklung der Website-Struktur, Navigationshilfen und Templates gibt es Tools.
- Fehlerhafte Links werden mittels Linkmanagement vermieden. Neu erstellte Seiten werden automatisch verlinkt und in die Menüs eingetragen.
- Mit Workflows können zur Qualitätssicherung Freigabeprozesse entwickelt werden. Damit wird eine ständige Kontrolle der neu erstellten Inhalte von Websites ermöglicht.
- Seiten und Contents werden bzgl. Versionsstände und Verfallsdaten überwacht. Templates können einfach verwaltet werden und mögliche Tasks erleichtern die Administration von Webauftritten.

Aus den bisherigen und folgenden Erklärungen und Überlegungen sollen nachfolgend die typischen Kernfunktionalitäten, ohne die ein CMS nicht sinnvoll eingesetzt werden kann, zusammengetragen werden:

- Erzeugung und Bearbeitung von Content
- Verwaltung von Layout und Strukturrichtlinien für Content
- Ergänzung von Content durch Metainformationen
- Contentorganisation nach dem Inhalt-Struktur-Layout-Prinzip
- Zuweisung von Templates und Unterstützung CI
- Qualitätssicherung mittels Content-Life-Cycle-Workflow
- Mehrplatzfähigkeit mit Check-in- bzw. Check-out-Funktionen
- Unterstützung der Mehrsprachigkeit
- Benutzer- und Zugriffsverwaltung

- Authentifizierung und Registrierung
- Automatismen zur Steuerung von Prüfung und Veröffentlichung
- Versionsverwaltung
- Suchmöglichkeit auf Objektebene
- Anbindung von weiteren Systemen über Schnittstellen

Es sei nachfolgend vor weiteren Betrachtungen das klassische Publizieren beschrieben, um zu sehen, welche Aufgaben durch ein CMS übernommen werden können. Das klassische Publizieren erfolgt in folgenden Phasen. Zuerst werden die Inhalte inklusive Texte, Grafiken, Tabellen, Bilder oder Videos erstellt. Danach werden diese als Schreibmaschinenseite, Datei, Datenbank oder HTML-Seite verwaltet. Nachdem die Inhalte als Buch, als CD-ROM oder als Website im Internet veröffentlicht werden, kann der Besucher in der letzten Phase durch Lesen, Hören oder mittels Navigieren durch eine Website die Inhalte aufnehmen. Bei Änderungen oder Anpassungen wird der komplette Prozess noch mal von Anfang bis zum Ende durchlaufen. Beim Erstellen von Webseiten kommt noch hinzu, dass in der Regel ein Webmaster alle Informationen der Autoren in irgendeiner Form zugestellt bekommt. Dies können zum Beispiel Emails, Textverarbeitungsdokumente oder handgeschriebene Papiere sein. Der Webmaster muss die Informationen fehlerfrei übernehmen und jede einzelne neu zu erstellende Webseite an das vorgegebene Layout anpassen. Weiterhin muss er die Verlinkungen der neuen Seiten eingeben und eine Prüfung auf fehlerhafte Verzweigungen durchführen. Der Webmaster kann somit mit der Informationsflut aus den einzelnen Abteilungen überfordert sein. Auch Rückfragen kosten wertvolle Zeit. Es können Tage vergehen, bis alle neu einzubringenden Inhalte im WWW erreichbar sind. Der Prozess des Webpublishing ohne CMS sei in Anhang 10 Abbildung 1 aufgezeigt. Sehr deutlich sind in der Grafik die Verantwortung und der Aufgabenumfang des Webdesigners bzw. des Webmasters zu sehen. Zwischen den Ebene der Informationslieferanten und der Ebene der Realisierung entsteht ein Flaschenhals im gesamten Prozess der Publizierung. Die Abbildung 1 in Anlage 11 zeigt den Prozess des Webpublishing mithilfe eines CMS. Die Autoren oder Redakteure geben die Informationen direkt in das CMS ein. Der technisch versierte Administrator hat dabei nur noch die Aufgabe, vor Benutzung des CMS die Benutzergruppen anzulegen, die Benutzer den Gruppen zuzuweisen und die Berechtigungen zu vergeben. Er greift also nur ein, wenn es notwendig ist. Für die Autoren ist das CMS eine Black Box. Sie „füttern" das CMS nur mit Informationen, die dann am Ende schön aufbereitet dargestellt werden. Durch die Automatisierungsmechanismen im CMS werden die Prozesse innerhalb weniger Sekunden abgearbeitet und nur durch etwaige Freigabeworkflows unterbrochen. Nach Festlegung und Bereitstellung des Layouts und der Struktur können die ersten Inhalte eingepflegt werden. Mithilfe eines CMS muss sich der Anwender aufgrund der Trennung von Inhalt und Layout um die Gestaltung der Site weniger bemühen. Während ein HTML-Editor fertige HTML-Dokumente speichert, also eine ausgabefertige Kombination von Inhalt und Layout, trennt ein CMS diese beiden Bereiche. Technisch wird dies mit Hilfe von Templates umgesetzt. Das sind vordefinierte „leere" Vorlagen. Beim Abruf eines Dokuments vom Webserver wird die Ausgabe aus Inhalt und Layout zusammengesetzt. Neben dem bereits genannten Vorteil einer durchgängigen Corporate Identity für die Website sind zusätzlich auch fehlerfreie Links gewährleistet. Daten können auch mehrfach verwendet werden. Es ist möglich, verschiedene Versionen und Sites in verschiedenen Sprachen zu speichern. Auch ein späteres Zurückschalten zu einer alten Version der Website ist somit problemlos möglich. Das Umschalten zwischen verschiedenen Templates nimmt in der Praxis nur wenige Sekunden in Anspruch. Abbildung 2 in Anhang 4 soll die Trennung von Inhalt und Layout an einem Beispiel zeigen.

Die Grundstruktur eines CMS erschließt sich dann gemäß vorhergehender Betrachtungen zusammengefasst in einer Dreiteilung mit Inhalt, Struktur und Darstellung wie folgt. Elementar ist dabei die Funktion der Metadaten ("Daten über Daten" bzw. „Informationen zu Daten"). Es handelt sich um Daten, die andere Daten beschreiben. In einem Papierarchiv sind Metadaten Indizes, Register oder detaillierte Listen. Sie enthalten Informationen über die Struktur, das Format, die Größe oder den Speicherort der zu speichernden Nutzdaten. Der Vorteil besteht darin, dass diese getrennt von den eigentlichen Nutzdaten in Datenspeichern mit kurzen Zugriffszeiten gespeichert werden und damit ein schneller Zugriff erfolgen kann.

- Inhalt: Der Inhalt, der entsprechend einer Strukturdefinition in den Datenelementen abgebildet ist, hat seine besondere Bedeutung in der Datenhaltung. Die Metadaten müssen in jedem Fall erhalten bleiben.
- Struktur: Die Struktur ist die syntaktische Definition der Einzelinformation.
- Darstellung: Die Darstellung letztendlich ist die formale Beschreibung zur Repräsentation auf einem möglichen Ausgabemedium. Vorlagen, auch Templates oder Stylesheets genannt, sorgen für eine vordefinierte Formatierung und Positionierung der auszugebenden Inhalte. Navigationshilfen gehören ebenso zum Aufgabenteil der Darstellung.

Eine Dreiteilung sei wie folgt am Beispiel einer Pressemeldung beschrieben:

- Inhalt: Das Element „Überschrift" soll die Schlagzeile der Pressemeldung sein. Datentechnisch ist der Inhalt mit der Metainformation „Überschrift" fest verbunden. Deshalb ist in der Folge eine automatische Erstellung von Seiten und Verzeichnissen möglich, die alle Schlagzeilen von Presseinformationen darstellen.
- Struktur: Eine Pressemeldung kann aus einem Titel, einer Kurzbeschreibung, weiteren Informationen und eventuell noch aus einem Datum und dem Namen des Autors bestehen. Der Autor selbst ist wiederum ein Objekt einer Oberklasse, die zusätzlich noch Attribute wie Vorname, Telefonnummer und Emailadresse haben kann.
- Darstellung: Die Veröffentlichung der Pressemeldung kann zum Beispiel gedruckt auf einem DIN-A4-Blatt per Fax an ausgesuchte Empfänger gesendet werden. Alternativ kann die Pressemeldung auch über das WWW publiziert werden.

Es sollen mit Hilfe der bisher gefunden Definitionen zur besseren Abgrenzung eines CMS zum herkömmlichen Webpublishing die folgenden Unterscheidungsmerkmale dienen. Grundsätzlich werden beim herkömmlichen Webpublishing die Inhalte alleine vom Ersteller der Website freigegeben, der damit auch über umfangreichere Kenntnisse im EDV-Bereich verfügen muss. Meist erstellt der Webmaster eine Site, die später nur noch minimal geändert wird. Die

Prozesse dabei sind größtenteils nicht automatisiert. Mit einem CMS dagegen können Mitarbeiter ohne weitere EDV-Kenntnisse aus den Fachabteilungen unter Wahrung der einmal festgelegten CI Inhalte anlegen, bearbeiten und freigeben. Sie spielen damit hauptsächlich die Kernkompetenz Fachkenntnis aus. Die Websites werden in diesem Fall regelmäßig oder unregelmäßig auf einen aktuellen Stand gebracht. So sind bei einem CMS auch die technischen Anforderungen auf der Benutzerseite weitaus geringer. Ein Browser reicht in der Regel vollkommen zur Administration aus. Integrierte Benutzerverwaltung und Zugriffsprotokoll erleichtern die Benutzerverwaltung und Authentifizierung. An die Webserver selbst werden bei einem CMS höhere Anforderungen gestellt als bei herkömmlichen HTML-Seiten. Das ist darin begründet, dass der HTML-Code statisch hinterlegt ist. Es erfolgt keine dynamische Erstellung wie bei einem CMS. Dieses System muss sich in der Regel zuerst alle Daten aus einer Datenbank holen und kann danach erst die Daten zu einer lesbaren Darstellung aufbereiten. Ein CMS fördert den hierarchischen Aufbau von Websites. Ein Verweis, auch Verlinkung genannt, zwischen den einzelnen Seiten wird sinnvollerweise von Anfang an vermieden. Bezogen auf den Content Life Cycle lässt sich zusammenfassen, dass das Webpublishing mittels CMS bezüglich Erstellung, Pflege und Publikation einfacher und unabhängig vom Standort des Mitarbeiters möglich ist. Bei einfachem HTML-Publishing sind zwingend zu installierende Programme auf dem lokalen PC und Spezialwissen notwendig. Eine Versionsübersicht, Kontrolle, Freigabe und Datenarchivierung ist nur bei einem CMS sinnvoll integriert.

Content Management Systeme beziehen sich nur auf die Gesamtheit der Werkzeuge zur Administration von Content. Die dafür notwendigen Voraussetzungen wie Server, Infrastruktur, Betriebssysteme, Skriptsprachen oder Datenbanksysteme zählen nicht unmittelbar dazu.

Eine allgemeingültige Definition könnte wie folgt lauten: Web Content Managementsysteme und Content Management Systeme sind meist webbasierte Werkzeug- und Methodensammlungen, die Aufgaben und Prozesse zur Darstellung von Content mittels eines Managements unterstützen, vereinfachen oder automatisieren.

Mithilfe einer Architektur wird in der Wirtschaftsinformatik versucht, die Struktur und den Aufbau eines Systems formal zu beschreiben. Dazu gehören unter anderem die Basiskomponenten, die Softwarefunktionen und die Geschäftsprozesse. Der Begriff Architektur im Sinne von Anwendungsarchitektur wird nach MERTENS (1997, S. 35) in der Literatur als „umfassende Beschreibung von Merkmalen der Informationsverarbeitungs-anwendungen eines Unternehmens in seiner Gesamtheit als auch bezogen auf die Architektur bildenden Merkmale einzelner Anwendungen" verstanden.

In den Bereichen der Informationstechnologie kommen den sogenannten Referenzarchitekturen, -modellen und -systemen eine hohe Bedeutung zu. Im Gegensatz zu Systemen wie Dokumenten Management Systemen oder Workflow Management Systemen finden sich in der Literatur bis heute noch wenig Informationen zu Referenzarchitekturen bezüglich Content Management Systemen.

Von ÖSTERLE (1995) gibt es ein am Business Engineering angelehntes Architekturkonzept, das ein Unternehmen in drei Einheiten bzw. Architekturen unterteilt. Dies sind die Geschäftsstrategie, die Prozesse und die Informationssysteme.

Es lässt sich ein Metamodell ableiten, das sowohl die Elemente der Architektur als auch deren funktionale Zusammenhänge aufzeigen soll (CHRIST, 17ff.):

- Geschäftsstrategie: u.a. Marktangebot, Unternehmensstrategie, Marktaufstellung, Kooperationen, Visionen
- Prozesse: u.a. Aufbau und Ablauforganisation, Prozesse, Aufgaben, Leistungen der Prozesse
- Informationssysteme: Die Architektur der Informationssysteme umfasst die logische Struktur von Informationssystemen und enthält die Komponenten Daten, Funktionen und Applikation.

Betrachten wir die Komponenten der Informationssysteme genauer, so ergeben sich folgende Aufgaben:

- Daten stehen funktionsübergreifend und applikationsübergreifend zur Verfügung. Bei der Ausführung von Funktionen greifen die Applikationen auf diese Daten zu.

- Einzelne Aufgaben der Geschäftsprozesse werden von Funktionen unterstützt.
- Die Anwendungen bzw. Applikationen vereinen verschiedene Funktionen.

Auf Prozessebene unterteilen wir Geschäftsprozesse und Unterstützungsprozesse. Die Prozesse, die direkt zum unternehmerischen Erfolg beitragen, sind Geschäftsprozesse. Denen stehen die Unterstützungsprozesse zur Seite, die also nur indirekt zum Geschäftserfolg beitragen. Auch auf der Ebene der Informationssysteme unterscheiden wir Geschäfts- und Unterstützungsfunktionen. Diese Unterscheidungen sollen nun auf Content Management Systeme übertragen werden. Aus den vorigen Kapiteln wissen wir, dass der Content eine Summe von Einzelinformationen wie Struktur, Darstellung und Inhalt ist. CM sorgt dafür, dass die Informationsobjekte effizient bereitgestellt werden, also zur richtigen Zeit am richtigen Ort verwendet werden können. Die Architektur an sich kann im Detail sehr unterschiedlich sein. Die Gründe liegen darin, dass viele Produkte aus bestehenden und früheren Softwareanwendungen hervorgegangen sind. Hersteller bieten DM-Systeme, Redaktionssysteme, Workflowmanagementsysteme oder Datenbanksysteme an.

Ein CMS besteht aus einer zentralen Anwendung zur Speicherung und Verwaltung von Inhalten, den Informationen zur Struktur des Inhalts und den Vorlagen, die letztendlich das Aussehen bestimmen. Die zweite Komponente ist zum Veröffentlichen des Contents notwendig. Die dritte und übergreifende Werkzeugkomponente ist für die Erstellung und Verwaltung des Contents verantwortlich (vgl. SCHUSTER/WILHELM/ BULLINGER, 2000, S. 11 / 3fach S. 58).

Im Server- und Clientbereich spricht man vom sogenannten Client-Server-Prinzip. Bekannte vernetzte Systeme aus der Informationstechnologie liegen in Form dieser Client-Server-Beziehung vor. Daran angelehnt gibt es die sogenannte Client-Server-Architektur, auf der auch grundsätzlich ein CMS basiert. Dabei fordern viele Benutzer meist gleichzeitig bei einem einzigen Server Kapazitäten an. Als Server dienen leistungsfähige Computersysteme. Dies sind für CM-Systeme sogenannte Webserver, dies sich meist durch Auslegung für wartungsarmen 24-Stunden-Betrieb und kleine Bauweise, passend für Racks in Rechenzentren, von anderen Systemen unterscheiden.

Client-Server-Konzepte beruhen im Wesentlichen auf einer zwischen mehreren Schichten unterscheidenden Architektur von Anwendungsprogrammen. Dadurch ist es trotz einer zentralen Datenhaltung möglich, dem Endbenutzer die Daten unter einer grafischen Benutzeroberfläche anschaulich präsentieren zu können.

Danach besteht eine weitverbreitete Einteilung dieser Architektur allgemein aus folgenden Schichten:

- Schicht 1: Datenhaltung. Verantwortlich dafür ist in der Regel ein Datenbankserver. Auf diesem Server befindet sich meist eine relationale Datenbank.
- Schicht 2: Anwendungsbezogene Funktionen werden durch einen Applikationsserver bereitgestellt.
- Schicht 3: Benutzeroberfläche bzw. Dialogsystem. Diese Funktion wird durch einen lokalen Personal Computer ausgeführt.

Zwei Rechner mit verschiedenen Aufgaben, Client und Server genannt, sind über ein Netzwerk über Internetprotokolle miteinander verbunden. Dabei steht der Client mit einer sinnvoll aufbereiteten Benutzeroberfläche zur Verwaltung der Daten, die zentral auf einem Server hinterlegt sind, zur Verfügung, sodass auch andere Clients auf dieselben Daten gleichzeitig Zugriff haben können. Der Server stellt dafür die Daten einer Datenbank zur Verfügung. Die Anforderungen an einen Server, meist Windowsserver oder Server mit Linuxderivaten, sind deshalb auch weitaus größer als an einen Client. Bereits in aktuellen Thin Clients sind Webbrowser integriert, die für eine sinnvolle Verwaltung ausreichend sind. Daten werden meist in relationalen Datenbanken gespeichert. Als Programmiersprache für die Clientanwendungen werden größtenteils webunterstützende Skriptsprachen wie PHP, ASP oder plattformunabhängig JAVA, einer Weiterentwicklung von C++, verwendet.

Zusammenfassend handelt es sich also um die Bereiche Datenhaltung, Anwendungslogik und Bedienoberfläche, auf die die Anwendungen stets logisch und meist auch programmtechnisch verteilt sind.

Aus obigen Einteilungen und Überlegungen ergäbe sich damit im Bereich der Content Management Systeme eine CMS-3-Schicht-Architektur:

- Schicht 1: In dieser 3-Schicht-Architektur befasst sich die erste Schicht mit der Datenhaltung auf dem Datenbankserver. Die Contents sind auf diesem Contentserver als Dateien (File Storage) oder in, meist relationalen, Datenbanken (Database) abgelegt. In den im Anhang getesteten Content Management Systemen wird mySQL als relationales Datenbankverwaltungssystem verwendet.

- Schicht 2: Die zweite Schicht umfasst alle Anwendungsmodule (Application Modules) auf einem Anwendungsserver. Hier wäre in diesem Fall das CMS angesiedelt, das aus einem Webserver und einem Applikationsserver besteht. Sie enthält damit die gesamte Anwendungslogik wie das Content Management, unterstützt von Dokumenten Management, Digital Asset Management und Imaging mit Business Process Management.

- Schicht 3: Die dritte Schicht umfasst die Oberfläche auf dem Anwendungsclient, der das GUI (Graphical User Interface) mit Hilfe von API und anderen Schnittstellen zur Verfügung stellt. Gewöhnliche und aktuelle Browser, wie Internet Explorer, Mozilla, Google Chrome oder Firefox, reichen dafür aus.

Auf Anfrage stellt die erste Schicht als „Backend" nach dem Lesen der Daten aus der Datenbank den Benutzern die Inhalte in einer gewünschten Form zur Verfügung und sendet diese an den Client. Die Vorteile dieses Architekturaufbaus liegen in einer höheren Leistung, bedingt durch die Aufgabenverteilung. Einfache Erweiterungsmöglichkeiten, verbesserte Zuverlässigkeit des Systems und nicht zu unterschätzen ist die geringere Anforderung der Bandbreite zwischen dem Frontend und dem Backend. Kleinere Systeme, die keine so großen Anforderungen an die Gesamtperformance stellen, haben meist Datenhaltung und das dazugehörige CMS auf demselben Server liegen.

Technisch gesehen ist gemäß MANHART (2002) ein CMS eine Integrationsplattform für digital Inhalte. Die meisten modernen CMS basieren auf einer XML-Architektur. Mittels XML ist es möglich, Contents bis auf die kleinsten Inhaltskomponenten runter zu brechen und deren logischen Zusammenhang ähnlich einer einfachen Baumstruktur abzulegen. Auch hier handelt es sich analog um ein 3-Schichten-Modell. Die erste Schicht enthält die Speichermedien wie einzelne Dateien, Datenbanken oder auch Mainframesysteme. In der mittleren Schicht arbeiten sogenannte Agenten, die auf die oft unterschiedlichen Datenquellen der ersten Schicht zugreifen und bestehende Daten nach XML übersetzen. Die dritte Schicht ist für das Bearbeiten und Verteilen der Inhalte verantwortlich.

Man unterscheidet weiterhin zwei Varianten von CMS-Architekturen, einerseits vollständig dynamisch generierte CMS auf sogenannten „Liveservern" und andererseits CMS in Verbindung mit „Publishingservern", nachfolgend auch „Stagingserver" benannt. Dynamische CMS sind nach außen abgeschlossene Systeme und ein Server stellt alle Funktionen zur Verfügung. Nur der externe Zugriff erfolgt auf einem Client über einen Browser. Dies hat den Vorteil, dass nur die Daten aus der Datenbank geholt werden müssen, die der Benutzer gerade benötigt. Das System selbst kann dadurch aber auch höher belastet sein, was wiederum längere Antwortzeiten zur Folge haben kann. Man versucht dieser Problematik mit Cachesystemen entgegen zu wirken. Standortunabhängiges Arbeiten ist bei Liveservern sehr einfach. Nachfolgend sei die Abfolge der einzelnen Prozesse bei beiden Varianten rahmenhaft aufgeführt.

Liveserver: Die Abfolge einer dynamischen Generierung sei in folgenden Schritten erklärt.

1. Ein Benutzer erzeugt mittels Browser auf seinem Client eine Anfrage an den Webserver.
2. Der Webserver reicht die Anfrage des Benutzers an den Anwendungsserver weiter.
3. Der Anwendungsserver verarbeitet die Anfrage und holt mittels einer Datenbankabfrage die dafür notwendigen und strukturierten Daten.
4. Die Datenbank gibt das Ergebnis der Abfrage an den Anwendungsserver zurück.
5. Der Anwendungsserver verpackt den Content mit Hilfe von Vorlagen in ein für den Benutzer lesbares Format. Er füllt also die Templates mit den Abfrageergebnissen aus der Datenbank.

6. Der Anwendungsserver sendet nach dem Verpacken die fertige Seite an den Webserver, der die komplette Site für externe Abfragen zur Verfügung stellt.

7. Der Webserver sendet mittels Kommunikation, meist basierend auf den Protokollen HTTP (Port 80) oder HTTPS (Port 443), an den Client zurück.

8. Der installierte Browser auf dem Client wandelt die Daten in für den Benutzer sinnvolle und sichtbare Seiten um.

Bei den Publishing- bzw. Stagingserver dagegen werden zwei voneinander getrennte Umgebungen verwendet. Zum einen gibt es einen nur intern zugänglichen Server, der den Redakteuren die Inhalte zur Verfügung stellt. Daneben gibt es einen öffentlich zugänglichen Server für die Benutzer, in der Regel die Besucher einer Site, die die Inhalte im WWW betrachten. Das Generieren der statischen Seiten, auch Staging genannt, erfolgt zu fest definierten Zeiten. Da diese Seiten nicht dynamisch generiert werden müssen, führt dies zum Problem der fehlenden Aktualität. Dies wird aber bewusst in Kauf genommen, um beim Abrufen der Seiten eine höhere Geschwindigkeit zu gewährleisten. Da Redaktions- und Abrufprozesse grundsätzlich getrennt sind, können beide Systeme unabhängig voneinander, zum Beispiel bei Ausfall des anderen Systems, weitergenutzt werden. Natürlich sind auch Kombinationen aus beiden Systemen möglich und fallweise sinnvoll.

Stagingserver: Die Abfolge einer Staging-Generierung sei in folgenden Schritten erklärt.

1. Ein Redakteur erstellt eine Seite auf dem Redaktionssystem. Diese Seite ist noch nicht öffentlich erreichbar.

2. Zu gewählten oder fest definierten Zeiten werden diese Daten auf den Stagingserver übertragen.

3. Ein Benutzer erzeugt mittels Browser auf seinem Client eine Anfrage an den Webserver.

4. Der Webserver nimmt die Anfrage an und reicht diese an den Anwendungsserver weiter.

5. Der Anwendungsserver „verpackt" den strukturierten Content, den er sich vom Datenserver holt, mit Hilfe von Vorlagen in ein für den Benutzer lesbares Format in statische Sei-

ten. Diese Version verbleibt bis zum nächsten Staging als ab-
rufbare Version statisch auf dem Anwendungsserver.

6. Der Anwendungsserver sendet nach dem „Verpacken" die
   fertige Seite an den Webserver, der die komplette Site mittels Kommunikationsprotokoll zur Verfügung stellt.

7. Der Webserver sendet die Daten – meist via Protokoll HTTP
   auf Port 80 oder HTTPS auf Port 443 – an den Client zurück.

8. Der installierte Browser auf dem Client wandelt die Daten in
   für den Benutzer lesbare Seiten um.

Die Staging-Generierung hat den großen Vorteil, dass bei größeren
Redaktionsteams alle Beteiligten die einzelnen redaktionellen Beiträge über einen gewissen Zeitraum vorbereiten und abschließen
können, und erst nach einer zentralen Freigabe zeitgleich alle neuen
Contents im Netz publiziert werden.

Im Ergebnis unterstützen und automatisieren Content Management
Systeme die Umsetzung des Content Managements. Mithilfe des
Systems können Inhalte schneller veröffentlicht werden. Durch den
Workflow des Content Life Cycle werden die Teamarbeit und das
Qualitätsmanagement unterstützt. Die Autoren nutzen bei Bedarf
eine dezentrale Möglichkeit der Inhaltsbearbeitung und sind bei der
Veröffentlichung von neuen Inhalten nicht mehr auf die Unterstützung des technischen Fachpersonals angewiesen. Diese Tätigkeiten
werden strikt von den technischen Arbeiten der Administratoren
getrennt. Der Autor gibt seine Inhalte mithilfe des CMS in vorgefertigte Rahmen ein. Diese Inhalte werden dann durch Verknüpfung mit
den Vorlagen auf den Zielmedien durch das CMS ausgegeben.

Es soll nun abschließend der Versuch unternommen werden, den
Begriff WCMS allgemein zu bestimmen. Bei Ausgabe der Inhalte im
Internet oder Intranet spricht man von WCMS. Es besteht aus einer
komplexen Software zur Unterstützung des Managements von komplexen Webseiten. Unter Management wird dabei das Erstellen, Bearbeiten, Verwalten, Überwachen, Veröffentlichen und Archivieren
verstanden. Der Aufbau eines WCMS basiert also auf einem CMS,
mit dem Unterschied, dass der Zweck eines WCMS ausschließlich in
der Gestaltung von Webseiten liegt. Wie bereits angeführt, werden
deshalb beide Bezeichnungen synonym verwendet.

2.5 Allgemeine Charakterisierung von CM-Systemen

Es sollen nun neben der Anatomie des Contents und des Content Life Cycle auch die Ziele und die Grenzen eines CMS näher betrachtet werden. Es wurde bereits auf die Definition von Content eingegangen. Zusammenfassend ist Content eine Summe von Einzelinformationen. Dies sind Struktur, Layout und der Inhalt. Die bisherigen Betrachtungen zeigen, dass durch die Anforderungen an das CM der Content zum Beispiel auf unterschiedlichen Medien veröffentlicht werden soll und dass der Content bedarfsgerecht zur Verfügung gestellt wird. Dadurch wird eigentlich eine Trennung der drei wesentlichen Teilbereiche notwendig. Die Struktur ist eine inhaltliche Definition der Einzelinformationen und der Abfolge. Eine neue Information für Besucher einer Website besteht in der Regel aus einer Überschrift und einem Text. Oft werden zudem das Datum der Veröffentlichung und der Name des Autors angegeben. Diese Information „Autor" kann dabei wiederum eine Struktur darstellen, die aus den Attributen Name, Vorname und Emailadresse bestehen kann. Das Layout ist die formale Beschreibung dessen, wie diese Information „verpackt" wird, also letztendlich dem Betrachter zur Ansicht vorgegeben wird. Der Inhalt ist dafür verantwortlich, dass er die Datenelemente der Struktur mit Inhalt füllt. Durch diese Dreiteilung ist es problemlos möglich, dass Content jederzeit mithilfe eines weiteren Layouts neu verpackt wird, ohne dass sich Inhalt und Struktur ändern müssen.

Das Konzept der Dreiteilung wird in der Informationstechnologie auch im Konzept Model-View-Controller (MVC) verwendet. Es handelt sich dabei um ein Architekturmuster, das zur Strukturierung in der Softwareentwicklung verwendet wird. Die dabei verwendeten drei Einheiten Datenmodell (englisch Model), Präsentation (englisch View) und Programmsteuerung (englisch Controller) sorgen dafür, dass spätere Änderungen durch Wiederverwendung einzelner Komponenten problemlos ermöglicht werden.

Das Open-Source-CMS SilverStripe (http://www.silverstripe.com) nutzt das Model-View-Controller-Prinzip. Nachfolgend sei kurz eine Anwendung beschrieben. Um auf einer Site eines Unternehmens Referenzen anzugeben, könnte ein neuer Seitentyp namens „Referenz" entworfen werden. Dieser enthält zum Beispiel den Namen des Kunden, den Ansprechpartner und einen kurzen Beschreibungstext. Der Entwickler entwirft also nur ein neues Datenobjekt, wo die benötigten Datenfelder definiert werden. Dieses Datenobjekt „Referenz" kann wiederum vorhandene Datenfelder, wie Straße, Hausnummer, Postleitzahl und Ort aus einem bereits bestehenden Datenobjekt namens „Adresse" erben. Ein eingebautes objektrelationales Mapping bildet die Objekte automatisch auf eine Datenbank, zum Beispiel mySQL, ab. Das bedeutet, dass der Entwickler zu keiner Zeit mit der SQL-Datenbank in Berührung kommen muss. Nach jeder Änderung am Datenmodell muss der Entwickler einfach nur im Browser eine bestimmte lokale Adresse im SilverStripe-CMS („build") aufrufen, sodass SilverStripe die Datenbank aktualisieren kann. Die Klasse „Referenz" mit allen Datenfeldern entspricht dem „Model" des MVC-Modells. Die Klasse „Referenz_Controller" definiert die Anweisungen für die Controllerschicht. Für die Darstellung des Contents im Frontend, also im „View", ist das Layout, auch Template genannt, notwendig.

Der Content Life Cycle
Der Content durchläuft während seiner Lebenszeit von der Erstellung bis zur Löschung einen Zyklus, der Content Life Cycle (Anhang 12, Abbildung 1) genannt wird. Dieser beginnt mit der Erstellung des Contents, gefolgt von der Kontrolle der verantwortlichen Redakteure. Nach dieser Kontrolle kann der Content freigegeben werden oder zurückgegeben werden, falls die geforderte Qualität des Contents nicht erreicht ist. Nach einer Freigabe erfolgt die Organisation und Publizierung des Dokuments in verschiedenen Zielmedien, die dafür verschiedene Sprachen oder Dateiformate benötigen. Auch für die Strukturierung der Produktions- und Administrationsprozesse ist dieses Life-Cycle-Modell hilfreich (WEINSTEIN 2000).
Der theoretische Ansatz des Content Life Cycle teilt die Informationsverarbeitung in folgende fünf Abschnitte ein: Erstellung, Kontrolle, Freigabe, Publikation und Archivierung, wobei man die Punkte Kontrolle und Freigabe in einem Punkt zusammenfassen kann, da sie sowohl inhaltlich als auch funktionell zusammengehören. Demnach ergeben sich folgende Phasen innerhalb des Content Life Cycle.

- Die erste Phase beinhaltet die Erstellung bzw. Bearbeitung der digitalen Inhalte, die später den digitalen Inhalt der Website darstellen sollen. Neben einer Neuerstellung dieser Inhalte durch Autoren gehört dazu auch der Input durch Nutzung von Quellen externer Anbieter, wie Abbildung 1 in Anhang 6 zeigt. In Bearbeitung befindliche zukünftige Inhalte sind für weitere Personen gesperrt, um eine Datenredundanz zu gewährleisten.
- Die zweite Phase umfasst die Bereiche Kontrolle und Freigabe. Diese Phase soll der Qualitätssicherung der aufbereiteten Daten dienen. Fachabteilungen oder verantwortliche Mitarbeiter, auch Contentmanager oder Portalmanager genannt, prüfen die inhaltliche und gestalterische Korrektheit. Ist die Kontrolle positiv, so werden diese zur Publikation freigegeben. Andernfalls erfolgt eine Rückgabe zur Überarbeitung an die Autoren (ZSCHAU, 2000).
- In der dritten Phase werden die freigegebenen Daten zur Publikation im Intranet, Internet oder Extranet weitergegeben. Damit verlassen die Daten gemäß der Abbildung 1 in Anhang 12 den internen Bereich und stehen im externen bzw. öffentlichen Bereich zum Abruf zur Verfügung. Das trifft auch auf den von den Mitarbeitern in einem Unternehmen intern zugänglichen Bereich, auch als Intranet bezeichnet, zu.

Neben „in Bearbeitung", „freigegeben" und „publiziert" kann ein Content noch den Status „archiviert" annehmen. Die archivierten Daten selbst können entweder im internen als auch im externen Archiv zur Verfügung stehen. Ein Berechtigungskonzept hilft dabei, die Zugriffe zu steuern.

Ein CMS hilft dabei, den Content Life Cycle so weit wie möglich zu automatisieren und mit Unterstützung von geringen Durchlaufzeiten und Minimierung von Fehlern die Verarbeitung von neuem Content deutlich zu verbessern.

Die drei Hauptkomponenten eines CMS sind nach MANHART (2002) eine Eingabe-, eine Verwaltungs- und eine Publikationskomponente:

- Über die Eingabekomponente werden die Inhalte von Redakteuren erstellt. Mit speziellen Editoren kann bereits während der Eingabe eine Qualitätskontrolle der Inhalte erfolgen. Die Inhalte werden so entsprechend der Bestimmung vollständig und korrekt angeordnet.

- Die Verwaltungskomponente übernimmt die Informationen und stellt sicher, dass diese auch nur einmal gespeichert werden. Die Informationen sind somit immer auf dem neuesten Stand. Über die Versionsverwaltung kann bei Bedarf auf bestimmte Versionsstände zurückgegriffen werden. Es können Zugriffsrechte und Verantwortlichkeiten definiert werden.

- Die Publikationskomponente ist für die manuelle oder automatische Auswahl der benötigten Informationseinheiten für eine bestimmte Publikation und deren mediengerechte Aufbereitung zuständig. Je nach CM-System können neben Websites auch andere Ausgabemedien bedient werden.

Im Bereich der Datenhaltung kommen nach MANHART bei CMS unterschiedliche Technologien zum Einsatz. Möglich sind eine dateiorientierte, eine indexsequenzielle oder eine relationale Datenhaltung. Auch objektorientierte Datenbanken werden verwendet. Es werden auch selbst entwickelte Datenbanken eingesetzt, um so die notwendige Trennung von Inhalt, Struktur und Layout abzubilden. Ein hohes Potenzial bietet der Einsatz von objektdatenbankorientierten Modellen speziell für auf XML basierende CM-Systeme. Hier ist eine direkte, verlustfreie und wiederherstellbare Datenhaltung möglich.

Die Inhalte müssen gesichert bzw. archiviert werden. Einerseits kann auch nach Ablauf der Aktualität und einer Rücknahme der Datenveröffentlichung aus dem externen Bereich in diesem archivierten Datenbestand weiterhin recherchiert werden. Zudem sind die Backups für Restaurierung von Daten für eventuell geforderte Nachweise aufzubewahren. Allein wegen etwaiger juristischer Streitigkeiten und aktuell erhöhten Gefahren von Abmahnungen im Internet durch spezialisierte Anwälte, bedingt durch stetige Novellierungen der Gesetze wie dem UWG, ist es notwendig, Versionsstände jederzeit im Zweifel als Nachweis wiederherstellen zu können. Diese Archivierung kann je nach Absicht für eine interne oder externe Nutzung freigegeben werden. Der Anspruch an Content Management Systemen sollte also darin bestehen, alle Abschnitte des Content Life Cycle zu automatisieren, um einen schnellen und effizienten Ablauf des Datenflusses zu gewährleisten.

Die Darstellung des Content Life Cycle lässt Benutzerrollen erkennen. Sinnvoll erscheint eine Unterscheidung in drei Benutzergruppen. Einerseits gibt es die weniger technisch versierten Benutzer, die hauptsächlich damit beschäftigt sind, Content einzugeben und bei Bedarf auch zu überprüfen. Daneben gibt es die Gruppe der technisch versierten Benutzer, die für die passende Präsentation des Contents verantwortlich sind und natürlich die Administratoren, deren wesentliche Aufgabe darin besteht, das CMS zu implementieren, anzupassen und zu warten. Dieser Cycle gibt auch den entscheidenden Hinweis dahin gehend, dass ein CMS eine kontinuierliche Leistung erbringen soll, die es gewährleistet, dass alle Benutzer ungestört am System arbeiten können und die Transparenz der einzelnen Prozesse, die bei einer großen Menge an zu verarbeitenden Contents auch parallel ablaufen müssen, erhalten bleibt.

In Theorie und Praxis sind keine klaren Systematiken von CMS/WCMS zu finden. KNAPPE (2003, S. 6 ff.) und ZSCHAU (2002, S. 201 ff.) beschreiben den Aufbau eines CMS zusammenfassend mit Hilfe von nachfolgenden Komponenten. Als zentral gelten das Assetmanagement und das Workflowmanagement. Daneben wird auf Content Repository, Dateien, Verzeichnisse und Datenbanken eingegangen. Weitere wichtige Komponenten sind die Benutzerverwaltung und die Schnittstellen. Abbildung 1 in Anhang 13 soll die Komponenten und damit die Merkmale eines CMS in Form logischer Bestandteile aufzeigen.

Die Komponenten lauten wie folgt:

- Assetmanagement
  Assets sind die Inhalte eines CM. Das Assetmanagement ist zuständig für die Trennung von Inhalt, Struktur und Layout. Es sind alle Funktionen zur Verwaltung aller digitalen Assets enthalten, wie Inhalte zu erstellen, zu ändern, zu verwalten, zu strukturieren und darzustellen. Inhalt und Layout werden strikt getrennt. Das CMS speichert getrennt die Inhalte als digitale Assets und die Darstellungsseite mit Hilfe der Templates. Erst die passende Verbindung aus Inhalt und Vorlage

führt zu einer dynamischen Generierung der Websites, die der Betrachter zu sehen bekommt. Funktionell bedeutet dies, dass die Assets in vorhandene Vorlagen geladen werden und dann erst eine Darstellung möglich ist. Um die Realisierung zu erleichtern, beinhalten fast alle Content Management Systeme auch Beispieltemplates, sodass eigentlich nur die Inhalte angepasst werden müssen. Technisch gesehen sind diese Vorlagen bzw. Templates nur vorgefertigte Skripte oder HTML-Seiten, die damit als Gerüst für die Inhalte fungieren. Das CMS kann dieses Gerüst lesen und mit Inhalten aus den Tabellen der Datenbank füllen. Dies hat weiterhin den großen Vorteil, dass sich eine Änderung am Design oder am CI relativ einfach realisieren lässt. Die einmalige Änderung des Templates bewirkt eine durchgehende Anpassung des gesamten Layouts. Auch ein Wechsel zwischen bestimmten Layouts, zum Beispiel eine Anpassung einer Modewebsite oder einer Reifenhersteller-Website an die vier Jahreszeiten, ist damit mit einem Klick auf einen Button in Echtzeit möglich. Ein weiterer entscheidender Vorteil ist, dass die Inhalte ohne Änderung für neue Endgeräte verwendet werden können. Der mobile Hype, siehe das iPhone von Apple, schafft immer wieder neue Anforderungen an die Darstellungsmöglichkeiten der Websites (Anhang 14, Abbildung 1). Hier müssen nur die Templates an die jeweiligen Endgeräte, wie Thin Clients oder mobile Datenendgeräte, angepasst werden. Die Anzeige auf verschiedenen Endgeräten zeigt die Dynamik von Content, da dieser auf verschiedene Weise, abhängig vom Endgerät, visualisiert werden kann.

Durch die zentrale Ablage der Daten ist weiterhin eine effiziente Versionsverwaltung möglich. Einzelnen sogenannten Assets können bei Bedarf Attribute zugewiesen werden, die Informationen über Ersteller oder Versionsstand enthalten. Ergänzend helfen Komponenten zur automatischen Generierung von Indexseiten und Sitemaps, um Suchmaschinen und Besucher über den Aufbau der Sites zu informieren. Anhang 15 Abbildung 1 zeigt ein Modell eines objektorientierten Ansatzes. Besucher greifen über ein kundenspezifisches Portal zu. Abhängig von der Auswahl werden die weiteren Teilbereiche und Seiten bestimmt. Templates sorgen für vorgefertigtes Aussehen. In den Teilbereichen sind zum Beispiel weitere Module wie Kontaktformulare, APIs oder Downloadbereiche hinterlegt. Darin enthaltende Objekte sind Dokumente, Texte, Produkte, Links oder Kontakte. Die Objekte werden in den Teilbereichen hinterlegt und teilweise auch mehrfach verwendet. Sie können auch in verschiedenen Sprachen oder in verschiedenen Versionen hinterlegt sein.

- Workflowmanagement
Durch die Workflowkomponente wird ein dezentrales Arbeiten mit den verwalteten Assets durch mehrere Mitarbeiter möglich. Basierend auf vordefinierte Zugriffsrechte gibt der Workflow mit dem an einem Redaktionsprozess angelehnten Freigabezyklus Assets frei. Ein CMS unterstützt eine teamorientierte Arbeit, vermeidet jedoch Konflikte durch ein integriertes Versionsmanagement. Berechtigte User können freigegebene Bereiche verwalten und aktuell halten. Sie werden aber beim Öffnen eines Contents informiert, falls dieser Content bereits in Bearbeitung ist. Zusammen mit Workgroupfunktionalitäten, wie Benachrichtigungen oder ToDo-Listen, sichert diese Workflowkomponente die inhaltliche und redaktionell notwendige Qualität der Website. Beim Vieraugenprinzip kann zum Beispiel ein Redakteur einen neuen Artikel erstellen, aber erst der Contentmanager prüft diesen und gibt ihn, falls alles in Ordnung ist, letztendlich frei. Unternehmenswichtige Informationen durchlaufen oft auch das Sechsaugenprinzip. Ein übergeordneter Portalmanager muss eine zusätzliche Prüfung vornehmen. Ein Workflow kann aber auch so angelegt sein, dass ein Redakteur mitten in der Nacht, auch ohne Freigabe von Dritten, aktuelle Nachrichten auf der Website platzieren darf. Neben diesen linearen Verfahren, bei denen die Verantwortlichen nacheinander ihre Entscheidung treffen, gibt es auch parallele Freigabeverfahren. Mehrere Personen müssen gleichzeitig positiv entscheiden, damit Content freigegeben werden kann.

- Content Repository
Die Form der Speicherung und die Ablage des Contents be-

zeichnet man als Content Repository. Alle Assets werden zentral gespeichert, sodass alle berechtigten Anwender stets Zugriff auf einen konsistenten Datenstamm haben. Die Administration und Datensicherung wird durch die zentrale Datenhaltung erheblich vereinfacht. Es ist das Ziel, den Content zentral und getrennt von der dynamischen Darstellung im WWW zu verwalten und über einen Workflow dezentral für alle autorisierten Benutzer nutzbar zu machen.

- Dateien und Verzeichnisse
  Informationen werden in Dateien gehalten. Dateien werden strukturiert in Verzeichnissen abgelegt. Jede Datei hat auf einem Webserver eine individuelle Adresse, über die sie direkt angesprochen werden kann. Diese Dateien können mit unterschiedlichen Editoren bearbeitet werden. Dateien können auch einen ausführbaren Code enthalten, der in der Regel an der Dateiendung zu erkennen ist. Die Dateiendung gibt auch Aufschluss darüber, welches Programm oder welche Skriptsprache verwendet wird. Ganz gleich, ob die ausführbaren Codes zum Beispiel in HTML, PERL, PHP oder ASP geschrieben sind, die Integration und Verwaltung innerhalb des CMS ist unkompliziert. Neben Assets werden auch die bereits beschriebenen Templates im Dateisystem angelegt. Die meisten CMS unterstützen das Vorhalten von mehreren Templates gleichzeitig. Organisatorisch werden die Templates in gleich aufgebauten und parallel gehaltenen Verzeichnissen gespeichert. Im Backend kann dann mit wenigen Mausklicks die äußerliche Gestaltung abhängig vom Template geändert werden.

- Datenbanken
  Im Gegensatz zu reinen HTML-Dokumenten werden im CMS die Seiten dynamisch aus den Contents und den Vorlagen erstellt. Für eine strukturierte Datenhaltung der Informationen werden Datenbanken verwendet. Die Datenbanken bestehen aus Tabellen (Anhang 8, Abbildung 1). Die Datenstrukturen der Tabellen sind unterschiedlich und meist abhängig vom Aufbau des Inhalts. Für jede Art eines Contents ist eine leere Tabelle zu erstellen. Die Ablage aller relevan-

ten Daten in Dateien, Verzeichnissen und Datenbanken hat den Vorteil, dass bei einer Migration nur alle Dateien mit bestehender Verzeichnisstruktur und die Tabellen der jeweiligen Datenbank kopiert werden müssen. Nach einer Anpassung einiger meist weniger Konfigurationsdateien, die unter anderem den Ursprungspfad der Verzeichnisse sowie Kennung und Passwort für den Datenbankzugriff bereitstellen, ist das CMS innerhalb kürzester Zeit auf seinem neuen Serverplatz erreichbar. HTML-Seiten können sofort abgerufen werden. Die aus einem CMS dynamisch generierten Seiten benötigen für den Abruf etwas länger. Dieser Nachteil kann durch ein Cachesystem ausgeglichen werden. Die Seiten werden nach der Speicherung im CMS sofort oder beim Erstaufruf im Cache, dem Zwischenspeicher, abgelegt. Damit ist nachfolgend ein schneller externer Abruf der Website möglich.

- Benutzerverwaltung
Durch die integrierte Benutzerverwaltung (Anhang 9, Abbildung 2) kann festgelegt werden, wer was und wo darf. Es können Benutzer und Benutzergruppen angelegt und gelöscht werden. Angelegten Benutzern können Zugriffsrechte erteilt und entzogen werden. Unterschieden wird im CMS zwischen den Benutzern, Autoren, Editoren oder Redakteuren. Es sind Mitarbeiter, die Artikel erstellen, ändern, sperren oder freigeben. Diese Mitarbeiter können intern im Unternehmen als auch extern unabhängig vom Ort der Ausführung in Home-Offices oder Werbeagenturen ihrer Tätigkeit nachgehen. Sie erhalten entsprechend der Rolle oder der Aufgaben im Workflow angepasste Rechte im System. Es gibt auch Benutzer mit administrativen Aufgaben. Die Benutzer- und die Zugriffsverwaltung arbeiten sinnvollerweise meist eng zusammen. Aufgrund der steigenden Wichtigkeit von Websites und der Außenwirkung gehören sie mittlerweile zu den unternehmenskritischen Anwendungen. Ein definierter und wirkungsvoller Zugriffsschutz mit der Absicherung nach außen und die interne Nutzerverwaltung sind ein wichtiger Aspekt in einem CMS. Die Clients kommunizieren mittels Webbrowser mit dem Webserver. Die durch das CMS im

WWW zur Verfügung gestellten Seiten sind meist ohne weitere Absicherung oder Zugriffsschutz erreichbar. Bestimmte Bereiche der Site können aus Gründen der Sicherheit erst nach Eingabe von Zugangsdaten, also Kombinationen aus Benutzerkennung und Passwort, besucht werden. Auf diese Weise ist es möglich, Benutzergruppen nur den Zugriff auf für sie bestimmte Teile der Website und darin liegende Informationen, Dateien oder Dokumente zu erlauben. Außendienstmitarbeiter, die selbst sehr wenige Tage im Jahr im Unternehmen verbringen, haben so die Möglichkeit, aktuelle Preislisten oder kundenspezifische Konditionen zu jeder Zeit an jedem Ort der Welt aus dem WWW herunterzuladen und auszudrucken. Dies bringt einen enormen Zeitgewinn mit sich und führt im günstigsten Fall zu Wettbewerbsvorteilen.

- Schnittstellen
  Die Schnittstellen sind für Import und Export in verschiedenen Formaten notwendig. Da Web Content Management Systeme grundsätzlich für die Verwaltung von Assets verantwortlich sind, decken diese damit nur einen begrenzten Bereich der Wertschöpfungskette für digitale Assets ab. Die Importfähigkeit von Dateien in möglichst verschiedenen und standardisierten Formaten muss gewährleistet sein. Digitale Bilder in den bekannten Formaten JPEG oder GIF dürfen für ein CMS bezüglich des Imports kein Problem darstellen. Ebenso sinnvoll sind Exportfunktionen. Wie wichtig diese Funktionen in beide Richtungen sind, zeigt uns die Anforderung einer Anbindung eines Warenwirtschaftssystems an das CMS. Unter Vermeidung von Medienbrüchen sollten die Daten über definierte Schnittstellen ohne Formatwandler direkt übertragen werden können. Hier spielt das Format XML als neuer Industriestandard eine immer größer werdende Rolle, da damit bereits strukturierte Informationen beschrieben werden.
  Zusätzlich gibt es sogenannte Application Programming Interfaces (APIs). Das sind dokumentierte Programmierschnittstellen, die es dem Entwickler ermöglichen, Schnittstellen anzupassen oder zu erweitern. Neben Standardschnittstellen

können abhängig von den jeweiligen Anforderungen weitere passende Datenübergänge hergestellt werden, so dass auch proprietäre Applikationen manuell angebunden werden können. Die Dialogschnittstellen haben eine besondere Bedeutung. Sie sorgen für die notwendige Akzeptanz sowohl bei den Benutzern im Frontend wie auch bei den Benutzern im Backend.

Wenn man datei- und datenbankbasierte Teilsysteme miteinander vergleicht, werden bei beiden Systemen Vorteile und Nachteile sichtbar. Dateibasierte Systeme haben grundsätzlich eine bessere Performance. Das bedeutet, dass der Seitenbau bei Betrachtung in einem Browser weitaus schneller realisiert werden kann als bei datenbankbasierten Systemen. Die Daten müssen erst in den Tabellen der Datenbanken lokalisiert und zur weiteren Verarbeitung aufbereitet werden. Dies benötigt Zeit, wenn auch meist nur Sekundenbruchteile. Doch eine wesentliche Schwäche der dateibasierten Systeme liegt in der begrenzten Skalierbarkeit dieser Systeme. Bei größeren Datenmengen sind Datenbanken von großem Vorteil, weil diese mit stetig wachsenden Anforderungen nahezu unbegrenzt erweitert werden können. Die Webserver, die Clients und die dazwischen liegenden Datenleitungen haben in den letzten Jahren stetig an Leistung zugenommen. Damit kann der Nachteil der längeren Ladezeiten mehr und mehr vernachlässigt werden.

Im Gegensatz zu den dateibasierten Systemen sind bei datenbankbasierten CMS spezielle Programme zur Bearbeitung des Contents notwendig. Zudem ist die zusätzliche Administration des Datenbanksystems im Backend notwendig. Bei datenbankbasierten Systemen ist die klassische Volltextsuche nur im begrenzten Rahmen möglich. Die Vorteile beider Systeme nutzen die Hersteller von CMS, indem das Dateisystem weiterhin für wenig strukturierte und unstrukturierte Informationen genutzt wird. Die Datenbanken dagegen stellen die Basis für die Verwaltung der Assets zur Verfügung. Dieser Ansatz unterstützt eine flexible und offene Gestaltung unter Beibehaltung der sinnvollen Möglichkeiten von Strukturierung und Dynamisierung.

2.6   Funktionen von CM-Systemen

Aus den letzten Kapiteln ist erkennbar, dass es mit Schwierigkeiten verbunden ist, gewisse Funktionen den Content Management Systemen zuzuschreiben. Einerseits ist der Begriff Content sehr allgemein gehalten, da er auch grundsätzlich keine Mengenbeschränkung bezüglich des Contents hat. Weiterhin werden der Begriff CMS und verwandte Systeme wie ECM und WCMS immer wieder von der Seite der Hersteller neu verpackt als zukünftige Technologien verkauft. Die Vielzahl der Kernfunktionen und die Möglichkeit, das System durch entsprechende Erweiterungen noch funktionsfähiger zu machen, deuten auf eine breite Möglichkeit des Einsatzes hin. Viele Funktionen gab es bereits vor dem Aufkommen des Begriffs CMS. Zusammenfassend sind die strukturierte Erfassung von Content und die Anatomie des Content charakteristisch. Daneben sorgen die Funktionen wie Information Retrieval und Collaboration für sinnvolles und effektives Wiederfinden. Auch diese Funktionen sind aus anderen IT-Systemen bekannt, was kein Nachteil sein muss. Sinnvoll abgerundet wird das Gesamtpaket durch administrative Funktionen wie Sicherungsverwaltung, Skalierbarkeit und einer effizienten Benutzerverwaltung.

FRITSCH (2002) nimmt an, dass Anwender entweder die passendsten Produkte für Spezialzwecke oder gleich All-in-One-Systeme auswählen. Diese Möglichkeiten bilden damit die beiden Extreme. Die meisten Projekte oder Strategien positionieren sich in der Mitte. Sinnvoll wäre also ein Content Management System, dass zwar grundsätzlich ein All-in-One-System ist, aber dennoch auf einer modularen Architektur basiert, um so jederzeit für bestimmte Funktionen andere Systeme oder Erweiterungen problemlos einbinden zu können. KAMPFFMEYER (2003) beschreibt verschiedene Strömungen innerhalb des CM und verwendet auch in diesem Zusammenhang den Begriff Enterprise Content Management (ECM). Er will damit deutlich machen, dass es nicht nur um weborientierte Außenwirkung geht, sondern auch um die Erschließung aller strukturierten und unstrukturierten Informationen im Unternehmen. Kampffmeyer fasst die Ansprüche an ECM wie folgt zusammen:

- ECM als integrative Middleware
  Die Restriktionen bisheriger vertikaler Anwendungen und
  Inselarchitekturen sollen überwunden werden.
- ECM Komponenten als unabhängige Dienste
  Informationen sollen unabhängig von der Quelle und unab-
  hängig von der benötigten Benutzung verwaltet werden kön-
  nen.
- ECM als einheitliches Repository

Alle Typen von Informationen in einem Unternehmen sollen in einem einheitlich strukturierten Pool für Informationen zusammenge-
führt werden.

Aus den Vorgaben lässt sich eine weitere grundlegende Architektur
für ein CMS nach GLANTSCHNIG (2004) abbilden (Anhang 12, Abbildung 2). Wir haben vier Schichten zur Verfügung, die für die Daten, die Abstraktion, die Funktionalität und das Frontend zur Verfügung stehen.

- Schicht 1 – Datenschicht:
  In dieser Schicht sind alle darzustellenden Inhalte vorhanden. Dieser Content kann internen Datenspeichern wie Datenbanken entstammen, also auch internen Datenträgern in
  Form von Dateien jeglicher Art. Natürlich ist auch technisch
  ein Zugriff auf externe Datenspeicher möglich.
- Schicht 2 – Abstraktionsschicht:
  Unabhängig davon, in welcher Form und wo die Contents
  zur Verfügung stehen, soll durch die Abstraktionsschicht
  gewährleistet werden, dass diese zur Weiterverarbeitung als
  einheitliche Contents zur Verfügung stehen.
- Schicht 3 – Funktionalitätsschicht:
  Hier sind die Grundfunktionalitäten angesiedelt. Funktionali-
  täten wie Datenbanksystem, Serversystem oder Navigati-
  onsmöglichkeiten.
- Schicht 4 – Frontend:
  Das Frontend ist für die Interaktion zwischen Benutzer und
  CMS zuständig. Es bietet einen einheitlichen Zugang zum

CMS und kann in der Funktionalitätsschicht die Ausführungen der entsprechenden Funktionen ermöglichen.

Zusammenfassend lässt sich hier ein CMS als eine softwarebasierte Schnittstelle zwischen den Benutzern und einer Datenquelle beschreiben. Dabei sind die wichtigsten Aufgaben nach WERRES (2005, S. 2) folgende:

- Beschaffung und Erstellung von Content
- Veröffentlichung und Präsentierung von Content
- Verwaltung und Organisierung von Content
- Aktualisierung von Content
- Verteilung und Integration von Content

Weiterhin können die Autoren durch eine klare Trennung von Content und Layout Assets einfach und selbstständig mit Hilfe von Editoren, meist WYSIWYG, verwalten.
Assets sind demnach:

- Webinhalte, wie Texte, Bilder oder Links
- Multimediale Inhalte, wie Musikdateien oder Videodateien
- Applikationsassets, wie zum Beispiel Konvertierungsprogramme
- Transaktionelle Assets, wie die Vergabe einer Session-ID

Wichtiges Charakteristikum eines Content Management Systems ist die dezentrale Pflege und Verwaltung einer Datenquelle. Damit können neben den Administratoren auch interne und externe Benutzer, wie zum Beispiel beauftragte Werbeagenturen, mit einer Zugangsberechtigung die Datenquellen und damit den Content pflegen.
WERRES (2005, S. 3) fasst die Vorteile dieser zentralen Organisation wie folgt zusammen:

- Verteilung der Aufgaben und Verantwortlichkeiten auf mehrere Personen
- Kurze Laufzeiten beim Einpflegen von neuen Inhalten
- Hohe Veränderungsfrequenzen stellen kein Problem dar
- Verbesserung der Kommunikation im Unternehmen
- Unabhängigkeit von Werbeagenturen ist möglich

3. Aktuelle Marktübersicht Content Management Systeme

Nachfolgend werden CMS-Lösungen aus dem Bereich von Open Source betrachtet. Open-Source-Software steht im Schutz unter einer von der Open-Source-Initiative (OSI) anerkannten Lizenz. Diese Organisation stützt sich bei ihrer Bewertung auf die Kriterien der Open-Source-Definition, die weit über die Verfügbarkeit des Quelltextes hinausgeht. Sie ist fast identisch mit der Definition von freier Software, ergänzt durch die Forderung, dass der Quelltext auch zur Bearbeitung und Weiterverbreitung freigegeben sein muss. Open-Source-Software hat sich in den vergangenen Jahren zu einer ernsthaften Konkurrenz gegenüber kommerzieller Software entwickelt. Immer mehr Unternehmen suchen vermehrt nach solchen alternativen Lösungen, da mit Open Source in verschiedenen Einsatzfeldern bedeutende Kosteneinsparungen möglich sind. Dabei zeigt sich, dass Open Source im Server-Bereich und insbesondere beim Webhosting bereits eine dominierende Stellung eingenommen hat. Bekannte Beispiele sind der Webserver Apache, die Datenbank MySQL sowie Programmiersprachen wie Perl und PHP, aber auch Linux im ausschließlichen Einsatz als Serverbetriebssystem. Im Allgemeinen bietet Open-Source-Software, die entweder isoliert (z. B. im Serverbetrieb, bei Webanwendungen) oder auf verschiedenen Plattformen einsetzbar ist (z. B. Windows, Unix, Linuxderivate, Macintosh), die größten Einsatzchancen, da Integrations- und Umrüstkosten nicht von Bedeutung sind. Ein Anwendungsfall, für den beide Bedingungen gleichzeitig zutreffen, sind Web Content Management Systeme.

Vorab folgt eine kleine aktuelle Marktübersicht von bekannten Open-Source-CM-Systemen ohne die Angabe einer weiteren Bewertung:

AIOCP
„All In One Control Panel" versteckt sich hinter dem Kürzel. Das CMS basiert auch auf PHP und mySQL. Es soll sich dabei nicht nur um ein CMS handeln, sondern es ist nach eigenen Angaben für

© Springer Fachmedien Wiesbaden GmbH, ein Teil von Springer Nature 2009
S. Spörrer, *Content Management Systeme*, Edition KWV,
https://doi.org/10.1007/978-3-658-24351-7_3

WMS (Website Management System), als Framework für die Entwicklung von Webapplikationen, ECMS (hier stehend als Abkürzung
für E-Commerce Management System) und EBMS (E-Business Management System) geeignet. Es kann sowohl auf Windowsplattfor-
men (WAMP), Linuxplattformen (LAMP) und auf dem Apple Macintosh (MAMP) installiert werden. Weitere Informationen sind zu
finden unter www.aiocp.com.

Contenido

Dieses Open-Source-Projekt wurde im Jahre 2000 von der four for
business AG initiiert und wird von dieser sowie weiteren Program-
mierern aus der Contenido-Community weiterentwickelt. Die auf
PHP und MySQL basierende Software steht ebenfalls unter der General Public License. Die Einarbeitungszeit für Administratoren und
Entwickler ist gering, setzt jedoch Kenntnisse in PHP voraus. Für
Endbenutzer und Redakteure ist die Einarbeitung einfach und intuitiv. Support wird durch die Anwendergemeinde (Foren, Mailingliste)
geleistet, dort finden sich freie Entwickler. Einige Agenturen haben
sich auch darauf spezialisiert, Webseiten in Contenido zu erstellen.
Weitere Informationen sind zu finden unter www.contenido.org.

Drupal

Dieses CMS steht seit 2001 als Open Source zur Verfügung. Es will
sich von anderen CMS unter anderem dadurch unterscheiden, dass
Ansätze von sogenannter Social Software umgesetzt wurden, die den
Aufbau von Communities unterstützen. Nutzer können gemeinsam
an Inhalten arbeiten und sich zusätzlich über Themen austauschen
und informieren. Es wird ein differenziertes Rollen- und Rechtesystem unterstützt. In 2008 schaffte es das System auf Platz 1 in der
Kategorie   „Best   Open-Source-PHP"   (Quelle:
http://www.packtpub.com/article/2008-open-source-cms-award-
winner-announced, zuletzt besucht am 16. 06. 2009). Weitere Informationen findet man unter www.drupal.de.

eZ Publish

Nach eigenen Angaben ist eZ das weltgrößte Unternehmen im Bereich Open-Source-CM. Dahinter steht die norwegische Firma „eZ Systems" zusammen mit einer wachsenden Benutzer- und Entwicklergemeinschaft. Das System wurde mittlerweile 2,5 Millionen Mal heruntergeladen (Stand April 2009). eZ Publish ist sowohl zum kostenlosen Download unter der GPL als auch unter proprietären Lizenzen mit entsprechendem kommerziellem Support erhältlich. Dieses CMS zielt auf die Entwicklung von professionellen Webapplikationen mit PHP. Weitere Informationen sind zu finden unter ez.no/de.

Joomla

Eines der mächtigsten Open-Source-CM-Systeme auf dem Markt. Nach einem Streit haben die Entwickler von Mambo die Community verlassen und basierend auf dessen Core Joomla! entwickelt. Es wird auf der ganzen Welt für einfache Websites bis hin zu komplexen Unternehmensapplikationen verwendet. Joomla! ist einfach zu installieren, einfach zu verwalten und zuverlässig. Kritiker meinen hingegen, dass es Wochen dauert, bis man fehlerfrei mit Joomla! umgehen kann, da Joomla! sehr umfangreich aufgebaut ist. Kenntnisse von HTML, CSS, PHP und SQL sind für eine sinnvolle Nutzung notwendig. Weitere Informationen sind zu finden unter www.joomla.org.

Mambo

Ein CMS, das von einfachen Websites bis hin zu komplexen Unternehmensapplikationen verwendet werden kann. Das Erstellen von individuellen Layouts bis zur Einrichtung eines Onlineshops ist mit Mambo möglich. Das System zeichnet sich durch einen sehr schlanken Corecode aus und lässt sich aber beliebig bei Bedarf durch Plugins erweitern. Weitere Informationen sind zu finden unter source.mambo-foundation.org.

openEngine

Ein einfaches WCMS, das sich durch einfache Benutzung auszeichnet. Leider sind während der Installation einige Sicherheitslücken aufgefallen und einige Funktionen wurden nicht einwandfrei ausgeführt. Die Fehlerquelle liegt meist nicht in der Systemkonfiguration oder PHP-Konfiguration, sondern in der Programmierung von openEngine. Große Vorteile sind die einfache Installation und die einfache Bedienung. Das System ist auch nicht wie andere CMS überladen. Das System hat gute Ansätze, wird aber wohl seit Anfang 2008 nicht mehr gepflegt, da der letzte Versionsstand mit dem Datum 15. Februar 2008 angegeben ist. Weitere Informationen sind zu finden unter www.openengine.de.

Silverstripe

Dieses CMS soll auch Einsteigern mit Grundkenntnissen in PHP oder HTML den Aufbau einer Website ermöglichen. Darüber hinaus können auch moderne Anwendungen mit AJAX und XHTML realisiert werden. Programmierer von Google wurden beauftragt, das Cross-Platform-Project mit neuen Features wie vereinfachten Arbeitsabläufen, Mehrsprachigkeit und Onlinebildbearbeitung auszustatten. Beim CMS-Award 2007 wurde Silverstripe auf den 2. Platz der „Most Promising CMS" gewählt. In 2008 schaffte es das System bereits auf Platz 1 (Quelle: http://www.packtpub.com/article/2008-open-source-cms-award-winner-announced, zuletzt besucht am 16. 06. 2009). Weitere Informationen sind zu finden unter www.silverstripe.com.

TYPO3

Ein Open-Source-CMS für verschiedenste Unternehmenszwecke. Es zeichnet sich durch eine hohe Flexibilität und Erweiterbarkeit mit einer Reihe fertiger Tools für unterschiedliche Anwendungen aus. Selbst für EDV-Fachleute kann diese Funktionsvielfalt unüberschaubar sein. Für jemanden ohne besondere Erfahrung in Software- und Datenbankinstallationen ist eine einfache Installation nicht möglich. Weitere Informationen sind zu finden unter www.typo3.org.

TYPOlight

TYPOlight wurde konsequent auf eine einfache Bedienung ausgerichtet - sowohl beim Frontend als auch beim Backend. Die Webseiten werden in XHTML und CSS generiert und sind mit W3C konform. Es wurde von Leo Feyer aus München im Jahr 2004 unter

General Public License (GPL) entwickelt. Weitere Informationen sind zu finden unter www.typolight.org.

Website Baker
Website Baker ist nach eigenen Angaben ein besonders einfach erlernbares CMS. Als einzige Voraussetzung genüge der vertraute Umgang mit einem Webbrowser. Es handelt sich dabei auch um Open Source, der Hersteller der Software bietet auf Wunsch auch das Hosting mit an. Weitere Informationen unter www.websitebaker.de.

Anhang 16 enthält eine alphabetische Aufzählung weiterer ausgewählter und aktuell verfügbarer CM-Systeme ohne ergänzende Wertungen mit Angabe der aktuellen Website für weitere Informationen (Stand April 2009). Alle Seiten wurden aktuell besucht, sind sehr gut erreichbar und die Open-Source-CMS können in aktuellen Versionen heruntergeladen werden.

3.1   Vergleichskriterien für CMS

Eine passende Bedarfsanalyse kombiniert mit den passenden Vergleichskriterien sollte zur Auswahl der für ein Unternehmen richtigen CMS-Lösung führen. Neben der Prüfung der Leistungsfähigkeit der neuen Software, der Nutzerakzeptanz und der verfügbaren Serviceleistungen sollten grundsätzlich das etwaige Problem und der Bedarf definiert werden. Es sollte vorab geklärt werden, welche Bedeutung der Internetauftritt für das Unternehmen hat. Die Gründe für eine Präsenz im Internet sind mannigfaltig. Einige Unternehmen wollen im WWW einfach nur Kunden und Lieferanten informieren. Dies beginnt beim Impressum über das Produkt- oder Dienstleistungsportfolio bis hin zur Anfahrtsbeschreibung, um Nachfragen per Telefon zu vermeiden und somit Zeit und in der Folge Personalkosten zu sparen. Die GfK Handelsbefragung IT 2008 (Quelle: GfK Marketing Services GmbH & Co. KG, Nürnberg) stellt passend die Frage nach dem Einfluss des Internet und insbesondere der jüngsten Entwicklungen der Internetnutzung (Web 2.0) auf die Geschäftstätigkeit der Unternehmen. Die zu bewertenden Faktoren sind allge-

mein passend und geben nachfolgend die Gründe für eine Internetpräsenz wieder:

- Verbesserung des Informationsflusses
- Zeitersparnis bei der Informationssuche
- Intensivierung von Geschäftsbeziehungen/ höhere Kunden-
  bindung
- Höhere Transparenz von Geschäftsprozessen
- Zunahme von Fehlinformationen oder Missverständnissen
- Effektiveres Beziehungs- und Kontaktmanagement
- Zusätzliche Umsatzchancen
- Kontrollverlust über den Informationsfluss
- Höhere Wettbewerbsintensität und höherer Preisdruck
- Mehr Neukundenkontakte

Leider sind Zielgruppen und Inhalte oft zu ungenau definiert. Falls
die Inhalte aktuell gehalten werden sollen oder Verfallsdaten der
Informationen beachtet werden müssen, weil der Unternehmens-
zweck dies in irgendeiner Form verlangt, oder falls die Inhalte von
verschiedenen Personen oder Personengruppen gepflegt werden sollen, dann hat ein CMS gegenüber rein statischen Seiten bereits signi-
fikante Vorteile.

NIX (2005, S. 147ff.) beschreibt in seinem Entscheidungsprozess
folgende Phasen, die zu einer endgültigen Auswahl führen. Zuerst
muss der eigene Istzustand aufgenommen werden. Dazu gehören zur
Verfügung stehende Datenbanken, die Art und der Umfang des zu
verwaltenden Contents, die Arbeitsabläufe, die Organisationsstruktur
und die Zielgruppen. Danach sollten die Anforderungen und Erwar-
tungen an das System erarbeitet werden. Grundsätzlich sollen durch
die Einführung eines CMS auch Arbeitsabläufe optimiert werden. Es
ist also genau festzulegen, wie die Arbeitsabläufe und die Rechte-
struktur nach der Einführung aussehen sollen. Zum Schluss ist man
bei der Auswahl dem „richtigen" System sehr nahe. Letztendlich
entscheiden Faktoren wie das Verhältnis aus Investition und Return
on Investment, unterstützt von der gewünschten Abdeckung der Anforderungen an ein CMS und möglicher Optimierung der Arbeitsabläufe und Strukturen im Unternehmen.

Bevor wir die Kriterien für einen Vergleich von Content Management Systemen genauer festlegen, wollen wir die genannten Phasen noch genauer untersuchen:

- Analyse des Istzustands

  Bei der Einführung eines neuen Systems gibt es grundsätzlich zwei Vorgehensweisen. Entweder man versucht, seine gewohnten Prozesse im Unternehmen an das neue System anzupassen oder man macht sich Gedanken darüber, seine Prozesse denen der neuen Systeme anzupassen. Welche Lösung besser ist, kann allgemein nicht beantwortet werden. Oftmals sind Unternehmen hinsichtlich ihrer jahrzehntelang eingeführten und optimierten Prozesse derart eingefahren, dass die Augen gegenüber Alternativen, die weitaus effektiver oder effizienter sein können, verschlossen bleiben. Bereits der Gedanke an die Einführung eines neuen Systems soll die kritische Betrachtung der eigenen Prozesse anregen. Können jedoch bekannte Elemente wie bereits vorhandene Systeme in die neuen Prozesse mit eingebunden werden, so hat dies natürlich nicht nur Vorteile für die Einführungsphase hinsichtlich des Zeitaufwands, sondern auch für die Akzeptanz der Betroffenen gegenüber dem neuen System. Arbeitsabläufe könnten sogar komplett entfallen, falls diese vom neuen System übernommen werden. Abhängig von der Art des Contents sollte der zu verwaltende Content genau und unter Beachtung einer möglichen Steigerung bezüglich des Umfangs eingeschätzt werden. Nicht zu vernachlässigen ist auch der Zustand der technischen Ausstattung der Mitarbeiter, die später mit dem System arbeiten sollen. Auch eine technisch optimale Ausstattung trägt stark zur Akzeptanz bei. Welcher Mitarbeiter freut sich nicht, wenn er aufgrund einer neuen Systemeinführung neues Equipment erhält. Dies lässt manches Problem, verursacht durch eine mangelnde Akzeptanz, vergessen.

- Anforderungen an das System

  In den Anhängen 17, 18 und 19 wird durch Anforderungskataloge versucht, einige wichtige allgemeine Aspekte bezüglich der Anforderungen an die Funktionalitäten eines CMS zusammenzufassen. Diese Aufstellung ist nicht vollständig, denn es müssen nicht alle genannten Systemfeatures in einer für das jeweilige Unternehmen passenden Lösung enthalten sein. Zu beachten ist, dass eine aktuelle Bestandsaufnahme keinen Blick in die Zukunft zulässt. Zukünftige Anforderungen bleiben meist außen vor.

- Auswahl des Systems

  Ein CMS zu finden, das alle Ansprüche befriedigt, ist schwierig. Sind die Ansprüche an ein CMS nicht zu hoch und ist folglich der Kriterienkatalog nicht so umfangreich, dann ist eine passende Lösung weitaus leichter und schneller zu finden. Je größer und mächtiger das CMS sein soll, umso schwieriger ist es. Eine Anpassung im eigenen Haus oder durch Dritte muss dann zusätzlich kalkuliert werden. Durch die Erstellung eines Anforderungskatalogs, wie im Anhang 17, ist es möglich, einige Kriterien auch als Ausschlusskriterien zu definieren, um so die Anzahl der möglichen Systeme zu minimieren. Natürlich sollten alle betriebswirtschaftlichen, technischen und juristischen Anforderungen erfüllt und im Lastenheft genau festgelegt sein. Diese Spezifikationen bilden die Basis für die Auswahl des Anbieters, die Verhandlungen und die Gestaltung des Vertrags. Nach der Ausschreibung sollte man eine Vorauswahl machen. Hat man eine Zahl kleiner fünf erreicht, so sollten zumindest bei größeren Projekten die Hersteller von Content Management Systemen oder Agenturen, die diese Lösungen vertreiben, die Chance erhalten, ihre Lösungen in einer Endrunde vor Ort mittels Testinstallationen im Unternehmen zu präsentieren. Eine Einholung von Informationen bei Referenzkunden ist sinnvoll. In ähnlichen IT-Projekten hatte ich zu Beginn über 30 potenzielle Software- und Dienstleistungsunternehmen. Nach einer Vorauswahl verblieben maximal fünf Lieferanten, die im nächsten Schritt zur Vorstellung in das jeweilige Kundenunternehmen eingeladen wurden. Nach Entscheidung und Vertragsprüfung folgte dann nach Festlegung der Einkaufsbedingungen durch den Einkauf der Vertragsabschluss zwischen Auftraggeber und gewähltem Anbieter. Aus eigener Erfahrung ist es sinnvoll, den gesamten Angebotsprozess und die dabei gegenseitig zur Verfügung gestellten Informationen sehr genau zu dokumentieren. Dadurch besteht später die Möglichkeit, sich bei Meinungsverschiedenheiten auf diese Unterlagen zu berufen.

Die Kriterienkataloge im Anhang enthalten eine Ansammlung von Kriterien für die Auswahl eines CMS. Die Tabelle in Anhang 17 besteht aus drei Spalten. Die erste Spalte beschreibt das Kriterium. Hier sollte man sich Gedanken machen, ob das Kriterium für die Auswahl des passenden CMS von Bedeutung ist. Ist man sich nicht sicher, sollte im Zweifel ein Kreuz gesetzt werden, da man in der dritten Spalte dieses Kriterium immer noch mit „0 = unwichtig" bewerten kann. Die zweite Spalte gibt Information darüber, ob das Kriterium wichtig oder unwichtig ist. Alle in der Spalte Notwendigkeit angekreuzte Kriterien werden in der dritten Spalte namens Gewichtung mit den Werten 1 für weniger wichtig, 2 für wichtig und 5 für sehr wichtig gewichtet. Am Ende erhält man einen Durchschnittswert, sodass die Bewertungen der einzelnen Systeme verglichen werden können. Dieses System habe ich bereits mehrfach erfolgreich bei der Auswahl von ERP-Systemen und DM-Systemen eingesetzt. Für das zu realisierende Projekt sind die relevanten Kriterien aus der Sammlung laut Anhänge 18 (ohne Inhalt) und 19 (mit projektbezogenen Inhalten) auf einige für diese Umsetzung wichtige Kriterien reduziert worden. Bei den Produktbewertungen wurde entweder eine 0 oder die in der zweiten Spalte festgelegte Gewichtung eingetragen. Die Auswahl der Kriterien für einen Vergleich soll dem Nutzer ein Beispielschema vorgeben, abhängig von seinen Anforderungen und Voraussetzungen, Systeme für eine engere Wahl zu bestimmen. Diese Kriterien müssen auf die jeweiligen projektbedingten Bedürfnisse angepasst werden. Unter anderem sollen allgemeine Informationen zur Software erfasst werden. Für die Installation von CMS muss eruiert werden, welche Voraussetzungen zum Betrieb der Software erfüllt sein müssen. Die technischen Kriterien bestehen unter anderem aus der Angabe des Betriebssystems. Meist werden Linuxderivate oder auf Microsoft Windows basierende Betriebssysteme verwendet. Darüber hinaus erfolgt die Angabe der Art des Webservers, der notwendigen Datenbanken, der clientseitigen Anforderungen und eventuell auch bezüglich der verwendeten (Programmier-) Sprachen. Bei den funktionalen Kriterien betrachten wir die bereits aufgeführten zentralen Komponenten. Wir finden damit als Kriterien das Assetmanagement, das Workflowmanagement, das Content Repository, die Benutzerverwaltung und die enthaltenen Schnittstellen. Darüber hinaus ergänzend können sonstige Kriterien wie Support, Skalierbarkeit, Ausfallsicherheit, besondere Serverkonzepte und ein Blick in die Zukunft sinnvoll sein, denn manche noch so überragende Systeme haben aufgrund einer kleinen Entwicklergruppe oder anderer Kriterien geringe Chancen bezüglich des zukünftigen Marktstatus. Angegeben wird auch die Möglichkeit der Mehrsprachigkeit für die Administrationsoberfläche, also dem Backend, und die Möglichkeit der Mehrsprachigkeit für die Website selbst respektive dem Frontend. Vorteile, Nachteile und ergänzende Anmerkungen sollen weitere hilfreiche Informationen geben. Nicht nur die Schwierigkeit des Systems allgemein, auch die Content Management Usability, sprich Benutzerfreundlichkeit, wird bewertet. Was nicht benutzbar ist, wird meist nicht benutzt. Der Erfolg von Produkten hängt sehr stark davon ab, ob diese von den Benutzern angenommen werden. Genau diese Thematik wird häufig bei Evaluierungen übersehen, denn technische Aspekte, Machbarkeitsszenarien und die Anzahl der Features stehen häufig im Vordergrund. Somit wird Usability als Kriterium für die Akzeptanz eines CMS und damit für den Projekterfolg oder Projektmisserfolg oftmals unterschätzt. Spätestens bei der ersten Nutzung wird jedes Produkt einem Usability-Test unterzogen. Meist ist es dann aber zu spät. Die Tatsache, dass ein Administrator ein CMS als passend und notwendig bewertet, bedeutet noch lange nicht, dass die Benutzer, in erster Linie die Autoren, ebenso wie erwartet mit dem System umgehen können. Während der Entscheidungsphase sollen also nicht nur die benötigten Features evaluiert werden, sondern auch die Bedürfnisse der Mitarbeiter, die mit dem System später arbeiten sollen. Oft muss die Pflege der Inhalte einer Website neben der eigentlichen Arbeit erledigt werden, da die Pflicht einer Webpräsenz erst in den letzten Jahren an Bedeutung gewonnen hat, die Firmenstruktur teilweise noch nicht darauf ausgerichtet ist, und nur große Unternehmen Mitarbeiter nur eben für diesen Zweck abstellen wollen oder können. Umso wichtiger ist es in diesem Zusammenhang, dass sich die verantwortlichen Mitarbeiter sehr rasch in das CMS einarbeiten können und die Bedienung intuitiv ist. Kenntnisse im Umgang mit Officeprodukten und dem Webbrowser sollten dazu als Grundlage dienen und ausreichen. Als mögliches Resultat sind dann auch die Kosten der Einführung überschaubar und monetär bewertbar. Sind Einarbeitungsprozesse kurz, so treten weniger Fragen der Benutzer auf und Nutzerfehler werden minimiert. Das Risiko etwaiger folgenschwerer Fehler bei der Veröffentlichung von Inhalten, und der damit nicht gewünschten Außenwirkung eines Unternehmens, werden deutlich verringert. Eine akzeptable Usability fördert auch das Vertrauen der Benutzer in das CMS. Schnelle Resultate motivieren die Benutzer auch zu weiteren Publikationen mittels CMS. Wie auch bei anderer Software gilt, dass benutzerfreundlich gestaltete Software die Bedienung vereinfacht, den Stress reduziert und den Benutzer motiviert. Komplette Untersuchungen aktueller Content Management Systeme in Bezug auf die Usability gibt es derzeit noch nicht, sodass eine allgemeingültige Bewertung schwierig ist (NIX 2005, S. 51f). Trotzdem wird versucht, angelehnt an NIX (2005, S. 52ff.), anhand folgender Kriterien, nützliche Aussagen zur optimalen Ausstattung eines CMS zu liefern:

- Einfachheit und Benutzerfreundlichkeit
  Ein Großteil der Tätigkeiten der Autoren und der Redakteure besteht in der Erstellung und Prüfung von Inhalten und nicht im Gestalten von Vorlagen oder dem Einrichten von Datenbanken. In den vorigen Kapiteln haben wir gesehen, dass die beiden Teilbereiche strikt getrennt sind. Die Schnittstelle zur Eingabe der Inhalte sollte so einfach gestaltet sein, dass Benutzer mit einfachen PC-Kenntnissen unter Beachtung der verschiedenen Nutzerrollen so einfach wie möglich ihre Inhalte einbringen und pflegen können. Sie sollte technisch einfach und nicht zu überladen sein und den Benutzer intuitiv durch den gesamten Vorgang von der Anmeldung bis zum Abspeichern der neuen Inhalte führen. Fehlermeldungen sollten einfach und verständlich ausgedrückt werden, ohne dass weitere Personen oder Fachleute hinzugezogen werden müssen. Verständliche Hinweise zur selbstständigen Fehlerbeseitigung vereinfachen den Arbeitsvorgang und

bremsen folglich nicht die Motivation des Mitarbeiters. Eine kurze Einarbeitungszeit ist abhängig von einer durchdachten Struktur und zahlreichen Funktionen, die aktiv bei der Arbeit im CMS unterstützend wirken. Die wesentliche Arbeit findet in der Regel in einer Baumstruktur statt, die lediglich die Menü- bzw. Verzeichnisstruktur der aktuellen Präsentation wiedergibt. Der Benutzer soll auch nur die Teilbereiche angezeigt bekommen, an denen er Schreib- oder Leserechte besitzt. Alle Einstellungen sind in der Regel menügeführt und stehen in einem logischen Kontext. Benutzereingaben, die nicht sinnvoll sind, werden so durch das CMS ausgeschlossen. Alle Daten lassen sich nach zahlreichen selbst gewählten Kriterien filtern, sodass man auch bei einer großen Anzahl von Teilbereichen, Seiten, Bildern, Medien oder Nutzern nie den Überblick verliert. Zu allen wichtigen Elementen sollte man jederzeit ausführliche Informationen oder Hilfe angeboten bekommen. Nachrichtencenter helfen bei einer reibungslosen Kommunikation zwischen Benutzer, Administratoren und Redakteuren. Eine kontextsensitive Onlinehilfe unterstützt den Benutzer darüber hinaus an jeder Stelle des CMS effektiv bei der Klärung von Bedienungsfragen und fördert die Usability.

- Vertrautheit
  Grundsätzlich darf man davon ausgehen, dass Autoren und Redakteure eines CMS bereits Grundkenntnisse mit Textprogrammen oder mit einfachen Grafikprogrammen haben. Damit bringen diese Benutzer im günstigsten Falle bereits sinnvolles Vorwissen mit. Voraussetzung dafür ist aber, dass sich das CMS genau oder möglichst ähnlich wie eines dieser bekannten Systeme verhält. Das Öffnen und Schließen von Anwendungen und Funktionen, die bei bestimmten Mausbewegungen und Doppelklicks auf Symbolen erfolgen, sollen sich so verhalten, wie es bei anderer Arbeit am Personal Computer erwartet wird.

- Konsistenz
  Die Eingabeoberfläche sollte im Hinblick auf die Bedienung durchgängig gleich aufgebaut sein. Das Aussehen sollte in allen Untermenüs und Unterseiten identisch sein und den

Benutzer nicht verwirren. Gleiche Funktionen sollen innerhalb des CMS den gleichen Namen haben und gleiche Aktionen sollen im ganzen CMS die gleiche Auswirkung zur Folge haben.

- Visuelles Feedback und Fehlertoleranz
Der Benutzer sollte immer über die Richtigkeit seiner Eingaben und den Zustand seiner Aktionen informiert sein. Eine Sanduhr ist hilfreich, doch sollte sich das Zeigen einer Sanduhr im Sekundenbereich bewegen, sodass der Benutzer ein Ende der Aufgabe erkennen kann. Aktionen, die er nicht auswählen kann, sollen ausgegraut sein oder im günstigsten Fall gar nicht sichtbar sein, um keine Verwirrung zu erzeugen. Optimal ist es, wenn es nach Fehleingaben oder falschen Schritten, wie unbeabsichtigtes Löschen von Inhalten, möglich ist, durch einfaches Klicken den letzten Schritt oder die letzten Arbeitsschritte rückgängig zu machen ohne großen Aufwand wie bei einer optionalen Wiederherstellungslösung. Funktionen wie ein „Rückgängig-Machen-Button" erleichtern damit die Arbeit im System enorm.
- Reaktionszeit und Skalierbarkeit
Wie beim visuellen Feedback angedeutet, sollen die Wartezeiten des Nutzers im erträglichen Rahmen sein, um einerseits die Abgeschlossenheit einer Aufgabe anzuzeigen und andererseits nicht die Motivation des Benutzers zu beeinträchtigen. Natürlich sind in diesem Fall die zur Verfügung stehende Bandbreite des Internetzugangs und auch die Reaktionszeit des Webservers wichtige Faktoren. Letztendlich halten Benutzer immer das neue System, in diesem Fall das CMS, für etwaige schlechte Antwortzeiten verantwortlich. Eine Differenzierung der Probleme erfolgt meist auf Benutzerseite nicht. Ladezeiten für den Neuaufbau einer Seite nach einer Änderung oder die Anzahl der Schritte zur Erfüllung einfacher Aufgaben können im Vergleich der Systeme wichtige Anhaltspunkte liefern. Man kann davon ausgehen, dass dieses Kriterium in Zukunft jedoch an Bedeutung verliert, da aufgrund der aktuellen Anforderungen an die Bandbreite durch IP-Telefonie, IP-TV oder „Video-on-Demand"

schnellere Downloads und Uploads in optimaler Qualität diese Netze kontinuierlich verbessert werden. Erst Ende März 2009 konnten auf Drängen der Bundesregierung in der EU die Wettbewerbsregeln für Internetanbieter gelockert werden, um so den Ausbau der Breitbandtechnologie für schnelles Internet schneller voranzutreiben. Durch einen Maßnahmenkatalog sollen die Risiken für solche Investitionen besser verteilt werden (Zeit Online, 2009). Bezüglich Skalierbarkeit ist fallweise darauf zu achten, dass technische Probleme bei der Lastverteilung des Systems für den Besucher der Website zu Wartezeiten und damit zu einer Unzufriedenheit führen. Probleme mit dem Interface sorgen bei Autoren und Redakteuren für Unzufriedenheit und für nicht aktuelle Inhalte, und damit wiederum zu einer Unzufriedenheit des Besuchers. Noch negativer wirkt es sich aus, falls potenzielle Besucher aus diesem Grund das Interesse an der Präsentation und an weiteren Besuchen auf der Unternehmenswebsite verlieren. Die Investition in eine für den Lastenausgleich technisch notwendig höhere Ausstattung durch das Vorhalten von mehr als einem Server sollte natürlich in gesundem Verhältnis zur Wichtigkeit der Präsenz stehen. Auch bezüglich einer später notwendigen Erhöhung der Anzahl von Elementen und der Inhalte in einem funktionierenden CMS sollte es keine Auswirkungen auf die Performance des Systems geben. Unabhängig davon, ob wenige oder viele Inhalte hinterlegt sind, soll der Besucher keine signifikanten Unterschiede in der Zugriffsgeschwindigkeit wahrnehmen.

- Workflow und rechtebasierte Filterung
Die meisten CMS verfügen über Workflow und Rechteverwaltung, sodass es möglich ist, Objekte oder Interaktionsmöglichkeiten nur einer bestimmten Benutzergruppe zugänglich zu machen. Ein sinnvoller Workflow soll dem Benutzer mit wenigen Schritten, ohne das Interface zu überladen, aufzeigen, was er machen soll und was er machen darf. Nach Abschluss seiner Arbeiten soll ein nachgeordneter Bearbeiter bereits automatisch informiert werden. Für alle Prozessbeteiligten soll der aktuelle Status der Bearbeitung einfach und schnell sichtbar sein. Nur so ist gewährleistet, dass

kein Mitarbeiter seine Tätigkeiten übersieht und eine effiziente Abarbeitung im Workflow möglich ist. Funktionen, wie zusätzliche Cockpit- oder Ampelsysteme, helfen effektiv, die anstehenden Aufgaben, Laufzeiten und Termine im Workflow zu überwachen.

- Barrierefreiheit
  Zahlreiche Menschen leiden an Sehbehinderungen wie Sehschwächen, Farbblindheit oder Blindheit. Auch für diese Personengruppe können die Inhalte der Präsentationen zugänglich gemacht werden. Optimal ist eine automatische Warnung für Autoren und Redakteure, falls die Art der Erstellung der Inhalte nicht den Richtlinien der Barrierefreiheit entspricht. Die Einstellung falscher Inhalte kann dadurch verhindert werden. Vor allem für Behörden ist die Möglichkeit, ein barrierefreies Internet nicht anbieten zu können, ein Ausschlusskriterium bei der Auswahl eines geeigneten CMS. Websites müssen von allen Benutzern unabhängig von körperlichen oder technischen Möglichkeiten uneingeschränkt – also barrierefrei – genutzt werden können. Statistiken besagen, dass sich Menschen mit Behinderungen (in Deutschland gab es 2007 über 6,9 Millionen schwerbehinderte Menschen) überdurchschnittlich häufig im Internet bewegen und damit auf eine spezielle Aufbereitung der Webangebote angewiesen sind (DESTATIS, 2008). Bereits seit 2002 müssen die Websites deutscher Behörden barrierefrei sein.

Es werden einige weitere wichtige oder notwendige Anforderungen an ein CMS näher beschrieben:

- Auffindbarkeit in Suchmaschinen und Analyse der Website
  Dies ist eines der wichtigsten und schwierigsten Anforderungen an eine Internetpräsentation. Viele Systeme stellen zahlreiche Funktionen und Techniken zur Verfügung, die ein bestmögliches Finden im WWW fördern. Ein Kundencenter, eine integrierte Website-Analyse oder auch ein Qualitätsmanagement unterstützen die Akzeptanz im Netz. Die Website-Analyse ist nicht nur ein Instrument zur Qualitätssicherung

der Internetpräsentation. Hier werden auch die Integrität der Webstruktur und die Umsetzung der wichtigsten Parameter für die Auffindbarkeit in Suchmaschinen überprüft. Unter Auffindbarkeit wird verstanden, wie schnell und zielsicher man bei der Suche mit Hilfe von einschlägigen Suchmaschinen die gewünschten Unternehmen oder Informationen im WWW finden kann.

Die Prüfung der Webstruktur spürt etwaige Fehler auf. Dazu gehören zum Beispiel Verzeichnisse, die versehentlich mit einer Dateiendung versehen wurden, oder auch Startseiten von Verzeichnissen, die nicht korrekt bezeichnet sind oder fehlen. Die fehlerhafte Verwendung von Groß- und Kleinschreibung und vieles mehr. Die Erfahrung hat gezeigt, dass vor allem bei einem LAMP-Server eine nicht strikte Kleinschreibung von Dateinamen oder Verzeichnissen zu ungewünschten Resultaten führen kann. Einige dieser Fehler können auch erhebliche Auswirkungen auf die Auffindbarkeit haben, weshalb eine Überprüfung dieser Parameter nicht nur die Funktion gegenüber dem Besucher sicherstellt. Die Überprüfung der Metatags dient vor allem der Optimierung der Auffindbarkeit. Auch der jeweilige Inhalt der Seiten wird überprüft. Zahlreiche Aspekte werden dabei untersucht, wie die Häufigkeit der Verwendung, die Übereinstimmung zu den verschiedenen Bereichen, die adäquate Verwendung im Inhalt und der Webstruktur. Ergänzend ist die Angabe zu nennen, wie oft eine Seite innerhalb einer Website bereits durch Besucher aufgerufen wurde. Damit lässt sich sehr schnell analysieren, welche Seiten und damit Themen für potenzielle Kunden interessant sind und es ist in der Folge einfacher, das Angebot anzupassen bzw. zu optimieren.

- Kompatibilität

Die Einhaltung von Internetstandards hängt nicht allein von den Templates ab, die innerhalb eines CMS eingesetzt werden. Die Umsetzung der Inhalte in HTML Code ist eine wesentliche Aufgabe des Content Management Systems. Auch als Redakteur innerhalb eines Systems sollte man bei der

Einhaltung der Standards unterstützt werden. Sinnvoll ist eine konsequente Einhaltung der aktuell eingeführten Standards im Internet. Dies ist nicht nur die Basis für eine korrekte Darstellung in allen Browsern, sondern auch gleichzeitig eine solide Basis für gute Auffindbarkeit. Vor allem sogenannte „Webcrawler", also Computerprogramme, die das WWW automatisch durchsuchen und dabei die besuchten Webseiten periodisch analysieren, haben derzeit noch sehr große Probleme, Inhalte aus den Content Management Systemen zu lesen und zu sortieren. Es gibt bereits technische Ansätze, dies zu umgehen. Die meisten Lösungen sind aber noch nicht ausgereift. Hier ist zusätzlicher Programmieraufwand notwendig, um dies nicht zum Nachteil gegenüber reinen HTML-Seiten werden zu lassen.

- Umfangreiche Medienunterstützung
Innerhalb eines CMS sollen zahlreiche Objekte eingebunden werden können, nicht nur Bilder im JPEG-, GIF- oder PNG-Format, sondern auch Flashanimationen, Dateien in den Formaten MP3, Quicktime, MPEG, AVI, ZIP, TAR, Word, Excel oder PDF. Alle Daten, die direkt im Internet angezeigt bzw. abgespielt werden können, lassen sich in der Regel in eine Website einbinden. Alternativ können diese Dateien, genauso wie alle übrigen Dateiformate, zum Herunterladen mittels FTP oder HTTP auf den Seiten angeboten werden.

- Performance und kurze Ladezeiten
Für die Ladezeit der Präsentation sind vor allem die Programmierung der Templates und die Inhalte verantwortlich. Aber auch das CMS kann dabei unterstützend wirken. Manche CMS bauen die Seiten dynamisch auf, was für die Auffindbarkeit der Präsentation nicht förderlich ist. Andere Systeme legen dynamisch generierte Seiten statisch auf dem Server ab, damit ist die nahezu gleiche Schnelligkeit wie bei reinen HTML-Seiten gewährleistet. Einige CMS bieten optional ein Cachesystem zum Zwischenspeichern der generierten Daten an. Der Server muss dies funktionell unterstützen, zumindest muss ein lesbarer und schreibbarer Bereich

auf dem Dateisystem des Webservers dazu angelegt werden können.

- Systemsicherheit

  Alle Systeme und Programme, die aus Gründen der notwendigen Funktionsfähigkeit eine Verbindung in das Internet aufbauen, müssen heute in besonderem Maße vor Viren und allen anderen Arten von Angriffen geschützt werden. Selbstverständlich gilt dies auch für Content Management Systeme. Die Liste der Sicherheitsvorkehrungen ist lang. Die Systeme müssen immer auf einen aktuellen Versionsstand gehalten werden. Updates und Patches sind zwingend einzuspielen. Passwörter sollten generell über eine Einwegverschlüsselung wie MD5 versendet werden. Die Richtlinien für Passwörter können für jede Präsentation individuell konfiguriert werden. Ein begrenzter Zeitraum für die Gültigkeit der Passwörter kann ebenfalls eingestellt werden. Fast alle CMS lassen sich auf Wunsch in zertifizierte und nicht zertifizierte SSL-Umgebungen einbinden, ein erstes Indiz dafür ist beim Aufruf der Seiten ein „https://" statt einem „http://", wobei dieses „s" für „secure" steht. Damit werden die Daten zwischen Browser und Server verschlüsselt übertragen. Leider wird in diesem Zusammenhang oft vergessen, dass zwar die Kommunikation zwischen Client (Browser) und Server (Webserver) verschlüsselt stattfindet, diese Absicherung aber dann wieder zunichtegemacht wird, falls die einmal eingegebenen Daten in der Folge per unverschlüsselter Email zum Betreiber des Systems und meist noch in Kopie an den Besucher übertragen werden. Weiterhin sollte der Zugang eines Anwenders während der Session, also während der zeitweisen Verbindung zwischen Client und Server, von keinem anderen Anwender verwendet werden. Die Anzahl der zulässigen Anmeldeversuche lässt sich individuell einstellen. Der Zeitraum für die Sperrung nach der zulässigen Anzahl von Fehlversuchen kann optional ebenfalls eingestellt werden. Fehlerhafte Anmeldeversuche sollten registriert werden, sodass der Administrator erlaubte und unerlaubte Zugangsversuche einsehen und bewerten kann. Benutzer werden nach einer vorgegebenen Zahl von Fehlversuchen standardmäßig für eine gewisse Zeit oder für immer gesperrt, solange bis ein Administrator den Zugang wieder freigibt. Rechner bzw. eine gleiche IP-Adresse können nach Fehlversuchen gesperrt werden. Alle laufenden Anmeldungen werden über einen Sitzungsmonitor angezeigt. Abgelaufene bzw. beendete Sitzungen werden ebenfalls protokolliert. Dies sollte natürlich unter den Regeln der geltenden Datenschutzbestimmungen und im Einklang mit dem Bundesdatenschutzgesetz umgesetzt werden.

Jeder Zugriff auf ein Objekt kann in einem Verlaufsprotokoll festgehalten werden, sodass genau ausgelesen werden kann, wer dieses Objekt erstellt hat und wann es von wem verändert wurde. Für alle Bilder und Dateien lässt sich anzeigen, wie häufig und wo sich diese in der Präsentation befinden.

- Zukunftssicherheit
Bezüglich Zukunft sollten das Produkt selbst und auch der Hersteller in die Betrachtung mit aufgenommen werden. Wie groß ist das Herstellerunternehmen? Seit wann ist es auf dem Markt? Welche Zukunftschancen kann man dem Unternehmen und seinem Produkt geben? Wie viele Installationen wurden erfolgreich realisiert? Wie groß ist die Entwicklergruppe? Das sind wichtige Fragen, die man sich stellen muss. Selbstverständlich bemühen sich alle Hersteller, ihre Produkte mit kontinuierlicher Verbesserung und Wahrung der Qualität auf einem aktuellen Stand zu halten. Genau wie Betriebssysteme müssen die Content Management Systeme durch Updates und Patches immer aktualisiert werden. Die Präsenzen und Zeiträume zwischen den angebotenen Updates und Patches der Hersteller geben dazu tagesaktuell Auskunft und sagen viel aus über die Aktivitäten des Herstellers zum Wohle seines angebotenen CMS. Die meisten Content Management Systeme im Open-Source-Bereich basieren auf bekannte Open-Source-Elemente wie Linux, PHP und mySQL. Dies bedeutet Investitionssicherheit durch etablierte Technik und liefert damit eine kostengünstige Basis zur Weiterentwicklung. Damit sind auch grundsätzlich Teil-

migrationen zwischen verschiedenen Systemen grundsätzlich unter Einsatz angepasster Schnittstellen technisch möglich.

- Datenbankbasiertes CMS
  Die Inhalte werden in der Regel mittels Datenbanken verwaltet. Auch die eingetragenen Anwender und Besucher oder die Webstruktur der Präsentation werden von einem CMS in Tabellen der Datenbank gespeichert. Dies hat gegenüber textbasierten Systemen große Vorteile. So kann ein CMS genau anzeigen, an welcher Stelle Bilder oder andere Objekte in der Präsentation verwendet werden. Zahlreiche Module, ein Rechtesystem für Anwender und Besucher oder Schnittstellen zu internen Daten des Kunden können nur so hergestellt werden.

- Mehrsprachigkeit
  Ein CMS sollte mittels Unicode alle im Internet verwendbaren Schriftzeichen unterstützen. Auch eine Schreibrichtung von rechts nach links könnte manchmal notwendig sein. Mit Hilfe von Unterseiten lassen sich vor allem in Bezug auf die Auffindbarkeit interessante Lösungen für mehrsprachige Sites schaffen. Eine Unterseite ist ein eigenständiges Web. Meist ist es in einer Subdomain platziert, das auf einem eigenen virtuellen Server mit eigener Domain verwaltet werden kann. Diese Site nutzt jedoch die gleiche Datenbank wie das ursprüngliche Web. Dadurch lassen sich Inhalte wie Seiten, Tabellen und Bilder sowie Medien zwischen den Webverzeichnissen kopieren und gleichzeitig verwenden. Diese müssen damit nur einmal angelegt bzw. in das CMS geladen werden. Gleichzeitig können die Inhalte auf einfachste Weise mehrfach verwendet bzw. übersetzt werden.

3.2   Vergleich ausgewählter Systeme

Es wurden im Rahmen dieses Buchs CM-Systeme in Testumgebungen installiert. In den Anhängen 30, 31, 32 und 33 werden exemplarisch die Testinstallationen von vier ausgewählten Content Management Systeme aus dem Open-Source-Bereich vom ersten bis zum letzten Schritt beschrieben. Basierend auf Kapitel 3.1 wurden bereits einige Kriterien festgelegt. Die Ergebnisse der Evaluierung von CM-Systemen wurden im Anhang 19 als Schnellüberblick in die Tabelle eingetragen. Da nachfolgend aus Gründen der Übersichtlichkeit nur ausgewählte CMS aus dem Open-Source-Umfeld betrachtet werden, kann der Kriterienkatalog jederzeit erweitert werden, zum Beispiel mit dem weiteren Attribut „Preis", um auch kommerzielle Systeme in einen Vergleich aufzunehmen. Abhängig vom Budget wird dann der Preis oft sehr schnell zum Ausschlusskriterium, da auch Systeme in der Grundausstattung im sechsstelligen Eurobereich und darüber angeboten werden. Auch bei Open-Source-Projekten sind die Kosten nach der Implementierung für eine Verwaltung und Betreuung eines CMS nicht zu vernachlässigen. Eine Erstinstallation kann relativ einfach bezüglich des Installationsaufwands monetär bewertet werden. Die nachfolgenden Kosten für Administration, Schulung und redaktionellem Zuarbeiten sind schwer festzulegen und hängen von den jeweiligen Bedürfnissen und dem jeweiligen Umfang der Websites ab. Die Angaben in den Tabellen stammen aus Benutzerberichten, Kundenprojekten und aus eigenen Erfahrungen. Natürlich sind die Bewertungen sehr stark abhängig von den einzelnen Anforderungen des jeweiligen Kunden, sodass die Schwerpunkte von Projekt zu Projekt verschoben werden müssen. Auch deshalb sind diese Bewertungskriterien nur rahmenhaft aufgeführt, sollten aber zur Bewertung mehrerer vorausgewählter CMS auf dem Markt dienlich sein. Auch wenn augenscheinlich oder gemäß Featureauflistung der Hersteller bestimmte Anforderungen erfüllt sind, können diese trotzdem mit „0" bewertet werden, falls die Erwartungshaltung gegenüber diesem Attribut aus welchen Gründen auch immer nicht erfüllt wird.

3.3 Zusammenfassung der Vergleichsergebnisse

Seit den ersten WYSIWYG-Editoren, mit denen Webinhalte auch von Nicht-Technikern eingegeben oder geändert werden konnten, hat sich der Markt der Content Management Lösungen sehr unterschiedlich entwickelt. Beginnend von der einfachen Lösung zum Pflegen weitestgehend statischer Inhalte, erfolgte eine Entwicklung bis hin zu komplexen Enterprise-Lösungen, die Schnittstellen zu ERP-Systemen, wie SAP, Navision und anderen Systemen, bereitstellen. Und stetig kommen neue Lösungen als „technische Revolution" auf den Markt. Meist gibt nur eine konzeptionelle Veränderung den Ausschlag, wie zuletzt beim verstärkten Auftreten von „Wikis". Nicht mehr eine geschlossene Gruppe ist für die Inhalte zuständig, sondern die Besucher selbst. Sinnvollerweise erfolgt eine Ergänzung durch eine feste Redaktionsgruppe zur Qualitätssicherung, um auch auf die immer größer werdenden juristischen Probleme vorbereitet zu sein. Heute nennt man die Gesamtheit dieser Lösungen Web 2.0. Angesichts der großen Menge an Content Management Systemen gibt es für viele bestehende Lösungen bereits heute oft nur Nischenlösungen. Ob es sich nun um eine Branchenlösung oder eine besondere Problemlösung handelt, es gilt, dass für alle Ansprüche mindestens eine gute Anwendung existiert.

Die Zeiten, in denen ein CMS als Gesamtlösungsbringer für alle Fälle angeboten wurde, gehen zu Ende. Das mag in Agenturen, die ihre eigene Content Management Lösung verkaufen, noch etwas anders sein. Wer jedoch frei in der Wahl der Systeme ist, hat heute sehr häufig mehr als ein passendes System zur Auswahl (HEIN 2009a).

CONTENTMANAGER spricht von sieben Todsünden bei der Implementierung eines CMS. Bedingt durch die rasante Internetentwicklung in den letzten zehn Jahren und die damit verbundenen neuen Möglichkeiten der Präsentation von Inhalten läuft jedes Unternehmen Gefahr, sich bei der Auswahl von CM-Systemen falsch zu entscheiden. Wer sich zu sehr auf Schnittstellenfragen konzentriert, verliert schnell das eigentliche Ziel aus den Augen, nämlich den Content. Wer sich nicht auf dieses Kernziel konzentriert, schadet damit einer effektiven und schnellen Implementierung eines CMS nachhaltig. Daneben wichtig sind hausinterne Lern- und Gewöhnungsprozesse. Je einfacher ein System ist, umso schneller kann eine Akzeptanz erreicht werden, die bei den Mitarbeitern zu einer hohen Bereitschaft führt, ihre Bereiche mit aktuellen Informationen und Inhalten attraktiv zu gestalten. Systeme, die sich nur langsam implementieren lassen, können von den schnellen Innovationszyklen des Internets überholt werden. Beim Kauf und der Implementierung von Content Management Systemen tauchen unabhängig von der Branche immer wieder die gleichen Probleme auf, die meist auf Vorurteilen basieren. Nachfolgend sind die wichtigsten Fehleinschätzungen von Unternehmen nach Meinung von CONTENTMANAGER zusammengefasst, die für einen Entscheidungsprozess sehr hilfreich sein können:

- Bekannte Markenprodukte sind die besten.
  Diese Aussage muss nicht unbedingt zutreffen, da sehr wohl auch ein unbekanntes CM-System die Anforderungen des Unternehmens besser und kostengünstiger erfüllen kann.
- Die Software ist wichtiger als der Service des Anbieters.
  Dies ist eine folgenschwere Annahme, da das System ohne den schnellen und qualifizierten Support im Unternehmen wertlos ist. Mit der Installation im Unternehmen beginnt die eigentliche Arbeit des Anbieters. Das System muss mit allen Anwendern in aufgabentechnischer Hinsicht entsprechend den Vorgaben verbunden werden.
- Mehrere parallel laufende Testinstallationen sind überflüssig.
  Sie sind deshalb sehr wichtig, weil nur damit das Produkt des Anbieters in konkreten Anwendungen kennengelernt und qualifiziert beurteilt werden kann.
- Konventionalstrafen sind unnötig.
  Diese Aussage wäre wünschenswert, entspricht aber nicht der Wirklichkeit. Vereinbarte Konventionalstrafen sichern vielmehr eine hohe Aufmerksamkeit des Anbieters. Im Bereich Open Source ist diese Anforderung jedoch meist schwer umzusetzen, außer das System wird durch einen Dritten installiert.
- Man muss den Alleskönner kaufen.
  Nein. Der konkrete Forderungskatalog für ein passendes Content Management System kann nur im eigenen Unternehmen aufgestellt werden. Alternativ sinnvoll kann der Start mit kleinen und einfachen Systemen sein, die einen speziellen Schwerpunkt haben, um so zunächst eigene Erfahrungswerte sammeln zu können.
- Portale, Content Mining und Web Personalisierung sind wichtiger als CM.

Das behaupten zwar einige Fachmedien, es macht aber viel mehr Sinn, mit einem CMS zu starten und erst anschließend gezielt Zusatzangebote auszuwählen.

- Welches ist das beste Content Management System?
  Diese Frage beantwortet sich von selbst, da es keine an sich guten oder schlechten Systeme gibt. Ausschlaggebend ist wie bei anderen Systemen in der Informationstechnologie der Deckungsgrad. Es geht also um die Frage, wie gut die Leistungsmerkmale der Software dem Anforderungsprofil des Unternehmens entsprechen.

Eine kompakte Gliederung des CMS-Marktes im deutschsprachigen Raum ist in differenzierter Form gegenwärtig nicht mehr möglich, da der Markt bereits zu vielfältig geworden ist. Jeder Anbieter bedient in der Regel ein ganz konkretes Anforderungsprofil. Bei dieser Problematik darf auch der Serviceaspekt nicht vernachlässigt werden. Denn mit dem Erwerb eines CMS ist noch gar nichts gelöst. Die eigentliche Arbeit beginnt erst nach dem Kauf mit der Implementierung. Stellt der Käufer in dieser Phase fest, dass er mit einem serviceschwachen CMS-Anbieter ins Geschäft gekommen ist, beginnen erst die Probleme (CONTENTMANAGER 2009b).

Anhand des definierten Kriterienkatalogs und Eintrag der Bewertungen im CMS-Anforderungskatalog (Anhang 19) war es mir möglich, eine kleine Auswahl von CM-Systemen objektiv zu vergleichen. Die Wertungen wurde durch die Position „Persönlicher Gesamteindruck" ergänzt, um auch eine subjektive Meinung meinerseits in die Wertung einfließen zu lassen. Mithilfe der Gewichtungen wurden die Punkte summiert, sodass am Schluss vergleichbare Summenwerte zwischen 38 und 95 Punkten gezählt werden konnten. An erster Stelle befand sich nach der Auswertung CMS Joomla!, auf den Plätzen folgten Mambo und Contenido. Damit war die Entscheidung gefallen, das in Kapitel 4 beschriebene CMS-Projekt mit Joomla! als CMS-Basis zu realisieren.

4. Praxisbeispiel für die Umsetzung eines Content Management System

Wie eingangs bereits kurz beschrieben, sollte für ein Produktionsunternehmen ein Content Management System umgesetzt werden. Das seit 1648 tätige und betrachtete Unternehmen hat seine Organisationsstruktur wie nachfolgend beschrieben aufgebaut. Es handelt sich um ein mittelständisches Familienunternehmen aus dem Holz verarbeitenden Gewerbe mit insgesamt rund 640 Mitarbeitern an drei Standorten. Auf der aktuellen Firmenpräsentation im Internet ist derzeit vom Besucher auf der Einstiegsseite des Unternehmens eine Auswahl zwischen den sogenannten Profiseiten und den Endkundenseiten zu treffen.

Es galt nun, zusätzlich eine aktuelle Produktinnovation aus dem Jahr 2008 sinnvoll auf dem Markt zu präsentieren. Entstanden war eine neue Marke, die für die innovative Wärmedämmung mittels Luftpolster im Holzfensterrahmen steht. Angesichts der Energieverschwendung und der Preisentwicklung bei fossilen Energien steht die Frage im Raum, ob man sich in wenigen Jahren Energie überhaupt noch leisten kann. Nur die Energie, die eingespart wird, muss nicht mehr bezahlt werden. Unter dieser Marke bieten viele innovative Hersteller von Holz- oder Holz-Alu-Fenstern eine neue Generation von Energiesparfenster an. Die Innovation findet buchstäblich im Verborgenen statt. In jedem dieser Holzfenster sind im Fensterrahmen, der wiederum aus sogenannten Fensterkanteln besteht, Luftkammern eingebettet. Holz, im Verbund mit Luftkammern, bietet die besten Dämmwerte. Im Partnerverbund der Marke sind Fensterbauer und Händler zur gemeinsamen Vermarktung von Energiesparfenster aus Holz und Holz-Alu-Kombination mit der Airotherm-Technologie zusammengeschlossen. Da das Unternehmen deshalb für andere Unternehmen der Holzbranche als Lieferant fungiert und die Partner somit auf dem Markt gegenüber den Endkunden als Hersteller auftreten, war eine aus Gründen des Marketings notwendige Trennung des Kerngeschäfts und der Produktinnovation notwendig.

© Springer Fachmedien Wiesbaden GmbH, ein Teil von Springer Nature 2009
S. Spörrer, *Content Management Systeme*, Edition KWV,
https://doi.org/10.1007/978-3-658-24351-7_4

4.1 Beschreibung des betrachteten Realitätsausschnitts und Problembeschreibung

Wie bereits in den früheren Kapiteln erwähnt, stellt der Content Life Cycle ein Rahmenmodell zur Inhaltserstellung dar. Der gesamte Entstehungsprozess des Contents vom Verfassen bis hin zur Publikation im Web wird komplett abgedeckt. Doch Webseiten ohne relevanten oder aktuellen Content verfehlen meist den Sinn. Die Themen für die Inhalte entspringen jedoch nicht nur aus einer Quelle. Organisationsstellen wie die Geschäftsleitung, der Verkauf, die Hersteller, die beteiligten Ingenieure in den Fachabteilungen und die externe Werbeagentur waren am Entstehungszyklus der Inhalte beteiligt. Ein Großteil der Daten wurde in der Regel durch die Assistenz des leitenden Projektingenieurs als Bindeglied zwischen Unternehmen, externer Werbeagentur, Hersteller und Interessenten gesammelt, geprüft und aufbereitet.

Die Unternehmensleitung stellte rahmenhaft folgende Anforderungen an die neue Präsenz im Internet:

- Trennung zwischen Unternehmenspräsentation und Produktinnovation:
  Eine Vielzahl von Herstellern soll in einem neu zu gründenden Partnerverbund das neue Produkt als Werkstoff verwenden und bei der Weiterverarbeitung vom Halbfertigerzeugnis Fensterkantel zum Fertigteil Fenster jeglicher Art nicht als Wiederverkäufer sondern als Hersteller auf dem Markt auftreten. Das auftraggebende Unternehmen selbst wollte als Vorlieferant auf dem Markt auch nicht als direkter Konkurrent zu seinen Wiederverkäufern und zukünftigen Partnern auftreten.
- Schnelle Realisierung:
  Das Produkt hatte die Marktreife erlangt. Ein schneller Markteintritt war damit das primäre Ziel.
- Einfach inhaltliche Administration im eigenen Hause:
  Der Kunde wollte so schnell wie möglich unabhängig von aktuellen und zukünftigen Werbeagenturen sein. Das System sollte derart aufgebaut sein, dass im Hause die Inhalte ohne

Spezialwissen nach einer kurzen Einarbeitungszeit gepflegt werden können.

- Schnelle Realisierung von Änderungen am Inhalt:
Das Einstellen neuer Informationen und die Einbindung neuer Hersteller in einer Herstellerliste sollten tagesaktuell erfolgen. Der dafür notwendige Workflow sollte so weit als möglich gekürzt werden. Da laufend neue Hersteller gewonnen werden sollten, war es sinnvoll, dass diese so schnell als möglich mit allen Kontaktdaten in der Herstellerliste genannt werden.

- Einbindung einer Herstellerkarte:
Es sollte eine europäische Übersichtskarte mit der Angabe aller Herstellerstandorte realisiert werden. Ein Besucher sollte damit sofort durch einfachen Mausklick bei dem ihm örtlich nächstliegenden Hersteller weitere Informationen anfordern können.

Aufgrund der Dringlichkeit wollte der Geschäftsführer das Projekt innerhalb weniger Tage realisiert haben. Meine Aufgabe bestand nun darin, ein System zu finden, das den Ansprüchen vollends genügt und damit einer schnellen Realisierung in technischer Hinsicht nichts entgegen stand.

Es sollte ein passendes Template gefunden werden, das hinsichtlich Aufbau und Möglichkeit der Farbgebung zum Produkt passen würde, sich aber von Standard-Templates des einzusetzenden CMS abheben sollte, um damit nach extern auch eine gewisse Professionalität des Aufbaus der Website zu gewährleisten. Da mehr und mehr erfolgreiche Webprojekte mit möglichst kurzer Time-to-Market-Strategie ausgeführt werden, hat mich der Wunsch nicht sonderlich überrascht. So entschied ich mich nach einer Auflistung der Vorgaben seitens des Auftraggebers einen Anforderungskatalog für eine schnelle Umsetzung zu erstellen, um die neue Site schnell am Markt zu präsentieren. Trotz dieses Drucks seitens des Auftraggebers sollte die Möglichkeit bestehen bleiben, das System laufend verbessern oder anpassen zu können und mit von Auftraggeber und Endbenutzern erwarteten und nachgefragten Features aufrüsten zu können. Internetprojekte dauern teilweise viel zu lange, kosten weitaus mehr als budgetiert

oder stellen den Kunden am Schluss nicht zufrieden. Eine Projektme-
thode wäre das sogenannte Wasserfallmodell gewesen, man hätte
sich also nach den einzelnen Schritten zusammengesetzt, aktuelle
Fehler oder Falschannahmen besprochen und wäre dann erst zum
nächsten Schritt weiter gegangen. Bei diesem Projektanspruch fehlte
aber die dafür nötige Zeit. Der Auftrag hieß, „das Projekt sollte bis
zum Ende der Woche realisiert sein". Das voranzusetzende ge-
bräuchliche Wort „Projekt" lasse ich nachfolgend teilweise bewusst
weg, da wichtige Projektelemente wie Zeitplan, Lastenheft oder
Pflichtenheft aus Zeitgründen fehlten.

4.2   Beschreibung des Istzustands

Zum Zeitpunkt des ersten Gesprächs gab es noch keinen Istzustand,
da das Produkt innovativ war und nach außen noch in keiner Weise
beworben wurde. Damit existierte auch kein Internetauftritt. Alle bis
zu diesem Zeitpunkt gesammelten Dokumente waren entweder in
Officedokumenten auf dem internen Fileserver abgelegt oder waren
ausgedruckt in verschiedenen Aktenordnern archiviert. Eine darüber
hinausgehende technologische Unterstützung gab es bis zu diesem
Zeitpunkt nicht. Auch ein DMS war beim Kunden nicht im Einsatz.
Gab es seitens Interessenten bereits Anfragen zu diesem neuen Produkt, so wurden Fragen per Telefon beantwortet, falls einer der Fachleute anwesend war. Alternativ wurde die Anfrage entgegengenom-
men, die gewünschten Informationen mühsam zusammengesucht
und dann meist per Email versendet. Bedingt durch diesen Prozess
ging wertvolle Zeit verloren und Informationen wurden oftmals un-
vollständig oder teilweise falsch kommuniziert. Dies war auch ein
Grund, alle bis dato verfügbaren Informationen innerhalb einer Website zu publizieren, sodass interne Mitarbeiter und externe Besucher
den identischen Wissensstand bezüglich der frei zur Verfügung ste-
henden Informationen haben. Das Team für die erste Besprechung
bestand zunächst aus fünf Personen (Anhang 20, Abbildung 1). Es
waren der Geschäftsführer des Unternehmens, der verantwortliche
Projektingenieur für das Produkt, ein externer Werbeberater, die
Inhaberin einer externen Werbeagentur und meine Person anwesend.
Seitens des Unternehmens waren das strategische Ziel und der Auf-

trag knapp und kurz definiert. Es sollte innerhalb kürzester Zeit eine neue Plattform für das neue Produkt realisiert werden. Man beabsichtigte, dass möglichst schnell Umsatz mit dem neuen Produkt generiert wird. Der Geschäftsführung des Unternehmens sah die Veröffentlichung von qualitativ hochwertigen Informationen und den daraus resultierenden Wissenszusammenhängen innerhalb der Zielgruppen als Grundlage und Quelle von Umsatz und jeder weiteren positiven Entwicklung an. Man wollte das Produkt so schnell wie möglich mithilfe der Plattform Internet bekannt machen, damit in Deutschland beginnen und dann auf Europa ausweiten. Auch sah man einen weiteren großen Vorteil darin, das bisher gesammelte Wissen gebündelt darzustellen. Eines der wichtigsten operativen Ziele neben der Mehrbenutzerfähigkeit war, den Prozess der Veröffentlichung von neuen Informationen zu optimieren und dadurch die notwendige Aktualität zu gewährleisten.

Seitens des externen Werbeberaters waren bereits Texte vorhanden. Der externe Werbeberater war in der Hauptsache mit der Markteinführung des neuen Produkts und der Kontaktknüpfung mit Printmedien und Verlagen beauftragt, um für das neue Produkt zum Beispiel Redakteure für die Bewertung des neuen Produkts in Fachzeitschriften zu gewinnen. Von der externen Werbeagentur waren die Farben für das CI, das Logo und Fotos der neuen Produkte vorhanden. Die externe Agentur war hauptsächlich für das Unternehmen im Bereich Printmedien tätig. Ich sollte von meiner Seite das Know-how zu Content Management Systemen, seitens meines Unternehmens den Webserver und die dafür notwendige Technik und Anbindung liefern. Die Geschäftsbeziehung zum Kunden bestand bereits seit fast zehn Jahren im Bereich IT-Outsourcing.

Wichtig bei ähnlichen Projekten ist die Verteilung der Zuständigkeiten. Anbei sind exemplarisch einige Fragen aufgelistet:

- Wer ist für die Gesamtkonzeption verantwortlich?
- Wer erstellt die Texte für die Website?
- Wer überarbeitet die Texte?
- Wer bearbeitet die Bilder?
- Wer pflegt die Texte und Bilder ein?
- Wer übernimmt die Recherche bzgl. neuem Content?
- Wer plant die Themen für die Inhalte?

- Wer übernimmt die technische Betreuung des CMS?
- Wer übernimmt die organisatorischen Aufgaben?
- Wer plant die Inhalte und den Aufbau?
- Wer entwickelt den Auftritt weiter?
- Wer koordiniert die Beteiligten?

Für mich beschränkte sich die wichtigste Aufgabe nach dem ersten Gespräch auf die Auswahl des passenden CMS. Da das Produkt neu war und diese Präsentation getrennt von der bisherigen Unternehmensseite aufgebaut werden und separat behandelt werden sollte, musste keine bestehende Site geändert werden, sondern man konnte eine Site komplett neu erstellen.

4.3   Beschreibung des Sollkonzepts

Als Projektleiter fungierte ich seitens des beauftragten Systemhauses für die technische Umsetzung. In Abbildung 8 ist die Gruppe der Beteiligten nach der Freigabe des CMS aufgezeigt. Man erkennt die Änderungen in der Zusammensetzung des Teams. Die Unterstützung der externen Werbeberatung sollte in absehbarer Zeit wegfallen und seitens des Auftraggebers sollten nur noch die verantwortlichen Autoren und Redakteure Inputs für das CMS liefern. Die Werbeagentur lieferte weiterhin bei Bedarf aktuelles Bildmaterial und Logos der sukzessiv hinzukommenden neuen Hersteller. Die Website sollte extern auf einem Webserver in einer virtuellen Site abgelegt werden, da keine Standleitung vorhanden war und so aus Sicherheits- und Performancegründen ein Betreiben der Internetpräsenz auf einem externen virtuellen Server weitaus performanter und günstiger ist. Die Möglichkeit der Auswertung einer Zugriffsstatistik mittels der Logfiles soll gegeben sein. Ein Großteil der Einbindung von Content sollte vom Aufgabenbereich des externen Systemhauses fließend übergehen in den internen Bereich des Auftraggebers.

Im Unternehmen des Kunden beschäftigte Autoren und Redakteure sollten zukünftig die notwendigen Contents liefern und bearbeiten. Das Unternehmen sollte möglichst rasch unabhängig von externen Unternehmen und damit verbundenen etwaigen Wartezeiten die Inhalte selbst tagesaktuell erstellen und pflegen können. Vor allem die Sekretärin des verantwortlichen Ingenieurs sollte sich mit der Verwaltung des neu zu erstellenden CMS federführend beschäftigen. Das Gantt-Diagramm im Anhang 21 zeigt die dazu notwendig parallel ablaufenden Prozesse, die sich gegenseitig nicht störten und zu einem schnellen Projektfortschritt beitrugen.

Nachdem in einem Erstgespräch mit dem Unternehmen die Ziele festgelegt wurden, konnte im selben Gespräch die Möglichkeit zur Diskussion gestellt werden, das Ganze in Form eines Content Management Systems zu realisieren. Dies wurde auch vom externen Werbeberater parallel zu mir als ideale Möglichkeit der Realisierung vorgebracht. Nach der Beschreibung der Problembereiche und der Beurteilung wurden die Ziele genauer festgelegt. Nach Abwägung der Vor- und Nachteile entschloss man sich seitens des Unternehmens dazu, das Ganze in Form eines CMS zu realisieren.

Im nächsten Schritt wurde rahmenhaft die Struktur des Webauftritts festgelegt, sodass bereits in einem der ersten Schritte der hierarchische Menüaufbau der Site realisiert werden konnte. Durch die Festlegung der Struktur und der Menüpunkte war schnell klar, welcher Content dafür notwendig war und vorbereitet werden musste (siehe Anhang 22).

Es folgten die Festlegung aller Ziele und die weitere Planung des Auftritts. Ausgangspunkt für die Planung des Auftritts war die Frage nach dem Kommunikationsziel der neuen Website. Es wurden in der Folge Ziele und Zielgruppen festgelegt. Auch erfolgte ein erster Gedankenaustausch zur Außenwirkung des neuen Auftritts bezüglich Design und Corporate Identity.

Nach dem „Kick-off" durch den Auftraggeber erfolgte sofort die Suche nach einem geeigneten CMS. Parallel dazu bereitete die externe Werbeagentur das CI vor und legte Logo und Farben fest. Auch die ersten Texte konnten vom Unternehmen und vom externen Werbeberater vorbereitet werden. Nachdem das passende CMS anhand meiner Kriterienkataloge gefunden wurde, habe ich die technischen Anforderungen überprüft und umgehend mit der Installation begonnen. Zuerst wurden Testdaten verwendet, um die grundsätzliche Funktionalität unabhängig vom Content gewährleisten zu können.

Selbstverständlich wurde die Testsite noch nicht veröffentlicht. Für die Testinstallation wurde eine sogenannte Subdomain verwendet, die offiziell nicht bekannt gegeben wurde. Daneben konnte auch das passende Template vorbereitet werden. Zu diesem Zweck habe ich ein passendes und vorgefertigtes Template im Internet gesucht und gefunden. Danach wurde es an die Bedürfnisse der neuen Site angepasst.

Die Farben wurden seitens der externen Werbeagentur mit Daten aus dem sogenannten RGB-Farbraum vorgegeben, damit identische Farben für Webauftritt und Printmedien verwendet werden konnten. Teile des Contents, vor allem Texte, wurden nach Freigabe durch das Unternehmen und dem externen Werbeberater bereits eingebunden und parallel gegengelesen sowie auf inhaltliche und formale Fehler geprüft. Nach der Freigabe durch die Geschäftsleitung des auftraggebenden Unternehmens wurde die Site öffentlich zugänglich gemacht. Zeitgleich liefen parallel dazu im WWW Werbemaßnahmen an. Mit Unterstützung von „Google AdWords" (http:// AdWords.Google.de) wurde mit einem durch das Unternehmen festgelegten Monatsbudget die neue Marke bekannt gemacht, womit bei Suche nach bestimmten Begriffen die Marke bereits nach wenigen Wochen im Google-Ranking auf den vorderen Plätzen zu finden war. Sechs Monate nach der Präsentation der neuen Site im WWW hatten sich bereits über 40 Hersteller aus ganz Europa zur Vermarktung des neuen Produkts über die Website angemeldet. Täglich kamen Anfragen per Email von Architekten, Bauträgern, Wohnungsbauunternehmen, Kommunen, Baugenossenschaften und privaten Bauherren. Selbstverständlich wurden parallel zu diesen Werbemaßnahmen auch die bestehenden Kunden in einem Rundschreiben über das neue Produkt, die neue Marke und über das neue Portal informiert. Der Content wurde und wird weiterhin gepflegt, parallel dazu erfolgte die Einbindung weiterer Features.

Ein Wunsch war seitens des Auftraggebers, dass der Besucher eine Übersichtskarte angezeigt bekommt, die alle Orte mit Herstellern der neuen Marke anzeigen soll (Anhang 23). Mit einem Klick auf die Position des jeweiligen Herstellers sollte kundenfreundlich eine sogenannte Schnellanfrage möglich sein. Basierend auf Google Maps (http://maps.google.de) wurde ein kleines Programm in HTML erstellt, das alle aktuell registrierten Hersteller anzeigt. Der dazu notwendige Code als API-Beispiel ist in Anhang 24 gelistet. Ist eine größere Anzahl an Herstellern zu erwarten, könnten die Herstellerdaten und die dazu passenden Koordinaten in einer eigenen Datenbank bzw. Tabelle abgelegt werden, sodass der Auftraggeber diese Herstellerdatenbank noch einfacher administrieren kann.

Hat der Besucher der Seite den passenden Hersteller gefunden, so kann er ihn anklicken und es öffnet sich ein Fenster, in dem seine wichtigsten Kontaktdaten hinterlegt sind. Es ist mit einem weiteren Klick auf den Link „Schnellanfrage" möglich, direkt eine Email an den Hersteller zu senden. Beim Klick wird die Emailempfängeradresse des gewählten Herstellers bereits automatisch an den lokalen SMTP-Server zur Weiterleitung übergeben.

4.4   Kosten-Nutzen-Vergleich mit und ohne CMS

Bei der Vorauswahl stellt man fest, dass der aktuelle Markt zu wenige sinnvolle Entscheidungshilfen bietet. Auch werden sich klare Standards und Vergleichsmöglichkeiten wohl erst nach der noch nicht abgeschlossenen Konsolidierung des Marktes herauskristallisieren. Doch so lange wollen und können Unternehmen, die erkannt haben, dass ein CMS die Grundlage für eine sinnvolle Präsentation im Web bildet, nicht warten. Hinzu kommt, dass die einzelnen Lösungen auf völlig unterschiedlichen Ansätzen basieren. In der Regel wird man mit Dutzenden von Konzepten und Funktionen konfrontiert, welche entweder gar nicht oder zumindest nur teilweise wirklich relevant für die eigenen Ansprüche sind. Die mangelnde Markttransparenz wird besonders deutlich bei so einfachen Fragen wie nach der Investitionshöhe für ein CMS.

Da die Anbieter kommerzieller Systeme völlig unterschiedliche Berechnungsmodelle zugrunde legen, die selbst für einen Insider schwer zu entschlüsseln sind, ist ein Kosten-Nutzen-Vergleich sehr schwierig. Hinzu kommt, dass zahlreiche Anbieter nicht alleine Content Management Funktionalitäten anbieten, sondern auch viele Zusatzprodukte. In Verbindung mit einer unklaren Kalkulationsgrundlage tendiert die Vergleichbarkeit von CMS-Lösungen deshalb laut CONTENTMANAGER (2009b) gegen Null. Es stellt sich grundsätzlich die Frage nach dem Bedarf für ein Content Management System. STAHLKNECHT und HASENKAMP begründen es damit, dass infolge des schnellen Wachstums des Electronic Business die Lösungen in informationstechnischer Hinsicht nicht immer sinnvoll gestaltet wurden. Häufig wurde zu viel Wert auf Äußerlichkeiten gelegt, aber die Integration in die übrige betriebliche Informationsverarbeitung wurde vernachlässigt. Eine dafür notwendige grundlegende Trennung zwischen den Inhalten und der Präsentation sieht das Content Management System vor.

Nach KOCH (2004, S. 529) resultieren aus der konzeptionellen Trennung von Content, Layout und Funktionalität die Einsatzbedingungen und Vorteile von Web Content Management Systemen. Dazu gehört auch eine dezentrale Eingabe von Informationen durch viele Mitarbeiter, die fachspezifisch ihre Inhalte selbst pflegen. Inhalte können dadurch auch viel schneller online freigeschaltet werden. Dies führt zu einer Verkürzung der Aktualisierungszeiträume, dadurch steigt auch die Aktualität der Inhalte selbst. Dadurch können Inhalte losgelöst von ihrem Erscheinungsbild verwaltet und von den Fachabteilungen mit Inhalten gefüllt und gepflegt werden. Getrennt davon wird die Formatierung der Inhalte für verschiedene Medien wie Internet, Speicherträger oder gedruckte Medien von anderen Fachleuten oder auch nach einer Ersteinrichtung automatisch ausgeführt. Alle Systeme müssen den betriebswirtschaftlichen Nutzen beweisen und möglichst schnell ihren Beitrag zu Effizienz und Integration leisten. Content Management Systeme standen in der Prioritätenliste der CIOs in den letzten Jahren ganz oben. Doch immer wichtiger wird die Frage nach der Wirtschaftlichkeit von Content Management Systemen. Stehen Kosten und Nutzen in einer günstigen Relation? Wie lange dauert es, bis sich ein CMS amortisiert und was sind die maßgeblichen Werttreiber? Welche Einsparpotenziale können Unternehmen durch den Einsatz eines CMS erzielen? Nachfolgend versuche ich, die Kosten zu bestimmen, um ein Resultat dahingehend zu erhalten, ob der Einsatz eines Content Management Systems auch rentabel ist.

KOCH (2004, S. 520 f.) hat in Anlehnung an ZSCHAU (2002, S. 62 f.) in einer Gegenüberstellung (Anhang 25, Tabelle 1) versucht, die Unterschiede zwischen dem Webpublishing mit WCMS im Vergleich zum traditionellen statischen Webpublishing zusammenzutragen. Es können dazwischen natürlich auch alle Varianten vom rein individuell programmierten Webauftritt über fertige Produkte bis hin zu Kombinationen aus diesen Möglichkeiten genutzt werden. Laut

KOCH können aus den Vorteilen und dem strukturierten Aufbau eines WCMS auch die Bedingungen formuliert werden, die den Einsatz eines WCMS rechtfertigen:

> „Neben einer ausreichenden Größe des Webauftritts
> sollte eine relativ hohe Änderungshäufigkeit sowie
> die notwendige Beteiligung mehrerer Autoren gegeben sein."

Sind diese Voraussetzungen erfüllt, so können sich die anfangs höheren Implementierungskosten relativ schnell amortisieren. Der Markt und die aktuelle Wirtschaftsentwicklung in 2009 sorgen für Einsparungen im IT-Umfeld. Der Druck, Kosten zu senken, wird immer größer. Projekte haben derzeit nach meiner Beobachtung und aktueller Erfahrung nur eine Zukunft, wenn sie möglichst schnell rentabel sind und dies auch nachvollziehbar für die Entscheider belegt werden kann. Jede Investition wird mehrfach geprüft, ob sie notwendig und sinnvoll ist. Viele Projekte werden derzeit verschoben, auf „Eis gelegt" oder ohne gewohntes Engagement „noch schnell" durchgezogen. Kaufkriterien wie „Nice to have" oder „der Marktbegleiter hat es auch" sind Vergangenheit. Content Management Systeme haben jedoch das notwendige Potenzial, nach meist höheren Ersteinrichtungskosten relativ schnell für Kosteneinsparungen zu sorgen. Dazu gibt der RoI (Return on Investment) grundsätzlich an, ob sich die Investition in ein CMS finanziell positiv auswirkt. Der RoI würde sich bei einem CMS laut Abbildung 1 in Anhang 26 berechnen. Neben den Kosten wird auch der Nutzen betrachtet, sodass sich im günstigsten Falle eine Konstellation nach Abbildung 2 in Anhang 26 ergibt. Im Zeitpunkt x (siehe Zeitachse) liegt der Nutzen (N) eines Content Management Systems bereits deutlich über den bis dahin angefallenen Kosten (K) trotz erhöhter Anfangsinvestitionen (AI). Neben den Anfangsinvestitionen, auch Initialisierungskosten genannt, müssen natürlich auch die nachfolgenden laufenden Kosten genauer in die Gesamtbetrachtung miteinbezogen werden. Die Investition eines HTML-Editors, auch als kostenlose Software zu bekommen, steht in keinem Verhältnis zu einer CMS-Lösung, auch wenn es sich um Open Source handelt.

Die Vorteile einer CMS-Lösung wurden aber ausführlich in den vorhergehenden Kapiteln diskutiert. Anbei seien rahmenhaft die Initialisierungskosten aufgeführt:

- Kosten für die Suche und die Bewertung nach einer passenden Content Management Lösung
- Personeller und materieller Aufwand für etwaige Testinstallation
- Kauf eines ausgesuchten CMS, soweit kein Open Source
- Bereitstellung notwendiger Infrastruktur, Hardware und Tools
- Einführung des ausgesuchten Systems im Haus oder durch Dritte
- Integration in den betrieblichen Workflow
- Einführungskosten wie Mitarbeiterschulung

Bei Wahl einer Open-Source-Lösung entfallen die Lizenzkosten. Nach den Initialisierungskosten während der Anwendungs- bzw. Nutzungsphase betrachten wir die laufenden Kosten, auch Betriebskosten, genannt. Diese können, nachfolgend rahmenhaft aufgeführt, sein:

- Kostenaufwand aller Personen, die sich mit dem Einbringen und Aktualisieren von Content und dem dahinterstehenden Workflow beschäftigen
- Aufwand für Updates und Upgrades, auch aus Sicherheitsgründen notwendig
- etwaige monatliche Mehrkosten für die Unterhaltung eines CMS

Um nun die Kostenstrukturen mit und ohne CMS in Zahlen fassen zu können, habe ich die Berechnungen am Projektbeispiel des Kunden durchgeführt. Aus Erfahrungswerten und Angaben der Kunden sieht eine Kostenstruktur ohne CMS laut den Angaben in den Tabellen 1 und 2 in Anhang 27 aus. Der Einfachheit halber können die Voraussetzungen der Hardware und der Infrastruktur seitens des Webservers vernachlässigt werden, da grundsätzlich beide Systeme, mit oder ohne CMS, nahezu identische Anforderungen haben. Ebenso kann die Anschaffung verschiedener Tools auf der Clientseite wie Hardware, Software, FTP-Programm oder Grafikbearbeitungsprogramme ebenso außer Acht gelassen werden, da auch diese in beiden Betrachtungen identisch sind.

Kostenansatz ohne Content Management System

Nach der Entscheidung, eine neue Website zu erstellen, die laufend mit aktuellen Informationen versorgt werden muss, sind ausgehend von fünf Autoren bzw. Redakteuren, die unter anderem mit der Contentpflege beschäftigt sind, Ausgaben gemäß Anhang 27 notwendig.

Damit entfallen 18 % der Gesamtkosten auf die Initialisierungskosten und 82 % auf die Folge- bzw. Betriebskosten über eine Laufzeit von drei Jahren.

Kostenansatz mit Content Management System

Gemäß Erfahrungswerten und eigenen Arbeitsberichten sieht eine Kostenstruktur mit CMS, in diesem Fall basierend auf das Open-Source-CMS Joomla!, dagegen gemäß Anhang 28 aus. Der zeitliche Aufwand mittels eines CMS für eine Textänderung oder Textneuanlage nach der Einrichtung eines CMS beträgt nach eigener Recherche und Zeitnahme für vergleichbare Texte mit gleicher Anzahl an Grafiken nur knapp 60 % der Zeit, die für eine Änderung mittels HTML-Editor aufgewendet werden muss. Dies ist auch darin begründet, dass die „Rüstzeiten" bei einem CMS nach der Ersteinrichtung nahezu gänzlich entfallen. Weitere Schritte, wie zum Beispiel ein FTP-Upload, sind nicht mehr notwendig. Damit ergibt sich bei Einsatz eines CMS die Berechnung gemäß der Tabellen 1 und 2 in Anhang 28.

Damit entfallen 7 % der Gesamtkosten auf die Initialisierungskosten und 93 % auf die Folge- bzw. Betriebskosten über eine Laufzeit von drei Jahren bei Nutzung eines CMS. Wir erhalten damit im direkten Vergleich folgende Kosten über eine Laufzeit von drei Jahren:

Gesamtkosten netto in EURO   **ohne**   CMS: 56.492,--

Gesamtkosten netto in EURO   **mit**   CMS: 32.927,--

Aufgrund der Entwicklung im Bereich Internet kann bei einer Website, die laufend aktuell gehalten wird, von einer durchschnittlichen
Nutzungsdauer von drei Jahren ausgegangen werden. Damit errech-
net sich eine Ersparnis von insgesamt 23.565,-- EURO über eine
betrachtete Laufzeit von drei Jahren. Rein rechnerisch entspricht das
einer prozentualen Ersparnis von knapp 42 %. In der Literatur gibt es
dazu keine Zahlen. Ein einzig gefundener Kostenvergleich im Internet von herkömmlichen Webpublishing und Content Management
System (KARTCHNER, 1998) kommt auf einen ähnlichen Wert von
„fast 50 %". Somit bringt die Integration eines Content Management
Systems durch eine effiziente Nutzung von Ressourcen wirtschaftli-
che Vorteile. Digitale Assets tragen je nach Entwicklungsphase einen
entscheidenden Beitrag zur betrieblichen Wertschöpfung bei. Informationen werden effizient innerhalb eines Unternehmens bereitgestellt. Das Content Management System sorgt für eine grundlegende
Infrastruktur zur Steuerung von logischen, durch Software gesteuerte, Prozesse, die so einen Mehrwert für das Unternehmen darstellen.
Im Zusammenwirken von Mensch, Aufgabe und Technik unterstützt
die CMS-Technik den Menschen dabei, seine Aufgaben bezüglich
optimierter Websiteerstellung effizienter und effektiver zu gestalten.
Ein hervorragender Designer eines Grafikstudios muss zwangsläufig
kein guter Webdesigner sein, aber er kann das Grundgerüst für die
Vorlagen erstellen. Ein Techniker, der ein CMS installieren und warten kann, sollte nicht für Grafiken und Inhalte verantwortlich sein.
Und der Redakteur, sinnvollerweise der fachliche Experte, kann sich
allein auf die Inhalte konzentrieren. Damit wird jeder Beteiligte
durch die Technik eines CMS bei seinen Aufgaben optimal unterstützt. Eine längst überfällige Trennung, die mit klassischem HTML
bis dato nicht zu bewerkstelligen war. Durch ein CMS werden per-
sonelle, organisatorische und technische Komponenten und Anforderungen hervorragend vereinigt (Anhang 29, Abbildung 1). Die Inputs
aus den drei Bereichen sind grundsätzlich voneinander unabhängig,
führen aber gemeinsam zum Ziel Website. Technische Fachkräfte
installieren das System, falls man diesen Bereich an Dritte vergeben
hat, muss man sich auch um Backups und Updates keine Gedanken
machen. Auch Designer sind nur optional notwendig. Grundsätzlich
können vorgefertigte Templates verwendet werden. Bei Bedarf können Designer das CI festlegen oder ein gewünschtes Template zur

Verfügung stellen. Auch diese Tätigkeit ist bei Bedarf meist nur einmalig notwendig. Unabhängig davon kann sich der Redakteur gänzlich auf die Verwaltung und das Erstellen von Content konzentrieren.

Einfach erklärt hat man durch den Einsatz eines CMS enorme Vorteile, vor allem bezüglich der Schnelligkeit, die Informationen zu einem neuen Produkt im Rahmen eines Internetprojekts möglichst rasch einer breiten Masse zur Verfügung zu stellen. Im übertragenen Sinne bedeutet das: Man muss das Rad nicht neu erfinden, braucht sich mit dem Zusammenbau des fahrbaren Untersatzes nicht auseinandersetzen, sondern man setzt sich einfach drauf und fährt. Natürlich hat ein CMS auch seine Grenzen. Wenn ein Unternehmen ein CMS einführt, so geht man in der Regel davon aus, dass sich neue Potenziale und Chancen ergeben. Bei der Entscheidung für ein CMS sollte aber immer hinterfragt werden, was davon wirklich genutzt werden kann und ob eventuell auch Risiken damit verbunden sind. Wird durch ein CMS nur eine weitere Insellösung realisiert, sind damit neue Probleme verbunden. Die bisherige Betrachtung hat ergeben, dass grundsätzlich bei einer Einführung eines CMS wie auch bei anderen IT-Systemen keine sofortige Minderung von Ausgaben monetärer Art gegeben ist. CMS schaffen aber die Grundlage für das erfolgreiche Management von sämtlichen Content. Automatisierungsfunktionen mit Übernahme von Routineaufgaben helfen letztendlich dabei, Kosten zu sparen.

Eine Schwachstelle bleibt in jedem Fall bestehen. Unabhängig davon, ob es sich um klassische HTML-Erstellung oder um die Erstellung von Websites unter Zuhilfenahme von CM-Systemen handelt, die Websites müssen dauerhaft aktuell gehalten werden. Nichts ist kontraproduktiver als der Verbleib von veralteten Informationen auf der Website eines Unternehmens, das vom Verkauf seiner Produkte lebt. Das „Projekt neue Website" darf in keinem Fall mit der Veröffentlichung im WWW enden. Strukturierte und aufwendig gestaltete Sites bringen nur Erfolg, wenn dem Besucher immer ein aktueller und interessanter Inhalt mit sehr guter Geschwindigkeit zur Verfügung gestellt wird. Es bleibt damit auch immer die Aufgabe des Menschen, für die notwendige Aktualität zu sorgen.

5.　　Aktuelle Entwicklungen

Wie bereits angeführt, fand bei den Herstellern von Content Management Systemen in den letzten Jahren eine Marktbereinigung statt. Auch hat der Markt mit Zurückhaltungen aufgrund der allgemeinen wirtschaftlichen Lage zu kämpfen. Die Entwicklungen gehen aber weiter und die Automatisierungspotenziale der Bewirtschaftung von Inhalten eines CMS sind nahezu ausgeschöpft, aber nach NIX (2005, S. 81ff.) werden die Entwicklungen in folgenden Bereichen weiter zunehmen:

- Die bisherige Weborientierung wird zugunsten der Unterstützung aller Informationskanäle, also aller Übertragungsmedien zum Austausch von Informationen zwischen Sender und Empfänger, zunehmen.
- Zur Ausschöpfung der Wiederverwendungssynergien werden explizite Unterstützungsmechanismen angeboten.
- Die Automation von Reaktionen auf Inhalte bzw. Änderungen an den Inhalten über intelligente Agenten wird ebenfalls einen zentralen Trend darstellen.
- Content Management und Portalkomponenten werden weiter zusammenwachsen.

Abschließend ist nach NIX der gesamte Content Life Cycle erst dann geschlossen und damit der Beitrag zur Wertschöpfungskette sichergestellt, wenn der adressaten- und benutzerspezifisch strukturierte und aufbereitete Content auch adressaten- und benutzerspezifisch bereitgestellt wird. Hier werden die Anforderungen an die derzeitigen CMS deutlich zunehmen.

Kritisch zu betrachten ist wie bei anderen Open-Source-Systemen auch im CMS-Umfeld, dass durch eine große Anzahl von Beteiligten die Entwicklungen relativ schnell vorangehen. Leider entsteht aus manchem Open-Source-Projekt in kürzester Zeit nur eine Sammlung von unzähligen Features, sodass der Überblick schnell verloren geht. Schnell wird bei der Umsetzung des Projekts deutlich, dass im Open-Source-Umfeld nicht die Installation eines CMS den Großteil der Zeit für sich benötigt, sondern mehr die Suche nach passenden Erweiterungen, wie einem Template oder bestimmten Modulen oder

© Springer Fachmedien Wiesbaden GmbH, ein Teil von Springer Nature 2009
S. Spörrer, *Content Management Systeme*, Edition KWV,
https://doi.org/10.1007/978-3-658-24351-7_5

Plugins. Niemand koordiniert die Entwicklung, eine Konzeption findet lediglich bezüglich des Kerns des Systems statt. Und bereits dieser ist eher ausgelegt auf maximale Flexibilität als auf konkrete Ziele. Erschwerend kommt dazu, dass sich alle Programmierer an zahlreiche Vorgaben orientieren sollen, sodass durch das gewählte Datenbankdesign und vielen weiteren Grundentscheidungen elementare Vorgaben für die Weiterentwicklung gemacht werden. Die große Mehrzahl der beteiligten Personen sind Programmierer, die dem ganzen Projekt in der Regel eine starke technische Ausrichtung geben, ohne notwendige Betrachtung der Usability. Nicht zuletzt deshalb lassen sich die besseren Systeme oft nur schwer bedienen. Ab einer gewissen Größe werden Open-Source- Projekte sogar unflexibler als große kommerzielle Projekte. Denn eine lose Entwicklergemeinde lässt sich nur sehr schwer vollständig in neue Richtungen lenken (CYRUS 2009).

In der Content Studie 2008 "Erfolgsorientierung von Onlineredaktionen" (Quelle: axea, Content Studie 2008/ 2 – communication. content. consulting/ Contentmanager.de), die Ende März 2009 herausgegeben wurde, werden zusammenfassend folgendes Fazit und Ausblicke gegeben. Auffallend war, dass die Verantwortung für Websites nur von wenigen Mitarbeitern im Unternehmen übernommen wird. Man spricht von einer kleinen Onlineredaktion, wo meist zwischen einem und drei Mitarbeiter die redaktionelle Verantwortung haben. „Online" zu publizieren ist einfacher, denn es werden weniger Ressourcen benötigt als bei einer klassischen Printredaktion. Welche Anzahl von „hauptamtlichen Redakteuren" beschäftigt ist, korreliert nicht unbedingt mit der Unternehmensgröße. Ebenso wenig sei die Produktivität einer Redaktion von der Größe abhängig. Unterstützt werden die hauptamtlichen Redakteure bei Bedarf durch Kollegen im Unternehmen, die fachlich einen bestimmten Bereich betreuen. Der klassische Onlineredakteur hat immer noch viel zu tun mit klassischen Schreib- und Recherchearbeiten über die Website-Pflege bis hin zur Website-Konzeption und kann so als „Contentmanager" bezeichnet werden. Ein Fünftel der Websites wird immer noch von der IT-Abteilung betreut. Hier kann es Probleme zwischen der Technikkompetenz und der Medien- und Kommunikationskompetenz geben.

Ungefähr 75 % aller Befragten halten die Auswertungen von Webstatistiken für wichtig, die meisten nutzen dazu aber nur die auf der Seite des Servers angebotenen Logfiles. Diese Methode ist zwar nicht so genau wie die sogenannte Pixelmethode und kann in den meisten Fällen auch keine Echtzeitdaten liefern. Bei der Pixelmethode ist auf jeder Webseite ein Pixel integriert, sodass tatsächlich jeder einzelne Seitenaufruf gezählt wird. Bei der Verwendung von Logdateien kann es vorkommen, dass Seitenaufrufe, die sich bereits im Zwischenspeicher befinden, nicht mehr mitgezählt werden. Die Teilnehmer, die keine Auswertungen durchführen, halten diese Möglichkeit auch für nicht wichtig genug. Meist fehlt es hier aber wiederum an qualifiziertem Personal oder an den Ressourcen, denn auch Webstatistiken müssen gelesen werden. Bezüglich der Benutzerfreundlichkeit des CMS wurde festgestellt, dass auch die Usability einer Website analysiert werden sollte. Nur die Hälfte der Befragten führen Analysen durch, da viele Befragte das Thema Usability nur in Zusammenhang mit einer Neueinführung für wichtig erachten. Nach dem Ergebnis der Studie werden viele Befragte die Websites umgehend relaunchen.

6.   Zusammenfassung

Es konnten Überschneidungen der betrachteten Systeme festgestellt werden. Hatten Content Management Systeme am Anfang der Entwicklung noch mehr Überschneidungen mit verwandten Informationssystemen, so werden sie sich zunehmend davon abgrenzen und so an Bedeutung und Eigenständigkeit gewinnen. CM-Systeme werden in Zukunft bei Bedarf durch DM-Systeme oder KM-Systeme ergänzt werden können und umgekehrt.

Vermehrt werden Unternehmen Content Management Systeme nutzen. Unternehmen erkennen, dass sich der Einsatz von Content Management Systemen positiv auswirkt und Inhalte zeitnah publiziert werden können. Der Umfang und die Qualität der Inhalte können signifikant erhöht werden. Durch ein optimiertes Informationsmanagement können Kosten gespart werden, indem Arbeiten am Content von technischen Fachkräften auf die inhaltlich betroffenen Mitarbeiter übertragen werden. Die Ansprüche an eine Einfachheit der Bedienung unter dem Begriff „Usability" werden weiter steigen. Die zunehmende Komplexität von Contents fordert neue Strategien, Techniken und Verwaltungsprozesse im Unternehmen. Moderne CMS verfügen mittlerweile über Automatismen, um Fehler im Content erkennen zu können. Freigaberoutinen kontrollieren automatisch den Content, Texte als auch Bilder. Prozesse und deren Workflows werden zukünftig mit der Hilfe von grafischen Tools einfacher abzubilden sein. Die Suchmechanismen werden, ganz allgemein in Informationssystemen, verfeinert werden. Ein wichtiger Schritt wird sein, dass bei der Suche nach exakten Begriffen auch systemtechnisch eine Suche nach Synonymen erfolgen wird, um die Trefferquote der Suche signifikant zu erhöhen.

Effiziente Sicherheitsmechanismen auf Workflowbasis, eine Qualitätskontrolle mit Fehlererkennung und -behebung sowie das direkte Zusammenarbeiten von Contentspezialisten und Systemprogrammierern gehören zu den Anforderungen an eine moderne CMS-Architektur. Migrationen zwischen den Systemen, Plattformen und Providern werden vereinfacht werden.

© Springer Fachmedien Wiesbaden GmbH, ein Teil von Springer Nature 2009
S. Spörrer, *Content Management Systeme*, Edition KWV,
https://doi.org/10.1007/978-3-658-24351-7_6

Ein weiteres Ziel wird sein, dass zukünftige Benutzer von Portalen und CM-Systemen bereits bei der Anmeldung den passenden Content geliefert bekommen. Die Systeme werden dabei „intelligenter" werden, sodass sie durch die Sammlung von Nutzerdaten (Profiling) nach der Anmeldung und Authentifizierung des Benutzers durch einen automatischen Datenvergleich (Matchmaking) dem Anwender den passenden Content (Channeling) zur Verfügung stellen.

Nach schnellem Wachstum des Marktes seit dem Jahr 2001 befindet sich dieser in einer Konsolidierungsphase, die bis dato noch nicht abgeschlossen ist. Standardprodukte wurden mit grundsätzlichen Funktionen ausgestattet. Aufgrund der steigenden Zurückhaltung der Unternehmensinvestitionen wurden zunehmend Open-Source-Produkte nachgefragt. Diese Systeme waren nie sogenannte Nischenprodukte. Dies war der zunehmenden Verbreitung förderlich, sodass die Open-Source-Produkte wie in keinem anderen Bereich des Informationsmanagements zu einer starken und wachsenden Konkurrenz gegenüber den kommerziellen Produkten wurden.

AXEA beschreibt in einer aktuellen Studie (Quelle: communication. content. consulting/ Contentmanager.de, Content Studie 2008/ 2) die Aussichten wie folgt. Bezüglich des Contents ist ein Wandel zu beobachten. Multimediale Inhalte nehmen stark zu. Die Verwendung von Videos steigerte sich im Vergleich zur letzten Erhebung um fast 10 %. Dies hängt auch mit der bereits beschriebenen Verbesserung der Geschwindigkeiten in der Infrastruktur im WWW zusammen. Interaktive Formate sorgen zudem für rege Besuche der Websites. Die sogenannten Web-2.0-Inhalte nehmen immer mehr an Bedeutung zu. Das mittlerweile beliebteste interaktive Format ist Weblog. Web-2.0-Inhalte seien wichtig für die Unternehmenskommunikation. Ein Grund für die besondere Akzeptanz im Intranet wird durch einen geschlossenen und vertrauenswürdigen Personenkreis angegeben. Man legt Wert darauf, mit den Usern zu kommunizieren und die Vermittlung von Wissen auf einer Website zu optimieren. Die Studie zeigt außerdem, dass die Ende 2008 beginnende Finanzkrise die Onlineredaktionen noch nicht erreicht hat. Die Ausgaben in diesem Bereich bleiben gleich und wurden bis dato noch nicht gekürzt, da die Präsenz im Internet mittlerweile zum Muss geworden ist. Internet- und Intranet-Anwendungen sind wichtige Instrumente für Marketing und interne Geschäftsprozesse. Auch in Zeiten besonderer Belastung sollte ein finanzieller Engpass allein kein Grund dafür sein, auf die Vorteile eines WCMS zu verzichten. Zudem besteht mit dem Einsatz von Open-Source-Lösungen die Möglichkeit, die Lizenzkosten einzusparen. Es muss deshalb auch nicht auf den teilweise notwendigen Support verzichtet werden, da sowohl Benutzergruppen, Foren als auch Hersteller vorbildliche Unterstützung zur Verfügung stellen können. Als wichtiger Faktor kommt hinzu, dass eine bestehende IT-Struktur nicht angepasst werden muss, da die Lösungen meist plattformunabhängig eingesetzt und durch den offenen Quellcode bei Bedarf auch angepasst werden können.

Klassische Auftritte werden vermehrt durch CMS-Lösungen ersetzt. Bestehende CMS-Sites offenbaren in der Praxis Optimierungspotenziale. Konzeptionelle Verbesserungsvorschläge, vor allem seitens der Fachanwender, wird man umsetzen. Neben CMS-Lösungen werden auch in der Zukunft klassisch aufgebaute Sites ihre Berechtigung haben. Auch die Kombination aus beidem wird nach wie vor gefragt sein, um individuelle Wünsche flexibel zu realisieren.

Literatur- und Quellenverzeichnis

ABTS, D., MÜLDER, W., (2002)

Grundkurs Wirtschaftsinformatik, 4. Auflage, Braunschweig/ Wiesbaden.

ADIWIDJAJA, A. (2008)

Websites beflügeln, Erste Schritte mit dem Content Management System SilverStripe, c't Magazin für Computertechnik, Heft 1 vom 22. 12. 2008, S. 168 - 171, Hannover.

AIROTHERM (2009)

Die Marke für die innovative Wärmedämmung mittels Luftpolster im Holzfensterrahmen, CMS-Internetpräsenz, basierend auf Joomla, http://www.airotherm.org, zuletzt besucht am 07. 03. 2009.

AMELINGMEYER, J. (2002)

Wissensmanagement: Analyse und Gestaltung der Wissenbasis von Unternehmen, Wiesbaden.

BODROW, W., BERGMANN, P. (2003)

Wissensbewertung in Unternehmen: Bilanzieren von intellektuellem Kapital, Berlin.

BOIKO, B. (2005)

Content Management Bible, 2. Auflage, Wiley Publishing, Indianapolis.

BULLINGER, H-J., WÖRNER, K. UND PRIETO, J. (1998)

Wissensmanagement – Modelle und Strategien für die Praxis. In: Bürgel, H. D. (Hrsg.), Wissensmanagement: Schritte zum intelligenten Unternehmen, Berlin, S. 21 – 40.

© Springer Fachmedien Wiesbaden GmbH, ein Teil von Springer Nature 2009
S. Spörrer, *Content Management Systeme*, Edition KWV,
https://doi.org/10.1007/978-3-658-24351-7

CHRIST, O. (2003)

Content-Management in der Praxis, Erfolgreicher Aufbau und Betrieb unternehmensweiter Portale, Business Engineering, Hrsg. Baumöl, U., Österle, H. und Winter, R., Berlin, Heidelberg.

CONTENTMANAGER (2009A)

Das Content Management Portal, Feig & Partner, Verlag für Onlinemagazine, Leipzig,

http://www.contentmanager.de/itguide/marktuebersicht.html, zuletzt besucht am 15. 03. 2009.

CONTENTMANAGER (2009B)

Das Content Management Portal, Feig & Partner, Verlag für Onlinemagazine, Leipzig, Sandra Anton, http://www.contentmanager.de/magazin/artikel_39_die_sieb en_todsuenden_der_cms-implementierung.html, zuletzt besucht am 28. 03. 2009.

CORSTEN, H. (1993)

Lexikon der Betriebswirtschaftslehre, Corsten, H. (Hrsg.), 2. Auflage, München, Wien; Oldenburg.

CYRUS (2009)

CMS Grundlagen, CMS Entwicklung,

http://www.cyres.de/cms-grundlagen/cms-wahl/cms-entwicklung.htm, zuletzt besucht am 25. 03. 2009.

DENIC (2009)

Domainentwicklung, DENIC, Domain Verwaltungs- und Betriebsgesellschaft eG, Frankfurt am Main, http://www.denic.de, Domainzähler, zuletzt besucht am 30. 09. 2009.

DESTATIS (2008)

Pressemitteilung Nr. 258 des Statistischen BundesAMT Destatis vom 17. 07. 2008, http://www.destatis.de/jetspeed/ portal/cms/Sites/destatis/Internet/DE/Presse/pm/2008/07/ PD08__258__227,templateId=renderPrint.psml , zuletzt besucht am 21. 03. 2009.

EINFINGER, M. (2002)

Web Content Management – Effizientes Management von Websites durch Content Management Systeme, München.

FRITSCH, W. (2002)

Content-Management: Alle Informationen in einem System? Information Week, Ausgabe 16/17, 2002; zuletzt besucht am 13. 04. 2009, http:// www.informationweek.de/index.php3? /channels/channel03/021724.htm

FUCHS, D. (2007)

Web Content Management Systeme, Evaluation anhand eines Praxisbeispiels, Saarbrücken.

GLANTSCHNIG, P. (2004)

Innovative Content Management Systeme im Betrachtungsfeld von Java 2 Enterprise Edition, Graz, zuletzt besucht am 11. 06. 2009, http://www.iicm. tugraz.at/Teaching/theses/ 2004/_idb2c_/pglantschnig/html/da_inh.htm

GRAF, H. (2008)

Joomla! 1.5 – Websites organisieren und gestalten mit dem Open-Source-CMS, München.

GÜLDENBERG, S. (2001)

Wissensmanagement und Wissenscontrolling in lernenden Organisationen - ein systemorientierter Ansatz, Wiesbaden.

HANSEN, H.R. (1997)

Wirtschaftsinformatik I, Grundlagen betrieblicher Informationsverarbeitung, 7. Auflage, Stuttgart.

HEIN, A. (2009A)

Content Management: Gestern, heute und morgen, Beitrag in contentmanager.de, Verlag für Onlinemagazine, Leipzig, http://www.contentmanager.de/magazin/ artikel_1977_content_ management.html, zuletzt besucht am 16. 03. 2009.

KAMPFFMEYER, U. (2003)

Enterprise und Web Content Management: Ansätze und Tools für das effiziente Erschließen und Bereitstellen von Unternehmensinhalten; Wissensmanagement, Ausgabe 6, 2003, zuletzt besucht am 13. 06. 2009, http://www.wissensmanagement.net/cgi-bin/archiv.cgi?url=2003_06_ 006.pdf

KAMPFFMEYER, U. (2006)

Whitepaper zum Eröffnungsvortrag von Ulrich Kampffmeyer „Enterprise Content Management" am 19. 09. 2006 auf der DMS EXPO 2006 der Kölnmesse GmbH, zuletzt besucht am 19. 06. 2009, http://www.project-consult.net/files/ECM_White%20Paper_kff_2006.pdf

KARTCHNER, C. (1998)

Content Management Systems: Getting from Concept to Reality, in JEP, the journal of electronic publishing, zuletzt besucht am 18. 06. 2009, http://quod.lib.umich.edu/cgi/t/text/text-idx?c=jep;view=text;rgn= main; idno=3336451.0003.408

KLINGELHÖLLER, H. (2001)

Dokumentenmanagementsysteme, Handbuch zur Einführung, Berlin-Heidelberg.

KNAPPE, K. (2003)

Content Management Systeme – Ein Überblick zur Content Verwaltung sowie zum aktuellen Marktumfeld, München.

KOCH, M. (2004)

Open-Source als Applikation: Content-Management-Systeme in Kommunal- und Regionalportalen, Cottbus, http://www.aoemedia.de/fileadmin/ pdf/oss_studie_koch_ger.pdf, zuletzt besucht am 21. 06. 2009.

KOOP, H. J., JÄCKEL, K. K., OFFERN, A. L. V., FEDTKE, S. (2001)
Erfolgsfaktor Content Management – Vom Web Content bis zum Knowledge Management, Wiesbaden.

KRANTZ, P. (2007)

Evaluation of WYSIWYG editors (2007), http://www.standards-schmandards.com/2007/wysiwyg-editor-test-2/, zuletzt besucht am 10. 03. 2009.

MANHART, K. (2002)

Content-Management-Systeme, Website im Griff mit CMS, http://www.tecchannel.de/webtechnik/entwicklung/401946/cms/, zuletzt besucht am 01. 07. 2009.

MERTENS, P. (1997)

Lexikon der Wirtschaftsinformatik, 3. Aufl. – Berlin, Heidelberg, New York.

NIX, M., ET. AL. (2005)

Web Content Management – CMS verstehen und auswählen, Frankfurt.

NOHR, H. (2000)
Content Management – Die Einführung von Content Management-Systemen, Arbeitspapiere Wissensmanagement, Nr. 11/2000, www.iuk.hdm-stuttgart.de/nohr/KM/KmAP/ContentManagement.pdf, letzter Download am 12. 03. 2009.

NOHR, H. (2007)
Evaluation of WYSIWYG editors, http://www.iuk.hdm-stuttgart.de/ nohr/KM/KmAP/ContentManagement.pdf/, letzter Download am 11. 03. 2009.

OBERSCHULTE, H. (1996)
Organisationale Intelligenz – ein Vorschlag zur Konzeptdifferenzierung. In: Schreyögg, G. und Conrad, P. (Hrsg.): Managementforschung 6, Wissensmanagement, 1996, S. 41 – 82.

ÖSTERLE, H. (1995)
Business Engineering: Prozess- und Systementwicklung, 2. Aufl., Berlin.

ÖSTERLE, H. (2003)
Geleitwort als Hrsg. in: Christ, O. (2003).

PRECHT, M., MEIER, N. UND TREMEL, D. (2006)
EDV-Grundwissen – Eine Einführung in Theorie und Praxis der modernen EDV, 7. Auflage, München.

PROBST, G., RAUB, S. UND ROMHARDT, K. (2006)
Wissen managen – Wie Unternehmen ihre wertvollste Ressource nutzen, 5. Auflage, Wiesbaden.

REHÄUSER, J. UND KRCMAR, H. (1996)
Wissensmanagement in Unternehmen, In: Schreyögg, G. und

Conrad, P. (Hrsg.): Managementforschung 6, Wissensmanagement, Berlin.

RIEMPP, G. (2004)

Integrierte Wissensmanagement-Systeme: Architektur und praktische Anwendungen, Berlin.

ROTHFUSS, G. UND RIED, G. (2001)

Content Management mit XML, Berlin.

SCHÄFGEN, S. (2008)

Ein Content Management System für KMU, Die Schritte bei der Entwicklung eines CMS für kleine und mittlere Unternehmen, Saarbrücken.

SCHÄFGEN, S. (2002)

Evaluation ausgewählter Web Content Management Systeme (WCMS), Studienarbeit, Institut für Softwaretechnik, Fachbereich Informatik, Universität Koblenz-Landau, Abteilung Koblenz.

SCHILLER (2009)

Historie der Fa. Holz Schiller GmbH, http://www.holz-schiller.de/index.php?p=unternehmen &s=profi&l=DE, zuletzt besucht am 15. 03. 2009.

SCHÜPPEL, J. (1996)

Wissensmanagement: organisatorisches Lernen im Spannungsfeld von Wissens- und Lernbarrieren, Wiesbaden, http://www.artm-friends.at/am/km/basics/defwm-d.html, zuletzt besucht am 20. 06. 2009.

SCHUSTER, E. UND WILHELM, S. (2000A)

Content Management Systeme, Hrsg. Bullinger, H. J., Fraunhofer IAO, Verlagsgruppe Handelsblatt, Düsseldorf.

SCHUSTER, E. UND WILHELM, S. (2000B)
    CONTENT MANAGEMENT, IN: INFORMATIK SPEKTRUM,
    HRSG. BODE, A., DEZ. 2000, S. 373 – 375.

STAHLKNECHT, P. UND HASENKAMP, U. (2002)
    Einführung in die Wirtschaftsinformatik, 10. Auflage, Berlin.

TORBECK, M. UND WÜST, T. (2006)
    Typo3 Version 4, Professionelle Webauftritte, Düsseldorf.

WEINSTEIN, A. (2000)
    Content Management. In: Internet Professionell, Juli 2000, S.
    38 – 43.

WERRES, T. (2005)
    CMS – Potenziale und Grenzen von Typo3, München.

WIKIPEDIA (2009)
    http://de.wikipedia.org/wiki/Content-Management-System,
    zuletzt besucht am 01. 06. 2009.

WILKE, H. (1998)
    Systematisches   Wissensmanagement,   Stuttgart,
    http://www.artm-friends.at/am/km/basics/defwm-d.html, zu-
    letzt besucht am 20. 06. 2009.

ZEIT ONLINE (2009)
    EU lockert Wettbewerbsregeln für Internet-Anbieter, Ham-
    burg, http://www.zeit.de/online/2009/13/schnelles-internet-
    wettbewerbsregeln, zuletzt besucht am 21. 03. 2009.

ZSCHAU, O. (2000)

> Der Content Life Cycle,
> http://www.contentmanager.de/magazin/ artikel_
> 5_der_content _ life_cycle.html, zuletzt besucht am 01.06.
> 2009.

ZSCHAU, O., TRAUB, D. UND ZAHRRADKA, R. (2002)

> Websites professionell planen und betreiben, 2. und überar-
> beitete und erweiterte Auflage, Bonn.

Anhang 1: Teilbereiche von Content

Teilbereiche	Beschreibung	Format
Inhalt	Daten, Texte und Dateien jeglicher Art, „Content"	Nicht codierte und codierte Daten, in Dateien oder Datenbanktabellen als Basisdaten abgelegt
Layout	Schablone, „Template"	Textbasierte Vorlagen mit Formatierungen, Gestaltungs- und Designelemente
Struktur	Unterteilung des Inhalts	Kapitel, Untertitel und Absätze, Querverweise, auch Links genannt

Abbildung 1: Teilbereiche von Content

© Springer Fachmedien Wiesbaden GmbH, ein Teil von Springer Nature 2009
S. Spörrer, *Content Management Systeme*, Edition KWV,
https://doi.org/10.1007/978-3-658-24351-7

Anhang 2:   ECM-Hauptkomponenten und 5-Komponenten-Modell des ECM

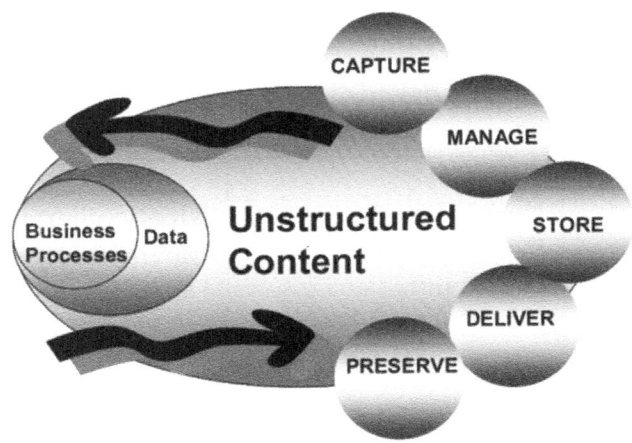

Abbildung 1: Integration von Informationen, Quelle: http://www.project-consult.net/files/ECM_White%20Paper_kff_2006.pdf, S. 3

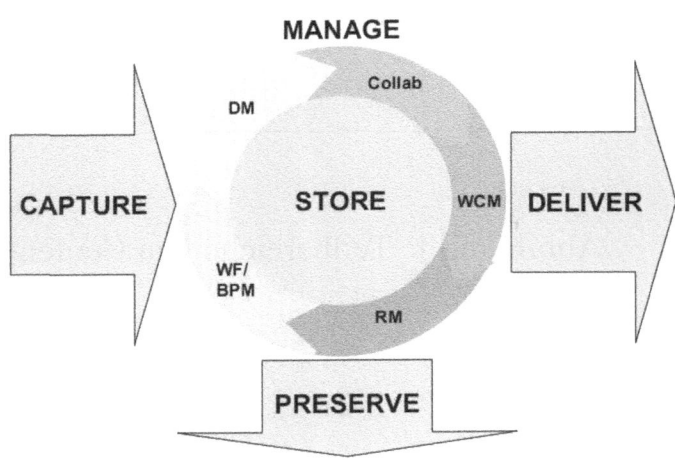

Abbildung 2: Das 5-Komponenten-Modell von ECM. Quelle: http://www.project-consult.net/files/ECM_White%20Paper_kff_2006.pdf, S. 15

Anhang 3: Unterschiede und Abgrenzungen KMS / DMS / CMS

Abgrenzungskriterium	KMS	DMS	CMS
Aktivität des Autors	sehr hoch	unbedeutend	hoch
Archivierung	sinnvolles Backup	verbindliche Archivierung	nur Backup
Aussenwirkung	unbedeutend	unbedeutend	sehr hoch
Beschreibung	Ansatz oder Konzept	Software- und Hardwaresystem	Software
Datenkonsistenz	wichtig	sehr wichtig	weniger wichtig
Eingabeform	manuell, Fachwissen erforderlich	manuell oder automatisch	manuell, einfach
Erweiterbarkeit bzgl. Funktionen	nicht nötig	nicht nötig	einfach möglich durch Module
Halbwertszeit der Informationen	sehr hoch	hoch	gering
Informationstiefe	sehr hoch	durchschnittlich	gering
Inhalte	Spezialwissen	innerbetr. Dokumente, digitales Inventar	allgemeine Informationen
Inhaltsform	Texte	Dokumente	multimedial
Kooperatives Arbeiten	begrenzt	nein	ja
Mindestaufbewahrungsdauer	ja, unternehmenskritisch	ja, verbindlich	nein, aber sinnvoll
Passivität des Nutzers	gering	sehr hoch	normal
Prinzip der Einfachheit	nein	ja, hoch	ja
Redaktion notwendig	nicht zwingend notwendig	nein	zwingend notwendig
Ressource unternehmenskritisch	ja, sehr	ja	nein
Retrieval	ja	ja, hoch	nein
Schwerpunkt	Sammeln von Wissen	Ablage von Inhalten	Verwaltung von Inhalten
Sinn und Zweck	wissensvermittelnd	informativ (Nachweispflicht)	informativ
Speicherplatzanforderung	mittel	sehr hoch	gering
Technischen Einstiegshürden	gering	vorhanden	nicht vorhanden
Trennung Inhalt/Layout/Struktur	nein	nein	ja
Unternehmensziele	gewinnbringend Wissen und Kenntnisse für Problemlösungen einsetzen Optimale Bereitstellung von Wissen	Muß, gesetzliche Pflicht Papierloses Büro Eindämmung Informationsflut	Management von komplexen Informationen (Erstellen, Bearbeiten, Verwalten, Überwachen, Veröffentlichen und Archivieren)
Workflowintegration	nein	begrenzt	ja
Zielpublikum	Intranet, Extranet, organisationsweit	Intranet, meist abteilungsintern	Internet, weltweit, breite Masse
Zugriff auf Inhalte	stark begrenzt	begrenzt	unbegrenzt

Tabelle 1: Unterschiede und Abgrenzungen KMS / DMS / CMS

Anhang 4:   Web Content Management System
Trennung von Inhalt und Layout

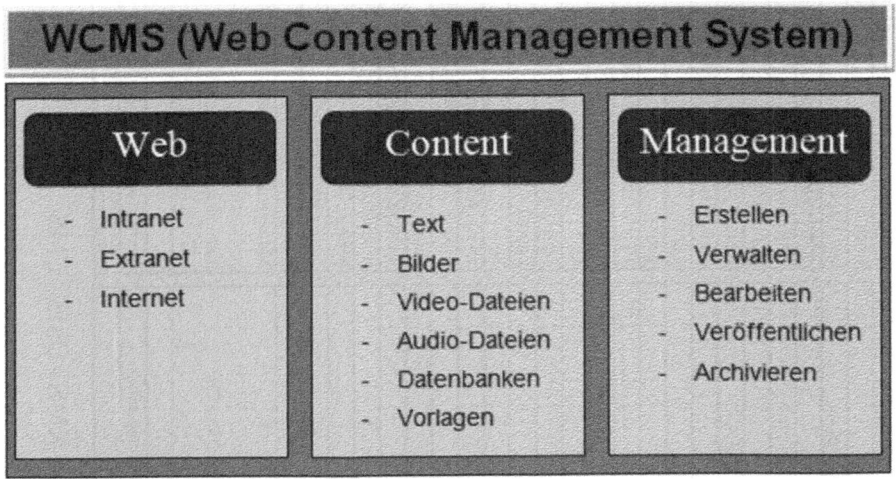

Abbildung 1: Web Content Management System

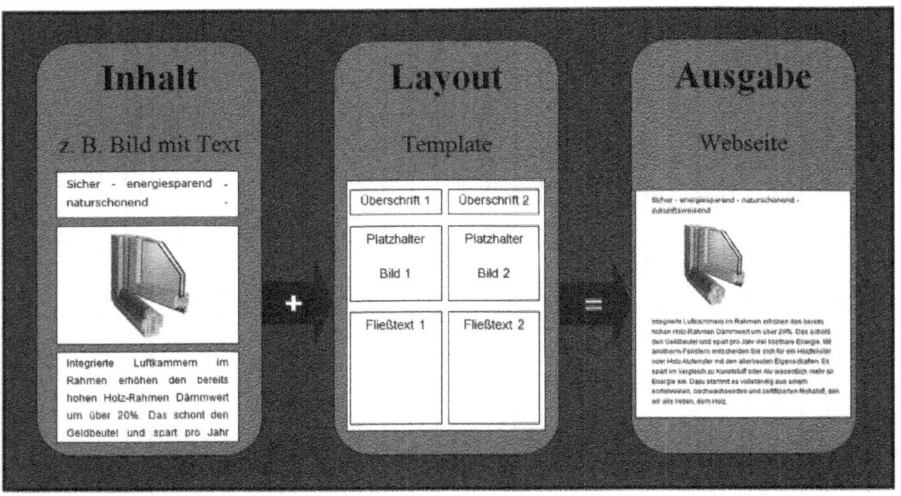

Abbildung 2: Trennung von Inhalt und Layout

Anhang 5: Typische Portalarchitektur

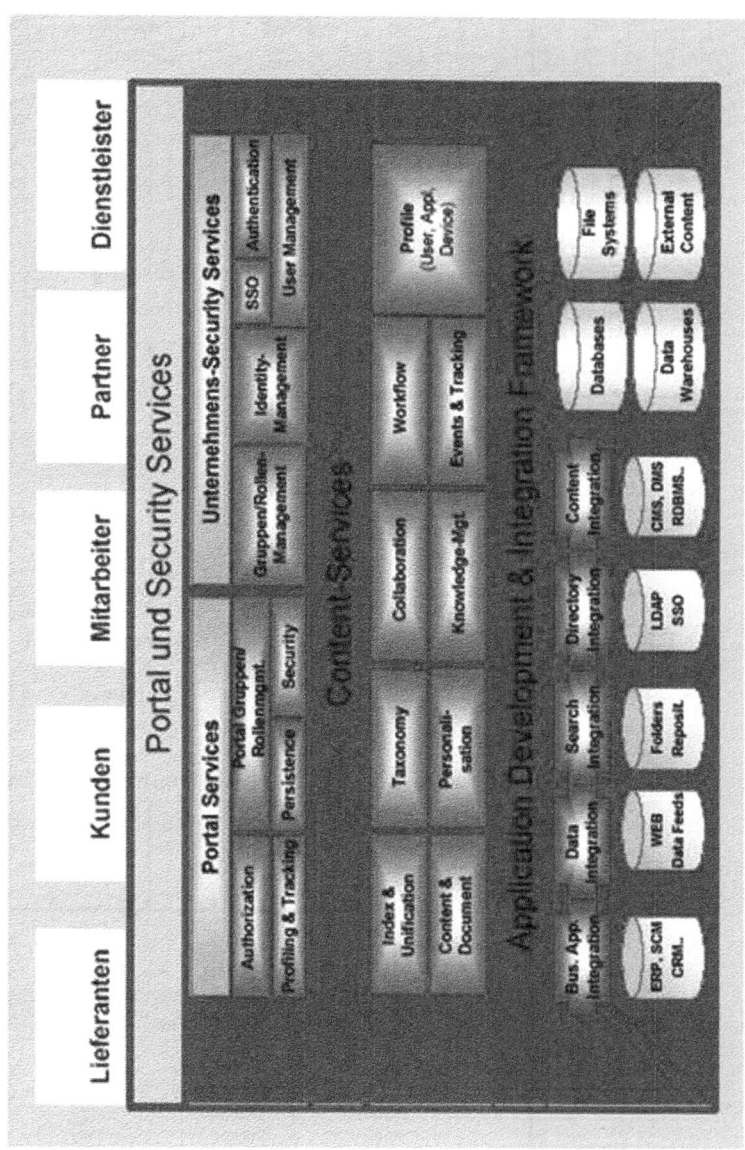

Abbildung 1: Typische Portalarchitektur
Quelle: http://www.ecin.de/strategie/unternehmensportale/, zuletzt
besucht am 16.06.2009

Anhang 6: Architektur mit KMS, DMS und CMS

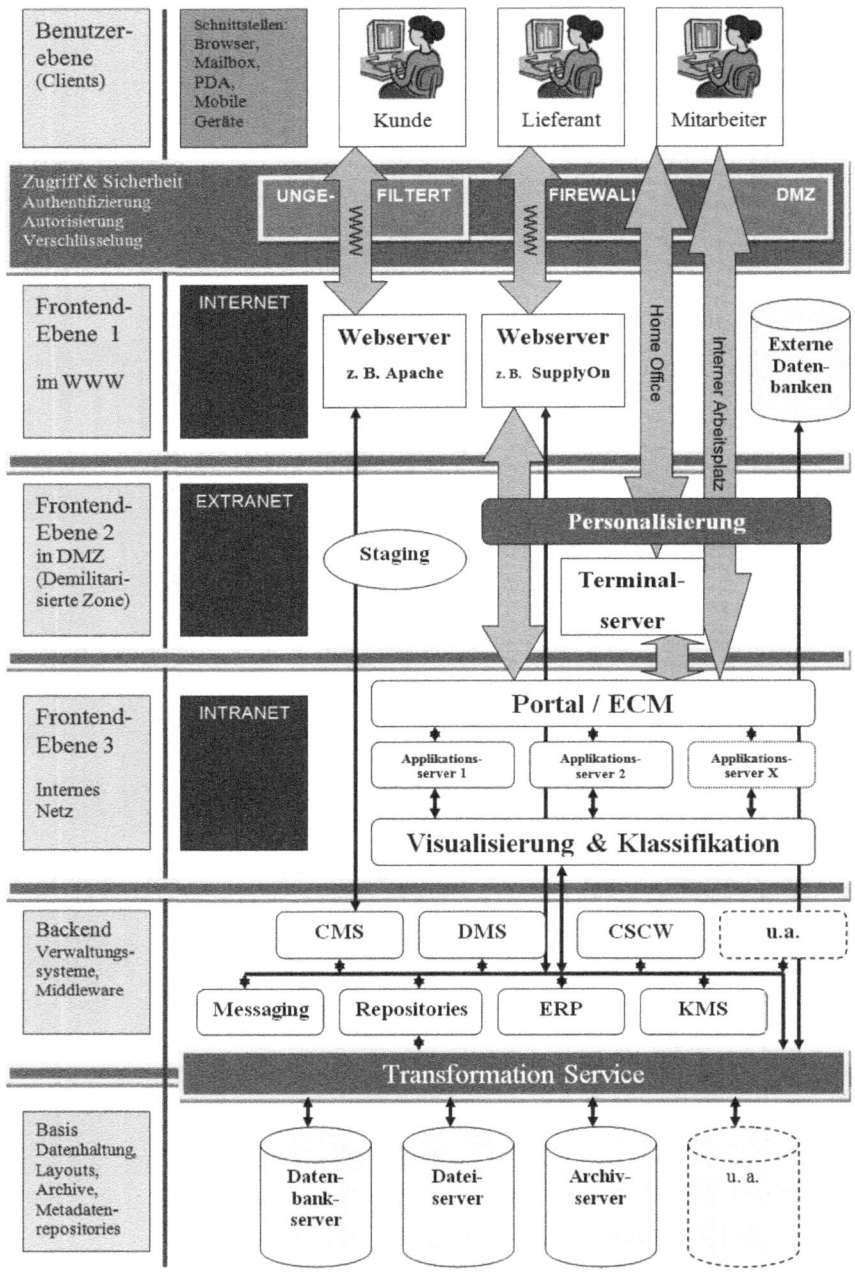

Abbildung 1: Beispiel einer Architektur mit diversen IT-Systemen

Anhang 7: Frontend und Backend eines CMS

Abbildung 1: Beispiel eines CMS-Frontend, Kundenprojekt,
http://www.airotherm.org/, zuletzt besucht am 20. 06. 2009.

Abbildung 2: Beispiel eines CMS-Backend in Joomla!,
Kundenprojekt,
zuletzt besucht am 20. 06. 2009.

Anhang 8: Verwaltung der Inhalte und der dazugehörigen Metainformationen über eine zentrale Datenbank

Tabelle	Aktion						Einträge	Typ	Kollation	Größe	Überhang
jos_banner						×	8	MyISAM	utf8_general_ci	5,3 KiB	24 Bytes
jos_bannerclient						×	1	MyISAM	utf8_general_ci	2,1 KiB	-
jos_bannertrack						×	0	MyISAM	utf8_general_ci	1,0 KiB	-
jos_categories						×	23	MyISAM	utf8_general_ci	6,9 KiB	
jos_components						×	38	MyISAM	utf8_general_ci	8,1 KiB	136 Bytes
jos_contact_details						×	1	MyISAM	utf8_general_ci	3,7 KiB	
jos_content						×	102	MyISAM	utf8_general_ci	367,8 KiB	204 Bytes
jos_content_frontpage						×	6	MyISAM	utf8_general_ci	2,1 KiB	-
jos_content_rating						×	0	MyISAM	utf8_general_ci	1,0 KiB	-
jos_core_acl_aro						×	10	MyISAM	utf8_general_ci	6,3 KiB	
jos_core_acl_aro_groups						×	11	MyISAM	utf8_general_ci	4,5 KiB	-
jos_core_acl_aro_map						×	0	MyISAM	utf8_general_ci	1,0 KiB	-
jos_core_acl_aro_sections						×	1	MyISAM	utf8_general_ci	6,0 KiB	-
jos_core_acl_groups_aro_map						×	10	MyISAM	utf8_general_ci	4,2 KiB	-
jos_core_log_items						×	0	MyISAM	utf8_general_ci	1,0 KiB	-
jos_core_log_searches						×	0	MyISAM	utf8_general_ci	1,0 KiB	-
jos_groups						×	3	MyISAM	utf8_general_ci	2,1 KiB	-
jos_jp_dbtf						×	0	MyISAM	utf8_general_ci	1,0 KiB	-
jos_jp_def						×	0	MyISAM	utf8_general_ci	1,0 KiB	-
jos_jp_extradb						×	0	MyISAM	utf8_general_ci	1,0 KiB	-
jos_jp_packvars						×	2	MyISAM	utf8_general_ci	492,6 KiB	488,1 KiB
jos_jp_sff						×	0	MyISAM	utf8_general_ci	1,0 KiB	-
jos_menu						×	75	MyISAM	utf8_general_ci	38,1 KiB	24 Bytes
jos_menu_types						×	6	MyISAM	utf8_general_ci	3,4 KiB	-
jos_messages						×	0	MyISAM	utf8_general_ci	1,0 KiB	-
jos_messages_cfg						×	0	MyISAM	utf8_general_ci	1,0 KiB	-
jos_migration_backlinks						×	0	MyISAM	utf8_general_ci	1,0 KiB	-
jos_modules						×	46	MyISAM	utf8_general_ci	14,2 KiB	192 Bytes
jos_modules_menu						×	34	MyISAM	utf8_general_ci	2,3 KiB	-
jos_newsfeeds						×	8	MyISAM	utf8_general_ci	5,1 KiB	-
jos_plugins						×	37	MyISAM	utf8_general_ci	9,0 KiB	-
jos_polls						×	1	MyISAM	utf8_general_ci	2,1 KiB	-
jos_poll_data						×	12	MyISAM	utf8_general_ci	3,3 KiB	-
jos_poll_date						×	11	MyISAM	utf8_general_ci	3,3 KiB	-
jos_poll_menu						×	0	MyISAM	utf8_general_ci	1,0 KiB	-
jos_sections						×	3	MyISAM	utf8_general_ci	3,4 KiB	28 Bytes
jos_session						×	1	MyISAM	utf8_general_ci	339,3 KiB	328,4 KiB
jos_stats_agents						×	0	MyISAM	utf8_general_ci	1,0 KiB	-
jos_templates_menu						×	2	MyISAM	utf8_general_ci	5,1 KiB	-
jos_users						×	10	MyISAM	utf8_general_ci	14,1 KiB	-
jos_weblinks						×	6	MyISAM	utf8_general_ci	3,8 KiB	-
41 Tabellen	Gesamt						468	MyISAM	utf8_general_ci	1,3 MiB	817,1 KiB

Abbildung 1: Beispiel einer zentralen Datenbank mit Tabellen, hier am Beispiel einer Joomla!-CMS-Installation, http://www.airotherm.org

Anhang 9: Contentbearbeitung, Benutzerverwaltung und Rechtevergabe

Abbildung 1: Contentbearbeitung, Kundenprojekt,
http://www.airotherm.org/

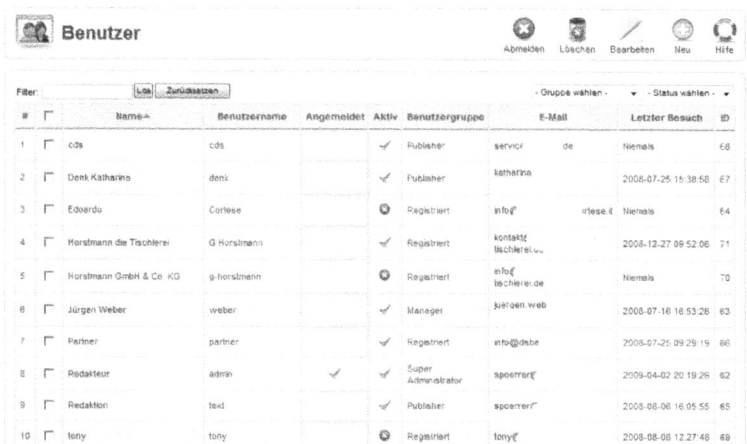

Abbildung 2: Benutzerverwaltung und Rechtevergabe,
Kundenprojekt, Joomla! CMS

126

Anhang 10: Webpublishing ohne CMS

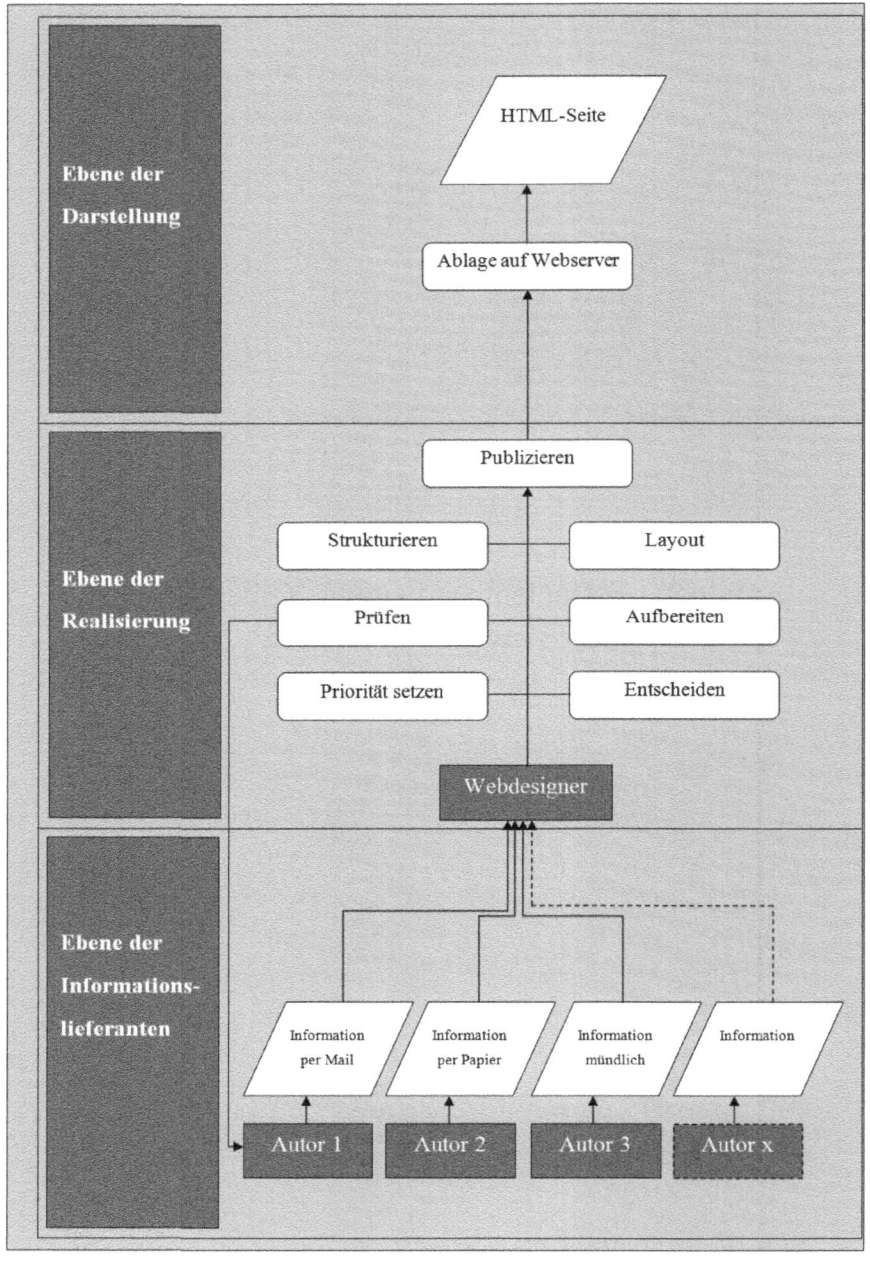

Abbildung 1: Webpublishing ohne CMS

Anhang 11: Webpublishing mit CMS

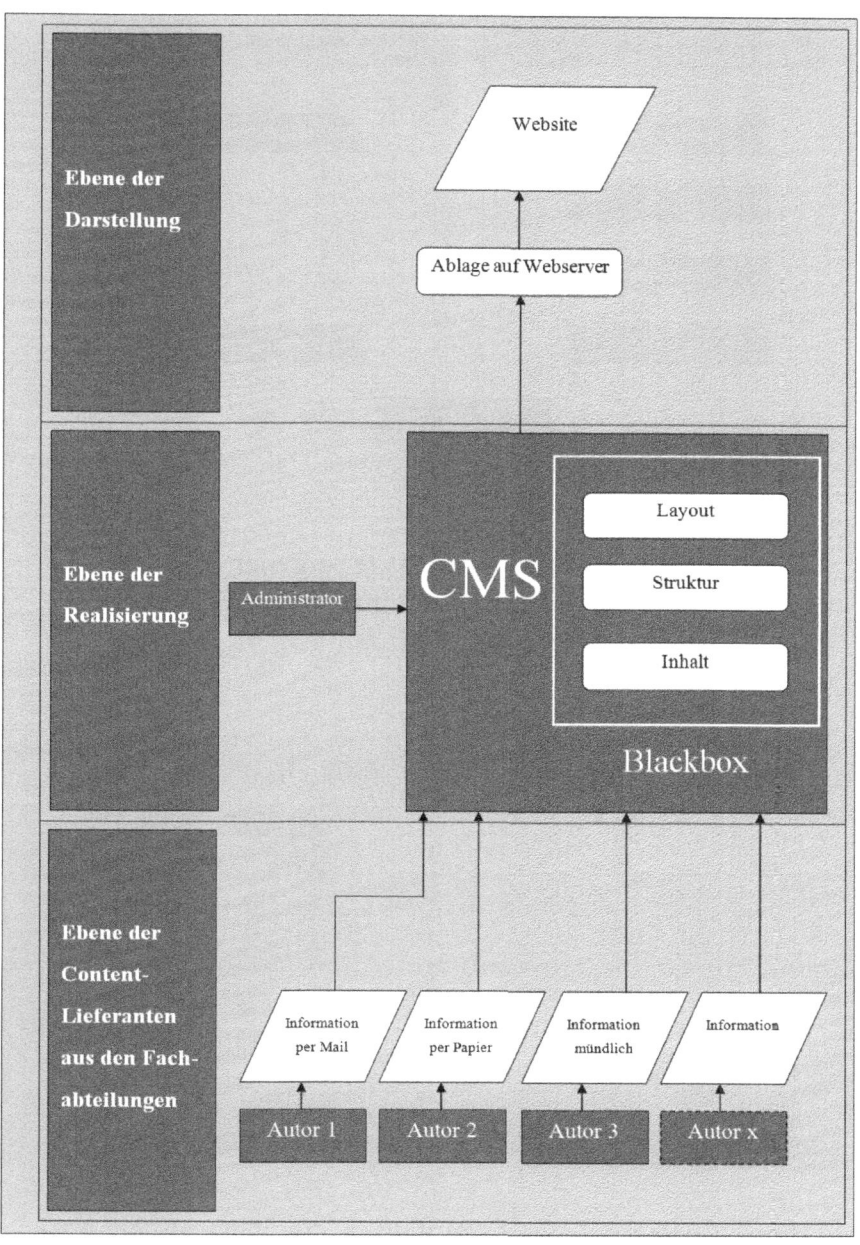

Abbildung 1: Webpublishing mit CMS

Anhang 12: Content Life Cycle / Beispiel für eine Basisarchitektur

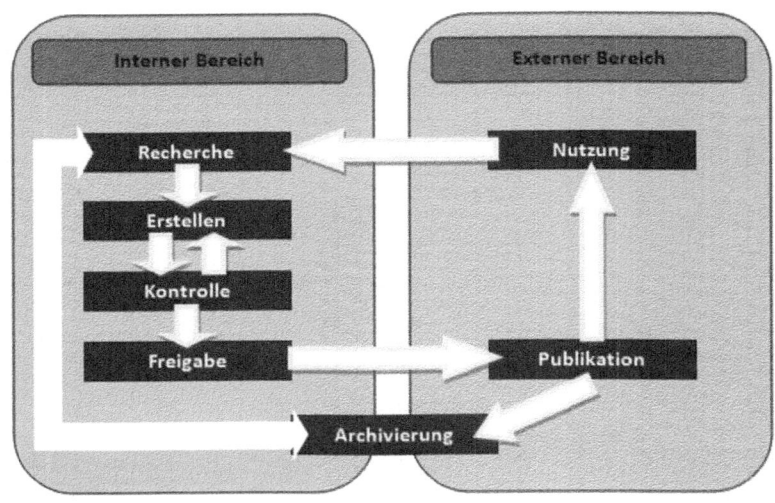

Abbildung 1: Content Life Cycle, eigener Entwurf angelehnt an WEINSTEIN 2000 und SCHÄFGEN 2002

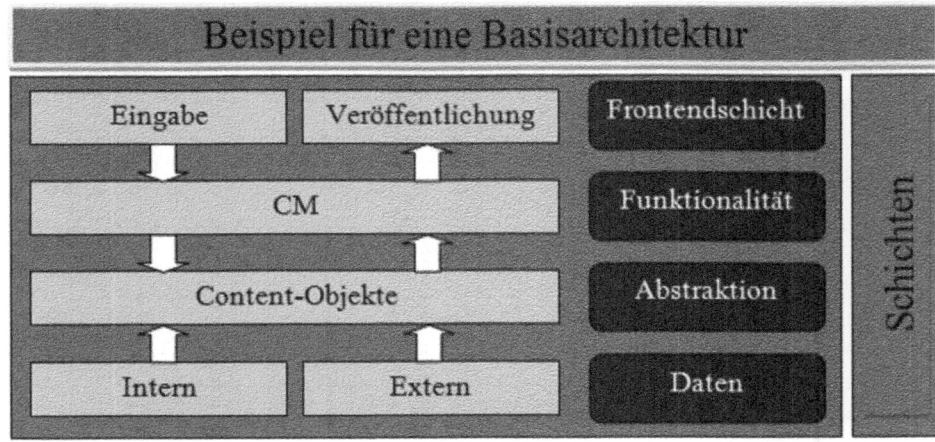

Abbildung 2: Beispiel Basisarchitektur, eigener Entwurf nach GLANTSCHNIG (2004)

Anhang 13: Komponenten eines CMS / Arten von CMS (Klassifizierung)

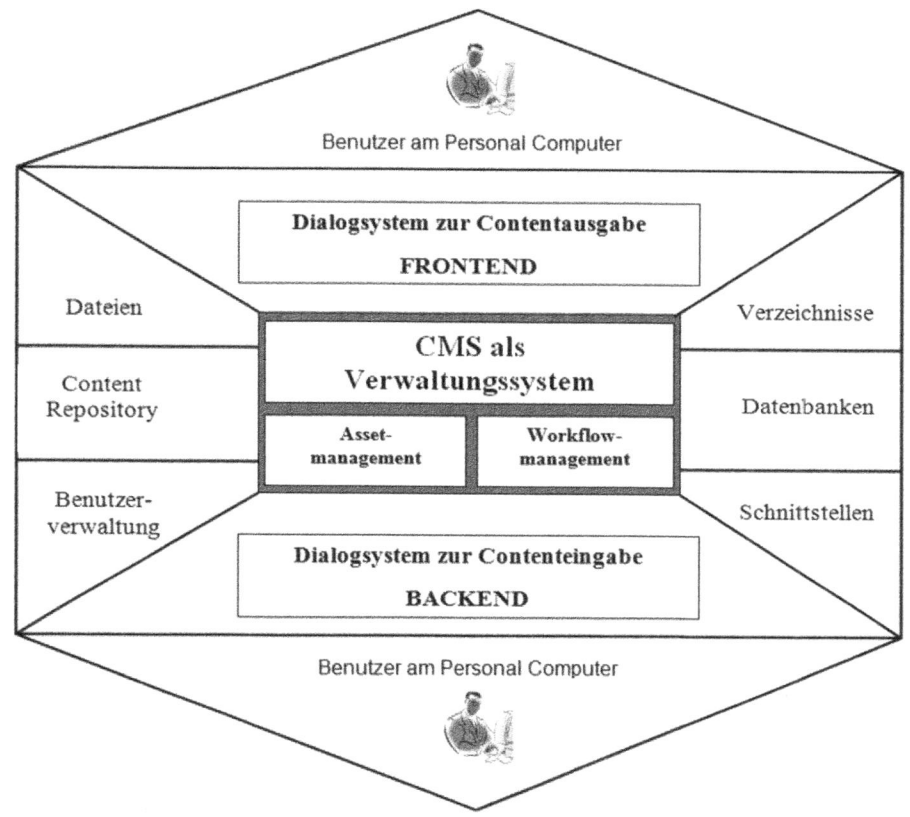

Abbildung 1: Komponenten eines CMS

Abbildung 2: Arten von CMS nach Klassifizierung von Koch (2004)

Anhang 14: Content Management System – Frontend auf mobilen Endgeräten

Abbildung 1: CMS, angepasst an mobile Endgeräte,
hier Screenshot von einem Apple iPhone, angezeigte Seiten zuletzt
besucht am 9.10.2009

Anhang 15: Objektorientierter Ansatz eines CMS

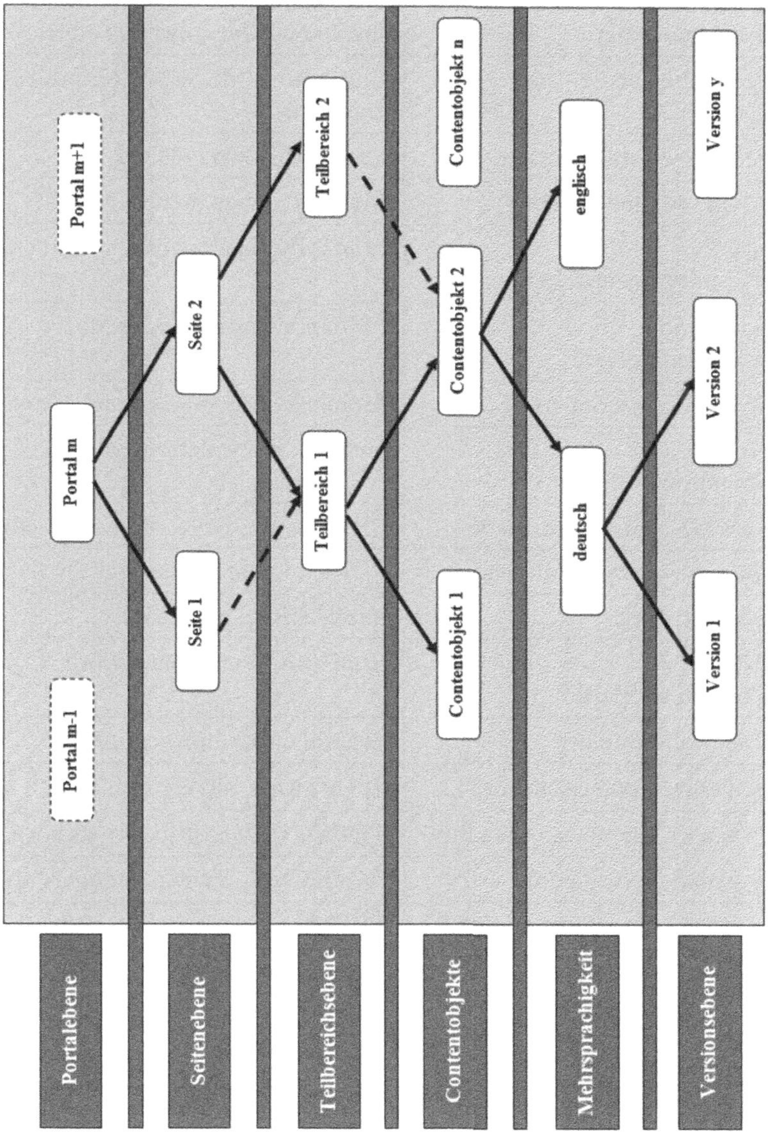

Abbildung 1: Objektorientierter Ansatz eines CMS, eigener Entwurf, angelehnt an das „content XXL Objektmodell" der ContentXXL International GmbH, Quelle: http://www.contentxxl.de/DesktopDefault.aspx/tabid-475/681_read-3040/, zuletzt besucht am 11.07.2009

Anhang 16: Weitere aktuell verfügbare CMS

Bcoos, www.bcoos.net	Jaws, www.jaws-project.com
BigAce, www.bigace.de	Limeware CMS, www.limeware-cms.com
BitWeaver, www.bitweaver.org	LoveCMS, lovecms.org
BloofoxCMS, de.bloofox.com	MemHT, www.memht.de
ChiCoMaS, sourceforge.net/projects/chicomas	MiaCMS, miacms.org
CMS Made Simple, www.cmsmadesimple.de	MODx, www.modxcms.de
CMScout, www.cmscout.co.za	Monkey CMS, www.monkeycms.com
ContentNow, www.contentnow.mf4k.de	Netious, www.netious.com
Dragonfly CMS, dragonflycms.de	PHP-Fusion, www.phpfusion-cms.de
eazyPortal, www.eazyportal.com	PHP-Nuke, phpnuke.org
Elxis, www.elxis.org	phpWebSite, phpws.de
Enano CMS, nanocms.org/News:Portal	RunCMS, www.runcms.org
Etomite, www.etomite.org	Seagull, seagullproject.org
Exponent, www.exponentcms.org	SilverStripe, silverstripe.org
ExV2, www.exv2.de/news,index.html	TikiWiki CMS, info.tikiwiki.org
Frog, www.madebyfrog.com	toendaCMS, www.toendacms.org
FuzzyLime, cms.fuzzylime.co.uk	TRIBiQ CMS, tribiq.com
Geeklog, www.geeklog.net	Xaraya, de.xaraya.com
Glorilla, www.glorilla.com	XOOPS, www.myxoops.org
ImpressCMS, www.impresscms.de	YACS, www.yacs.fr
Jasmine CMS, www.jasmineportal.net	Zikula, zikula.de

Tabelle 1: Weitere aktuell verfügbare CMS
aus dem Bereich Open Source mit Angabe der Website

Anhang 17: CMS-Anforderungskatalog allgemein

	Relevanz	Gewichtung	Wertung
Produktname: _____ Beschreibung des Kriteriums	0 = keine 1 = vorhanden	0 = unwichtig 1 = weniger 2 = wichtig 5 = sehr	2. Spalte x 3. Spalte
Analysemöglichkeiten der Website-Besuche			
Arbeiten im Offline-Modus			
Assetmanagement			
Auffindbarkeit in Suchmaschinen			
Ausfallsicherheit			
Backupfunktionen			
Barrierefreiheit			
Benutzer- und rechtebasierte Filterung			
Benutzerfreundlichkeit / Übersichtlichkeit			
Betriebssystem / Webserver			
Browserkompatibilität			
Cachefunktion für dynamisch generierte Seiten			
Content Repository			
Datenbanbbasiertes CMS			
Editor mit WYSIWYG-Funktion			
eMail-Funktion für Massenmails			
Export- & Importfunktionen / Schnittstellen			
Installation / Schwierigkeitsgrad			
Integration bzgl. Vorh. Programme			
Integration Programmiersprachen wie PHP / HTML			
Integration verschiedener Templates			
Integrierte Funktionen zur Bildbearbeitung			
Integrierte Suchfunktion			
Integrierter HTML-Editor			
Integriertes Qualitätsmanagement			
Kosten Customizing			
Kosten Einführung und Schulung			
Kosten Software			
Lastenausgleich			
Laufende Kosten			
Linkkontrolle			
Mandantenfähigkeit			
Mehrsprachigkeit Backend			
Mehrsprachigkeit Frontend			
Modularer Aufbau			
Performance, Reaktionszeit und Ladezeit			
Publizierung zeitgesteuert			
Schnittstellen allg. & zu vorh. Systemen			
Schwierigkeitsgrad Installation			
Skalierbarkeit			
Stellvertreterregelung			
Suchmaschinenunterstützung			
Support für verschiedene Datenbanken			
Support- und Hilfefunktion / visuelles Feedback			
Staging- oder Livesystem			
Systemsicherheit			
Tabelleneditor			
Umfangreiche Medienunterstützung			
WebShop-Anbindung			
Workflow-Management/ -Integration			
XML-Schnittstelle			
Zukunftssicherheit des Systems allgemein			
Zukunftssicherheit und Zuverlässigkeit des Anbieters			
		Summe	
		Platzierung	

Anhang 18: CMS-Anforderungskatalog - beschränkt auf projektbezogene Kriterien - Schema

1. Beschreibung des vorgewählten Kriteriums	2. Gewichtung 0 = unwichtig 1 = weniger wichtig 2 = wichtig 5 = sehr wichtig	3. Wertung (bei Erfüllung Eintrag der Gewichtung, sonst 0)					
		Produkt 1:	Produkt 2:	Produkt 3:	Produkt 4:	Produkt 5:	Produkt 6:
Analysemöglichkeiten der Website-Besuche							
Assetmanagement							
Auffindbarkeit in Suchmaschinen							
Backupfunktionen							
Barrierefreiheit							
Benutzer- und rechtebasierte Filterung							
Benutzerfreundlichkeit / Übersichtlichkeit							
Betriebssystem / Webserver							
Browserkompatibilität							
Cachefunktion für dynamisch generierte Seiten							
Content Repository							
Datenbankbasiertes CMS							
Editor mit WYSIWYG-Funktion							
Integration Programmiersprachen wie PHP / HTML							
Integration verschiedener Templates							
Integrierter HTML-Editor							
Kosten Customizing							
Kosten Einführung und Schulung							
Kosten Software							
Laufende Kosten							
Mehrsprachigkeit Frontend							
Performance, Reaktionszeit und Ladezeit							
Schwierigkeitsgrad Installation							
Skalierbarkeit							
Suchmaschinenunterstützung							
Support- und Hilfefunktion / visuelles Feedback							
Systemsicherheit							
Tabelleneditor							
Umfangreiche Medienunterstützung							
Zukunftssicherheit des Systems allgemein							
	Summe						
	Platzierung						

Anhang 19: CMS-Anforderungskatalog – beschränkt auf projektbez. Kriterien m. Auswertung

1. Beschreibung des vorgewählten Kriteriums
2. Gewichtung
3. Wertung (bei sinnvoller Erfüllung Eintrag der Gewichtung, sonst 0)

Gewichtung: 0 = unwichtig; 1 = weniger wichtig; 2 = wichtig; 5 = sehr wichtig

Kriterium	Gewichtung	Produkt 1: Contenido	Produkt 2: Typo3	Produkt 3: Joomla!	Produkt 4: Drupal	Produkt 5: Mambo	Produkt 6: openEngine
Analysemöglichkeiten der Website-Besuche	1	1	1	0	1	0	0
Assetmanagement	5	5	5	5	5	5	0
Auffindbarkeit in Suchmaschinen	2	0	0	0	0	0	0
Backupfunktionen	5	0	0	5	0	5	0
Barrierefreiheit	2	2	2	2	2	2	2
Benutzer- und rechtebasierte Filterung	2	5	2	5	2	2	2
Benutzerfreundlichkeit / Übersichtlichkeit	5	5	0	5	0	5	5
Betriebssystem / Webserver	5	5	5	0	5	5	5
Browserkompatibilität	2	0	0	0	0	0	0
Cachefunktion für dynamisch generierte Seiten	5	0	0	5	0	0	0
Content Repository	5	5	5	5	5	5	5
Datenbankbasiertes CMS	5	5	5	5	5	5	5
Editor mit WYSIWYG-Funktion	5	5	5	5	5	5	5
Integration Programmiersprachen wie PHP / HTML	5	0	5	2	5	2	0
Integration verschiedener Templates	2	2	2	2	2	2	0
Integrierter HTML-Editor	5	0	5	2	5	5	5
Kosten Customizing	2	0	0	2	0	2	0
Kosten Einführung und Schulung	2	2	0	2	0	2	2
Kosten Software	2	2	2	2	2	2	2
Laufende Kosten	2	2	2	2	2	2	2
Mehrsprachigkeit Frontend	5	5	5	0	5	5	0
Performance, Reaktionszeit und Ladezeit	5	5	0	5	0	0	0
Schwierigkeitsgrad Installation	5	0	0	0	0	5	5
Suchmaschinenunterstützung	2	5	0	0	0	0	0
Support- und Hilfefunktion / visuelles Feedback	2	0	2	2	0	0	2
Systemsicherheit	5	5	0	0	0	0	0
Tabelleneditor	2	0	0	0	0	0	0
Umfangreiche Medienunterstützung	2	2	2	2	2	2	0
Zukunftssicherheit des Systems allgemein	5	5	5	5	0	5	0
Zusätzliche Projektkriterien							
Passend zur Aufgabe	2	2	0	2	2	2	0
Realisierungsdauer	5	5	5	5	5	5	0
Persönlicher Gesamteindruck	5	5	0	5	5	5	0
Summe		79	63	95	65	88	38
Platzierung		3	5	1	4	2	6

136

Anhang 20: Teamzusammenstellung

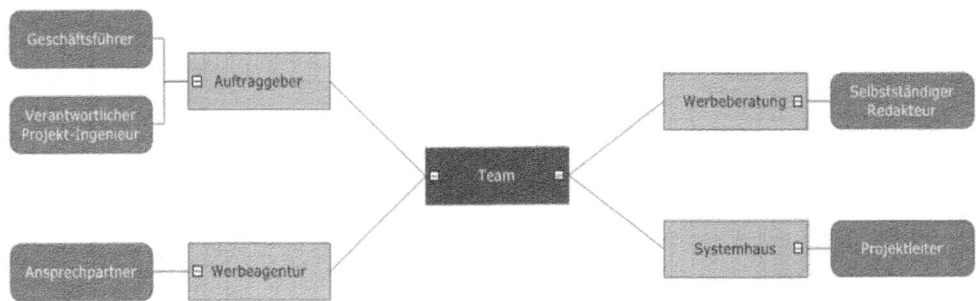

Abbildung 1: Teamzusammenstellung
bei Projektbeginn CMS

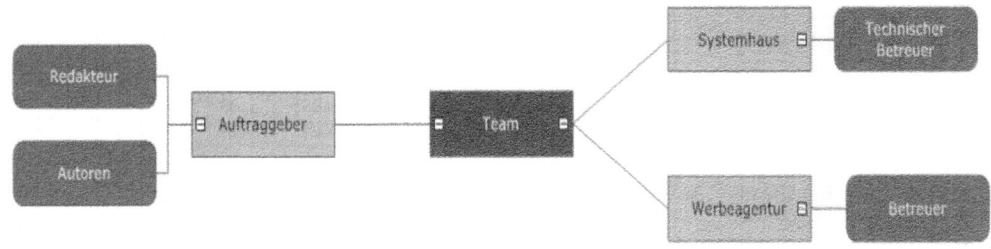

Abbildung 2: Teamänderung
nach Freigabe CMS

Anhang 21: Gantt-Ablaufdiagramm vom Kick Off bis Online-Freigabe

Team / Abkürzungen für Ressourcenangabe:

GL	Geschäftsleitung des Auftraggebers
U	Unternehmen bzw. Fachabteilungen
eWB	Externer Werbeberater
WA	Werbeagentur
SH	Systemhaus, vertr. durch meine Person

Nr.	Aufgabe	Resource	Start	Ende	Dauer in Tagen
1.0	Erste Besprechung & Kick Off	GL, eWB, WA, SH	11.	11.	1
2.0	Parallele Tätigkeiten	GL, eWB, WA, SH			
2.1	Auftrag Inputs an Abteilungen	GL	11.	12.	2
2.2	Texte vorbereiten	eWB	12.	17.	6
2.3	CI und Farben festlegen	WA	12.	13.	2
2.4	Passende CMS suchen	SH	12.	13.	2
2.5	Passende CMS vergleichen	SH	13.	13.	1
2.6	Auswahl CMS treffen	SH	13.	13.	1
3.0	Contents, parallel	U, eWB, WA			
3.1	Contents liefern, Texte	eWB	14.	17.	4
3.2	Contents liefern, Texte	U	14.	18.	5
3.3	Contents liefern, Bilder	WA	15.	18.	4
4.0	CMS	SH			
4.1	CMS installieren	SH	14.	18.	5
4.2	CMS mit Beispielinhalten füllen	SH	14.	18.	5
4.3	CMS mit Contents füllen	SH	14.	18.	5
5.0	Endarbeiten	GL, U, eWB, SH			
5.1	Gegenlesen Texte	U, eWB	19	21	3
5.2	Contents ändern	SH	20.	21.	2
5.3	Freigabe der Contents	GL, eWB	22.	22.	1
5.4	Site online schalten	SH	22.	22.	1
			11.	22.	12

Tag im Monat: 11 12 13 14 15 16 17 18 19 20 21 22

138

Anhang 22: Geplante Struktur des Webauftritts

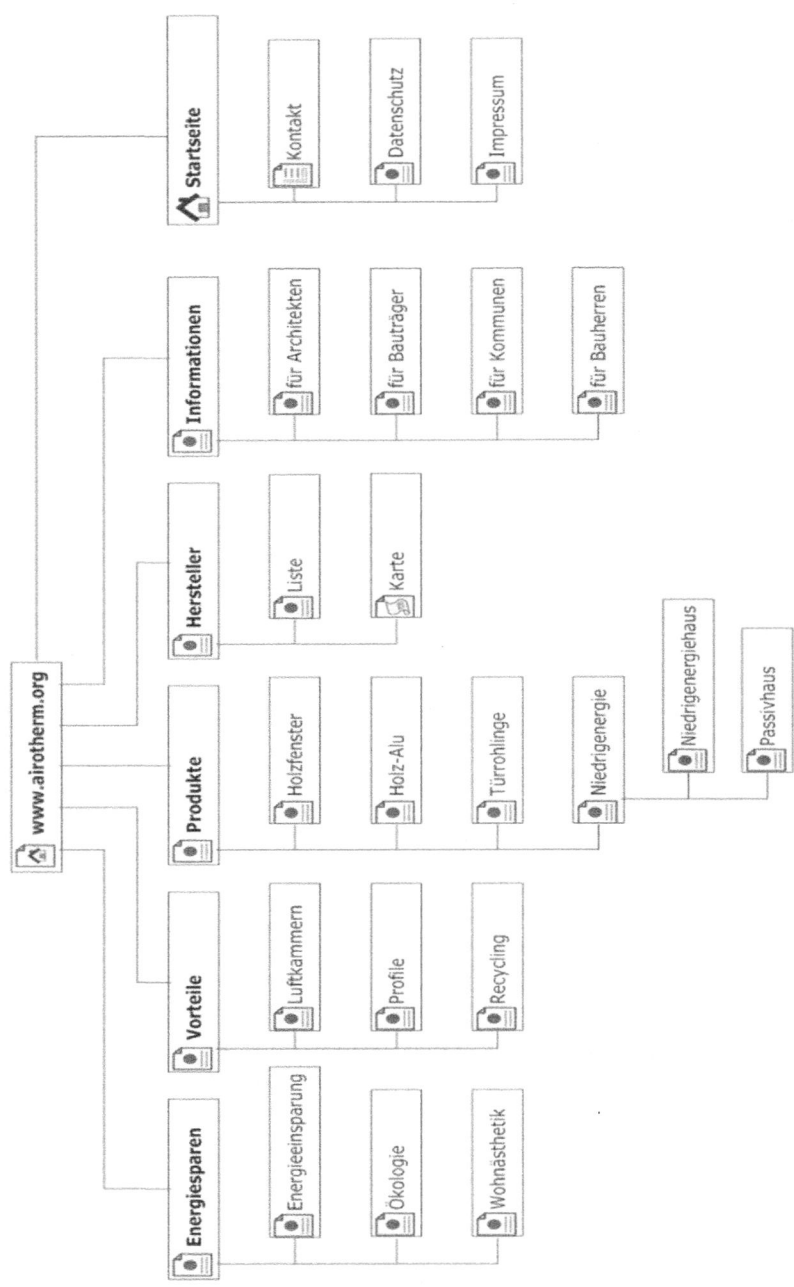

Abbildung 1: Geplante Struktur des Webauftritts

Anhang 23: Beispiel API – hier Google Maps

Übersichtskarte

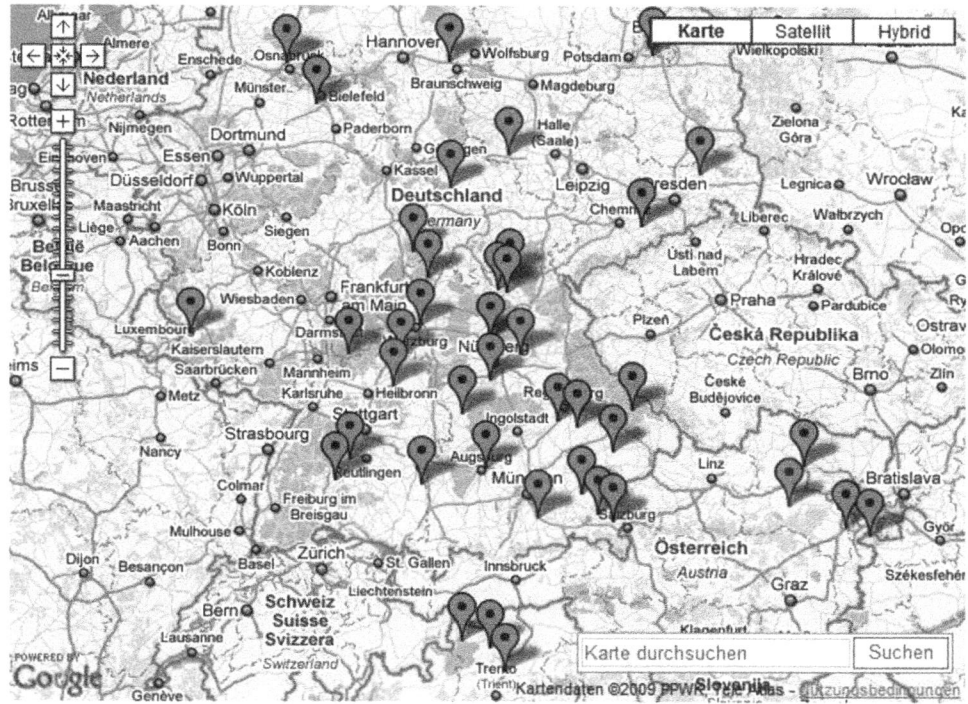

Abbildung 1: Übersichtskarte aller gemeldeten Hersteller, Stand April 2009, Quelle: http://www.airotherm-fenster.de/cms/index.php/hersteller/uebersichtskarte, zuletzt besucht am 20. 4. 2009.

Anhang 24: Einbindung API Google Maps

Beispiel für API:
HTML-Quellcode zum Einbinden API Google Maps
zur Realisierung einer Anzeige mit vielen Standorten:

```
<!DOCTYPE html PUBLIC "-//W3C//DTD XHTML 1.0 Strict//EN"
   "http://www.w3.org/TR/xhtml1/DTD/xhtml1-strict.dtd">
<html xmlns="http://www.w3.org/1999/xhtml"
    xmlns:v="urn:schemas-microsoft-com:vml">
 <head>
  <meta http-equiv="content-type" content="text/html; charset=UTF-8"/>
  <title>Google Maps JavaScript API Example: LocalSearch Control</title>
  <style type="text/css">
   @import url("http://www.google.com/uds/css/gsearch.css");
   @import
url("http://www.google.com/uds/solutions/localsearch/gmlocalsearch.css");
   }   </style>
<script
src="http://maps.google.com/maps?file=api&amp;v=2&amp;key=ABQIAAAAq_
2rV-W35u-X-
3456NIXDAvw1RyUEMBTUMVqZuvuwSEAl9YXD32mPFMkkrJBRAdvsxaop
AA62hTALCmefH_rDsVQ&hl=de"
    type="text/javascript"></script>
  <script src="http://www.google.com/uds/api?file=uds.js&amp;v=1.0"
type="text/javascript"></script>
  <script
src="http://www.google.com/uds/solutions/localsearch/gmlocalsearch.js"
type="text/javascript"></script>
<script type="text/javascript">

        // SpS: Es wird eine neue Markierung erstellt
        function createMarker(point, text1, text2, text3, text4, textmail, text5,
link) {
        var marker = new GMarker(point);
        var link = '<a href="http://www.airotherm-
fenster.de/sofortanfrage/schickweg.php?email='+textmail+'">Hier Sofortanfrage
senden</a>';

        GEvent.addListener(marker, "click", function() {
        marker.openInfoWindowHtml("<b>" + text1 + "<br>" + text2 + "<br>"
+ text3 + "<br>" + text4 + "<br>" + text5 + "<br>" + link + "</b>");
        });   return marker;   }
   function initialize() {
     if (GBrowserIsCompatible()) {
      var newpoints = new Array();
```

```
var map = new GMap2(document.getElementById("map_canvas"));
        // 50 und 9 der Mittelpunkt der Karte Nähe Frankfurt - 6 ist die Grösse des
Anfangsbildes
        // Anfangsbild nun kleiner setzen auf 5 - zu klein - Höhe ist ganz unten auf
der Seite zu setzen
        map.setCenter(new GLatLng(49.56 , 10.98), 5); // Zentrum der Karte
gesetzt
        map.addControl(new GLargeMapControl());
        map.addControl(new GMapTypeControl());
         // bind a search control to the map, suppress result list
        map.addControl(new google.maps.LocalSearch(), new
GControlPosition(G_ANCHOR_BOTTOM_RIGHT, new GSize(10,20)));


// Nun wird die Liste alle Haendler mit Koordinaten angezeigt, anbei einige
Beispiele
        var point0 = new GLatLng(48.974273566962, 13.093600273132324);
        var point1 = new GLatLng(52.403160, 13.379294);
        var point2 = new GLatLng(50.535526, 9.863877);
        var point3 = new GLatLng(48.941135, 10.601412);
        ….
        var point43 = new GLatLng(51.151786, 10.415039);

  // Nun zeigen wir alle relevanten Standorte an
        map.addOverlay(createMarker(point0,"Holz Schiller GmbH","airotherm
Partnernetzwerk","D-94209 Regen","Tel. 09921-9442-
0","service@cds24.de","http://www.holz-schiller.de"));
        map.addOverlay(createMarker(point1,"Erster Herstellername","Stadtstrasse
10","D-12277 Berlin","Tel. 030-
111222333","info@irgendwo.de","http://www.irgendwo.de"));
        ….
        map.addOverlay(createMarker(point1,"Letzter
Herstellername","Stadtstrasse 99","D-80333 München","Tel. 089-
888999888","info@irgendwo.by","http://www.irgendwo.by"));          }
    }
   GSearch.setOnLoadCallback(initialize);
  </script>
 </head>

 <body onload="initialize()" onunload="GUnload()">
  <div id="map_canvas" style="width: 640px; height: 480px"></div>
 </body>

</html>
```

Anhang 25: Gegenüberstellung traditionelles Webpublishing - WCMS

Abgrenzungskriterium	Traditionelles Webpublishing	Webpublishing mit WCMS
Notwendige Kenntnisse zur Pflege der Webseiten	inhaltliches und technisches Know how	nur inhaltliches Know how
Ablauf des Arbeitsflusses	manueller Workflow	automatisierter Workflow durch Benutzer- und Freigaberechte mit Informationssystem
Aktualisierungszeitraum	relativ lang, abhängig vom Informationsfluss	sehr kurz, direkte Informationseingabe
Aktualität, Variabilität der Inhalte	gering	sehr hohe Aktualität möglich
Anzahl der Redakteure	wenige, zentrale Redaktion über Webmaster	viele dezentral verteilte Redaktionen möglich
Anzahl/Umfang der Webseiten	begrenzt durch manuelle Administration	wesentlich höher
Client-Installation bei Autoren	notwendig	nicht notwendig
Cross-Media-Fähigkeiten	eingeschränkt	umfangreich möglich (Print, CD/DVD, WAP)
Funktionalität	mehrere Zusatztools notwendig	integrierte Funktionalität im WCMS
Investitionskosten	abhängig von Erstellung Webdesign und	vergleichsweise höher: Erstellung Webdesign, Einführung CMS, Anpassung
Laufende Betriebskosten	mit Inhalten proportional ansteigend	gering ansteigend, da nur Informationseingabe & -pflege
Redesign	relativ aufwendig	relativ einfach über Templates

Tabelle 1: Gegenüberstellung traditionelles Webpublishing und WCMS, eigener Entwurf nach Koch (2004, S. 520 f.) in Anlehnung an Zschau (2002, S. 62 f.)

Anhang 26:   RoI eines CMS und grafischer Kosten-Nutzen-Vergleich allgemein

$$\text{RoI}_{\text{CMS}} \quad = \quad \frac{\text{Erfolg} \quad \text{durch} \quad \text{die} \quad \text{Einführung} \quad \text{eines} \quad \text{CMS}}{\text{Gesamtaufwand der Investition in ein CMS}}$$

Abbildung 1: RoI eines CMS

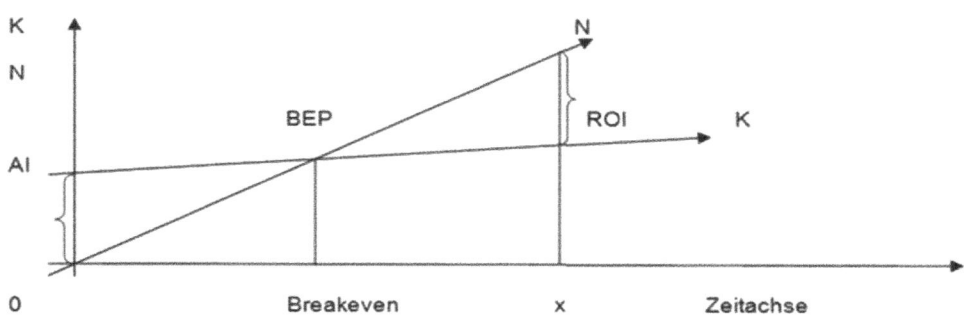

BEP = Break Even Point, Nutzen übersteigt erstmals die Kosten

Abbildung 2: Grafischer allgemeiner
Kosten-Nutzen-Vergleich

Anhang 27: Erst- bzw. Ausrüstungskosten ohne CMS

Erst- bzw. Ausrüstungskosten	Stückpreis / €	Gesamtpreis / €
Software		
5 Stück HTML-Editoren	350,00	1750,00
Schulung		
Schulung für den Umgang mit den Editoren für 5 Mitarbeiter durch externes Unternehmen	850,00	4250,00
Erstmalige Erstellung	Stundensatz	
Erstellung durch Webmaster, der hauptsächlich das Grundgerüst für die neue Seite und die ersten Inhalte nach Vorgabe erstellt; Zeitaufwand ca. 20 Arbeitstage, wir gehen von 220 möglichen Arbeitstagen pro Jahr aus; daraus errechnet sich bei einem Monatsgehalt (13 Gehälter) von 3.500 EURO ein Stundensatz von 26,-- EURO	20 Tage x 8 Std. x 26,00	4160,00

Tabelle 1: Erst- bzw. Ausrüstungskosten ohne CMS

Weitere Kosten im ersten Jahr	Stückpreis / €	Gesamtpreis / €
Wöchentliche Aktualisierung		
Arbeitsaufwand im Durchschnitt 48 Std. / Monat	11 Monate x 48 Stunden x 26,00	13728,00
Einpflegen neuer Hersteller, im Durchschnitt 6 Hersteller / Monat		
Arbeitsaufwand	11 Monate x 6 Stunden x 26,00	1716,00
Hinweis: Wir gehen hier aus Vereinfachungsgründen wegen Ausfallzeiten (Urlaub und Feiertagen) rechnerisch bei 220 Arbeitstagen von durchschnittlich elf Monaten Arbeitszeit aus. 220 Arbeitstage ergeben bei einer 5-Tage-Woche 44 Wochen, die wiederum 11 Monate ergeben.		
Gesamtkosten nach drei Jahren		**€**
Erst- bzw. Ausrüstungskosten		10.160,--
Weitere Kosten im 1., 2. und 3. Jahr		46.332,--
Gesamtkosten in drei Jahren		56.492,--

Tabelle 2: Kostenaufstellung ohne CMS

Anhang 28: Erst- bzw. Ausrüstungskosten mit CMS

Erst- bzw. Ausrüstungskosten	Stückpreis / €	Gesamtpreis / €
Software		
Download Joomla! in der Version 1.5 – kostenfrei, da Open-Source	0,00	0,00
Schulung		
Schulung für den Umgang mit den Editoren für 5 Mitarbeiter beim Kunden vor Ort durch mich, Aufwand 4 Stunden	50,00	200,00
Professionelles Template	100,00	100,00
Erstmalige Erstellung	Stundensatz	
1 Pauschale, erstmalige Erstellung der Seite, hauptsächlich Erstellung Grundgerüst für die neue Seite (Installation und Anpassung eines Templates) und erste Inhalte nach Vorgaben eingebracht, Zeitaufwand ca. 5 Arbeitstage, der Stundensatz von 50,-- EURO resultiert aus einem bestehenden Dienstleistungsvertrag. Der Auftrag wurde komplett über diesen Satz abgerechnet.	5 Tage x 8 Std. x 50,00	2000,00

Tabelle 1: Erst- bzw. Ausrüstungskosten mit CMS

Weitere Kosten im ersten Jahr	Stückpreis / €	Gesamtpreis / €
Wöchentliche Aktualisierung		
Arbeitsaufwand im Durchschnitt 5 Std. / Monat	11 Monate x 28 Stunden x 26,00	8008,00
Einpflegen neuer Hersteller, im Durchschnitt 6 Hersteller / Monat		
Arbeitsaufwand	11 Monate x 3,5 Stunden x 26,00	1001,00
Support für CMS		
Externe Dienstleistung bzgl. Support, Wartungsarbeiten, Datensicherungen und Hilfestellungen allgemein.	24 Stunden x 50,00	1200,00
Gesamtkosten nach drei Jahren		**€**
Erst- bzw. Ausrüstungskosten		2.300,--
Weitere Kosten im 1., 2. und 3. Jahr		30.627,--
Gesamtkosten in drei Jahren		32.927,--

Tabelle 2: Kostenaufstellung mit CMS

146

**Anhang 29: Mensch - Aufgabe - Technik
bei CM-Systemen**

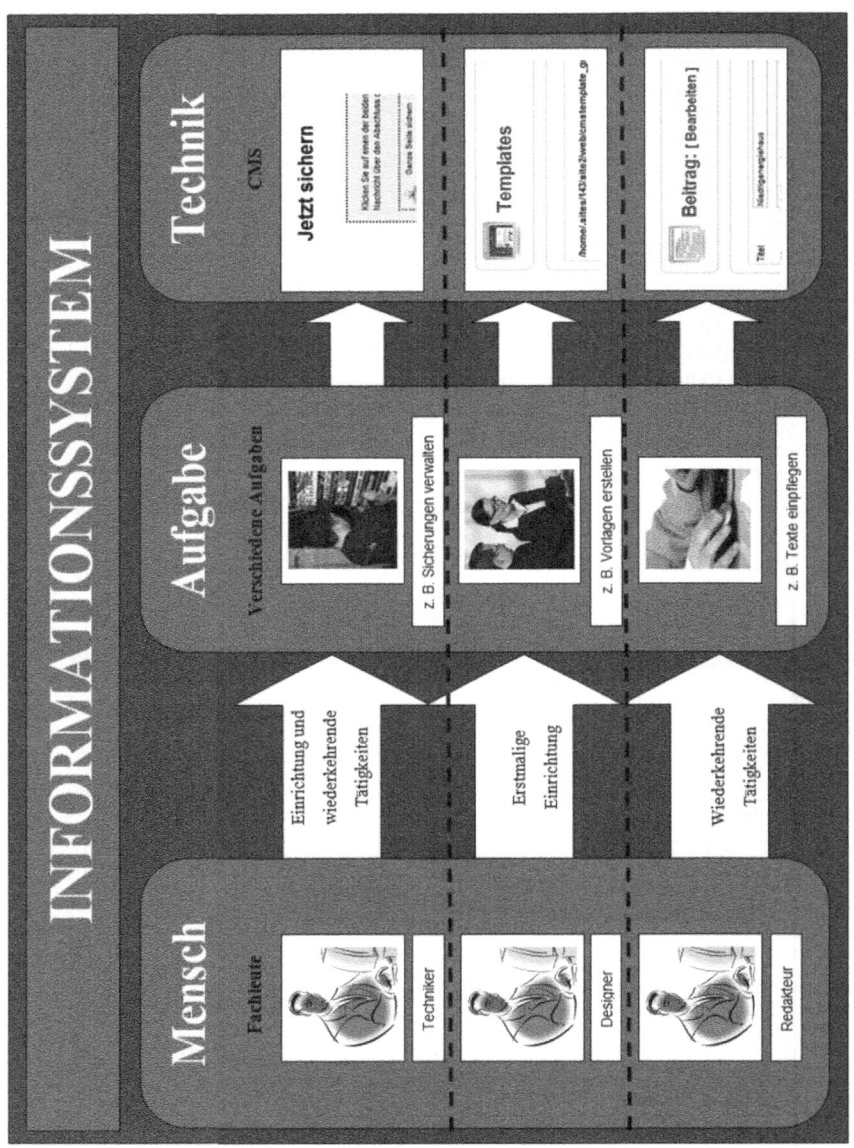

Abbildung 1: Mensch – Aufgabe – Technik
bei CM-Systemen

Anhang 30

Exemplarische Installation von Joomla!

Website: http://www.joomla.de
Downloadseite: http://www.joomla.de/download-joomla.html

Anbei soll exemplarisch die Installation eines CMS mit Basis Joomla! in der aktuellen Version 1.5.x aufgezeigt werden.

Technische Voraussetzungen zur Installation von Joomla!:

- Webserver mit Apache ab Version 1.13.19 oder Microsoft IIS
- Webserver sollte mit PHP (mind. Version 4.x) und MySQL ausgestattet sein
- Internetzugang und Browser
- FTP-Programm
- „root"-Zugriff auf Webserver ist hilfreich

Hinweis:

Sollte man keine Möglichkeit haben, auf einen Webserver im Internet zugreifen zu können oder sollten die oben genannten Voraussetzungen nicht erfüllt sein, so reicht es auch, eine lokale Testumgebung auf einem PC zu installieren. Dies ist sowohl unter Windows als auch unter Linux mit einfachen Mitteln möglich.

Microsoft Windows XP, Windows Vista und Windows 7 (ohne Home Edition) wie auch jedes einschlägige Serverbetriebssystem (zum Beispiel Windows 2003 oder Windows 2008) beinhalten bereits einen lokalen Webserver. Bei Bedarf muss nur der IIS (Internet Information Server) von der Betriebssystem-CD nachinstalliert werden. Danach werden PHP und ein Datenbanksystem aufgesetzt. Alternativ verwendet man ein vorkonfiguriertes Paket wie XAMPP, entpackt es auf dem Rechner und man hat alles, was man benötigt. XAMPP steht als Abkürzung für ein beliebiges Betriebssystem („X" steht hier für „alle") mit lauffähigem Apache, MySQL, PHP und dem Perl-Interpreter.

Linuxderivate erlauben eine einfache Installation eines Webserversystems, basierend auf LAMP. Der Begriff LAMP setzt sich zusammen aus den Anfangsbuchstaben der Worte Linux, Apache, mySQL und PHP.

Sollte das System mit sinnvoller Geschwindigkeit im Internet erreichbar sein, so muss man einen Server oder WebSpace bei einem Provider anmieten. Bei gut ausgestatteten Paketen ist man Administrator seines Systems, hat „root"-Zugriff und kann alle notwendigen Einstellungen selbst vornehmen. Derartige Systeme inklusive einer verwalteten TLD sind bereits für wenige Euro pro Monat zu mieten.

Installation:

Wir laden uns von Joomla! (Abb. 1) die aktuelle Version auf den lokalen Rechner. Unter „http://www.joomla.de/download-joomla.html" können wir für unsere Zwecke passende Gesamtpakete herunterzuladen.

Abb. 1: Joomla!-Startseite der deutschen Community

Auf dieser Seite hält die Community die jeweils aktuellen Versionen des Basis-Systems (Core-Files) von Joomla! bereit. Dort findet man neben kompletten Paketen auch die Updates und Sprachdateien. Wir entscheiden uns für die übersetzte deutsche Version und laden uns die aktuelle Datei „de-DE_joomla_lang_full.1.5.x.zip" mit einer Größe knapp 6 MB herunter (Abb. 2). Die aktuelle Version bei Drucklegung dieses Buches lautet „1.5.14 stable".

Die Gesamtpakete:

- Joomla_1.5.9-Stable-Full_Package.zip - Originaldateien in englischer Sprache
- de-DE_joomla_lang_full.1.5.9v2.zip - Übersetzte deutschsprachige Version

Abb. 2: Gesamtpakete zur Auswahl

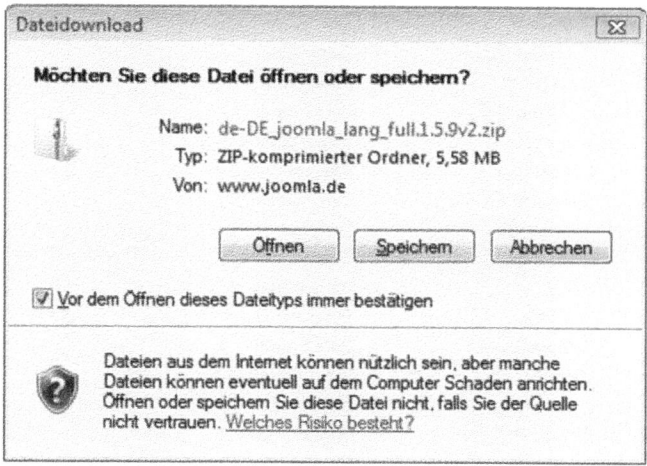

Abb. 3: Speichern der deutschsprachigen Version

Nachdem wir die Datei (Abb. 3) lokal auf den Arbeits-PC geladen haben, entpacken wir diese, da es sich um ein gepacktes Format handelt. Beim Entpacken werden automatisch alle Dateien korrekt mit den jeweiligen Unterverzeichnissen angelegt. Man erhält eine Struktur lokal auf dem PC, die wir anschließend identisch auf den Webserver übertragen. Sinnvoll ist noch ein Datenbankmanager wie phpMyAdmin (Weitere Informationen dazu erhalten Sie unter „http://www.phpmyadmin.net/", der aktuelle Download ist möglich unter „http://www.phpmyadmin.net/home_page/downloads.php"), um einen User mit den notwendigen Rechten für den Zugriff auf die CMS-Datenbank auf einfache Weise anzulegen. Entpackt erhalten wir die Verzeichnisstruktur gemäß Abbildung 4.

Dateien auf den Webserver kopieren

Im nächsten Schritt kopieren wir die Verzeichnisstruktur mit allen Unterordnern und Dateien auf den Webserver. Optimal ist dafür ein sogenanntes FTP-Programm (FTP: File Transfer Protocol). Hier kann das kostenfreie WinSCP verwendet werden, das man unter „http://winscp.net" auch in deutscher Sprache herunterladen kann. Nach wenigen Minuten haben wir alle lokalen Ordner und Dateien, wie in Abb. 5 gezeigt, auf den Webserver übertragen.

Name	Typ	Größe
administrator	Dateiordner	
cache	Dateiordner	
components	Dateiordner	
images	Dateiordner	
includes	Dateiordner	
installation	Dateiordner	
language	Dateiordner	
libraries	Dateiordner	
logs	Dateiordner	
media	Dateiordner	
modules	Dateiordner	
plugins	Dateiordner	
templates	Dateiordner	
tmp	Dateiordner	
xmlrpc	Dateiordner	
CHANGELOG.php	PHP Script	82 KB
configuration.php-dist	PHP-DIST-Datei	4 KB
COPYRIGHT.php	PHP Script	2 KB
CREDITS.php	PHP Script	14 KB
htaccess.txt	Textdokument	3 KB
index.php	PHP Script	3 KB
index2.php	PHP Script	1 KB
INSTALL.php	PHP Script	5 KB
LICENSE.php	PHP Script	18 KB
LICENSES.php	PHP Script	30 KB
robots.txt	Textdokument	1 KB

Abb. 4: Entpackte Verzeichnisstruktur

Bevor wir mit der eigentlichen Installation beginnen, müssen wir eine bestimmte Datei namens „configuration.php" auf dem Server anlegen. Dazu benötigen wir einen „root"-Zugriff auf dem Server mittels „putty" oder einem anderen Terminalprogramm. Wir können dies auch alternativ mit einem FTP-Programm realisieren. Die Dateineuanlage auf Linuxebene erfolgt durch den Kommandointerpreter („Shell") mit dem Befehl „touch configuration.php". Diese neue Datei versehen wir mit Schreibrechten. Dieses geschieht temporär mit „chmod 777 configuration.php".

Sicherheitshinweis: Dieses Schreibrecht sollte aus Sicherheitsgründen nach der Erstinstallation wieder mittels „chmod 644 configuration.php" geändert werden.

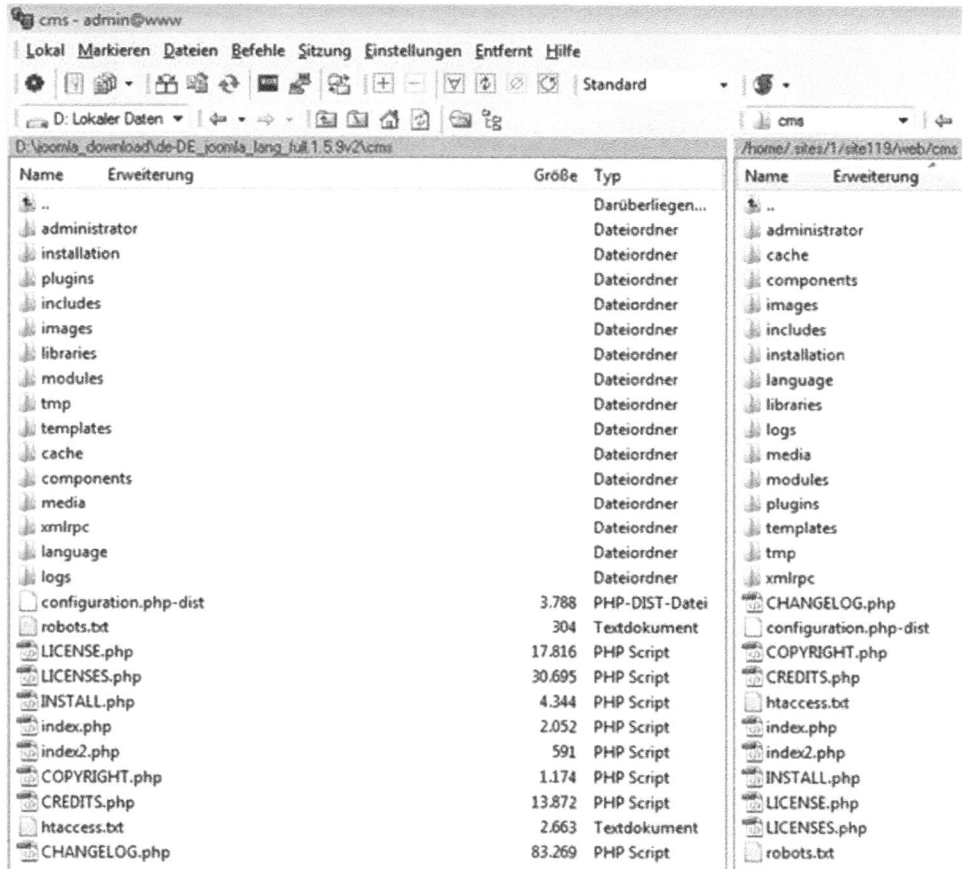

Abb. 5: Erfolgreiche Übertragung der Daten mit identischer Struktur

Datenbankeinrichtung

Wir bereiten eine Datenbank für das CMS vor und legen einen User mit passenden Rechten für den Datenbankzugriff an. Falls man phpMyAdmin nutzen kann, ist das sehr einfach gemäß Abbildung 6. Hat man kein derartiges Werkzeug zur Verfügung, lautet der manuelle SQL-Befehl abhängig von Ihrem gewählten Datenbanknamen „CREATE DATABASE `mein_cms` ;". Nachdem wir eine neue Datenbank angelegt haben, müssen wir keine Tabellen selbst anlegen, da dies vom Installationsskript übernommen wird. Den passenden User mit den notwendigen Datenbankrechten legen wir entweder per phpMyAdmin (Abbildung 7) oder manuell mittels Befehl „GRANT USAGE ON * . * TO 'cms_admin'@'localhost' IDENTIFIED BY '********' WITH MAX_QUERIES_ PER_HOUR 0 MAX_CONNECTIONS_PER_HOUR 0 MAX_UPDATES_PER_HOUR 0 ;" an.

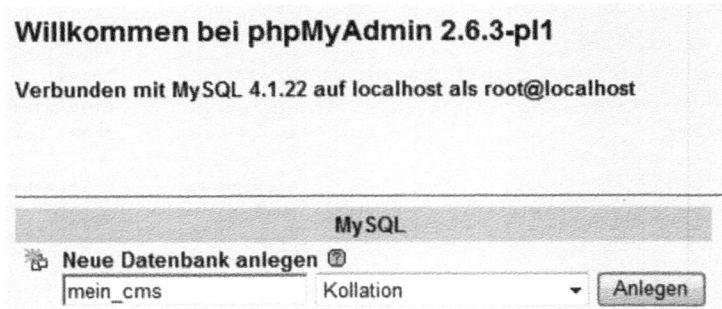

Abb. 6: Anlage der Datenbank

Damit erhält der User namens "cms_admin" Zugriff auf die Datenbank „mein_cms" auf dem Server „localhost". „localhost" bedeutet, dass aus Sicherheitsgründen nur ein lokaler Zugriff von Skripten auf dem Server selbst erlaubt ist und damit kein Zugriff aus dem Internet oder anderen Standorten möglich ist. Sollte auch ein externer direkter Zugriff via Internet auf die Datenbank notwendig sein, so kann der Eintrag angepasst werden, indem eine externe feste IP-Adresse hinterlegt wird.

Hinweis: Bei Sonderzeichen (zum Beispiel ein Unterstrich im Benutzernamen oder Datenbanknamen) wird dem Sonderzeichen systembedingt ein „\" vorangestellt.

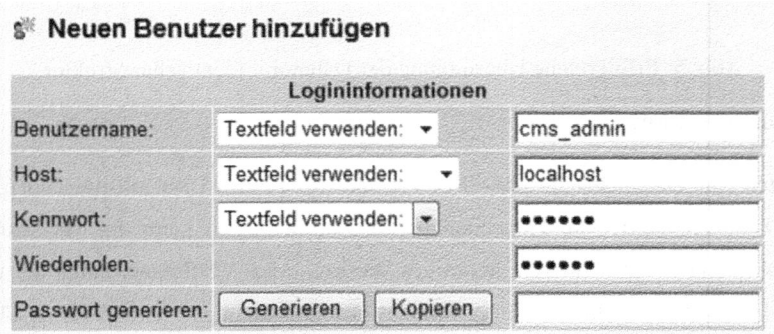

Abb. 7: Hinzufügen eines neuen Datenbankbenutzers

Sicherheitshinweis: Bitte vergeben Sie in keinem Fall aus Sicherheitsgründen globale Rechte! Der gewählte User erhält datenbankspezifische Rechte gemäß Abb. 8.

Der alternative manuelle SQL-Befehl dazu lautet: „GRANT SELECT , INSERT , UPDATE , DELETE , CREATE , DROP , INDEX , ALTER , CREATE TEMPORARY TABLES ON `mein\_cms` . * TO 'cms_admin'@'localhost';".

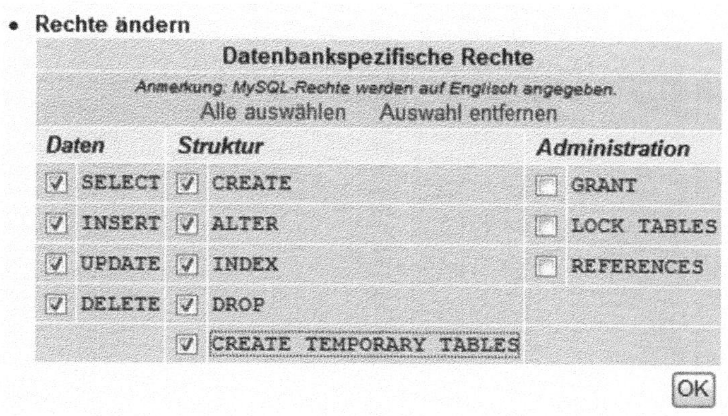

Abb. 8: Datenbankspezifische Rechte vergeben

Start der automatischen Installation

Wir starten die Installation mit der Eingabe von „http://www.Ihre-Seite.de/ PfadZurInstallation/installation/index.php". Damit führen wir die „index.php" im Verzeichnis „installation" auf dem Webserver einmalig aus. Zuerst wählen wir die für uns passende Sprache aus, die für die weitere Installation verwendet werden soll. Die Installationsroutine kann jederzeit abgebrochen und neu gestartet werden. Zu beachten ist, dass die Session der Installationsroutine aus Sicherheitsgründen nach einer gewissen Zeit bzw. bei Inaktivität automatisch beendet wird. Durch einen Klick auf „Weiter" gelangen wir zur Seite „Installationsprüfung" (Abb. 10). Falls eine der notwendigen Funktionen, erkennbar an einem „Nein", nicht unterstützt wird, dann muss dieses Feature nachinstalliert werden. In der Regel sind dabei der Serveradministrator oder der Provider behilflich.

Durch Klick auf „Prüfung wiederholen" kann man die Installationsprüfung solange wiederholen, bis alles passend ist.

Hinweis zu „Register Globals": Die Verwendung der Einstellung "register_globals=on" in der Konfigurationsdatei php.ini ist unter Fachleuten umstritten und wird oft als Gefahrenquelle bezeichnet. Diese Einstellung bewirkt, dass PHP für jede übergebene Variable aus einem Formular oder einer Session eine globale Variable erzeugt.

Nach Annahme der Lizenz kommen wir nun zum nächsten wichtigen Schritt der Installation. Wir müssen nun eine Verbindung zur vorab eingerichteten Datenbank aufbauen (Abb. 11) .

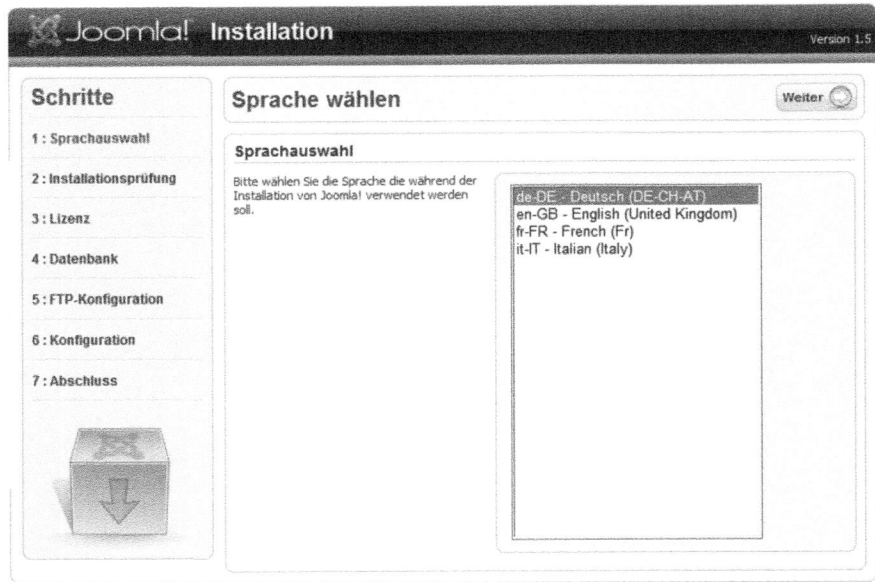

Abb. 9: Sprachwahl für die Installation

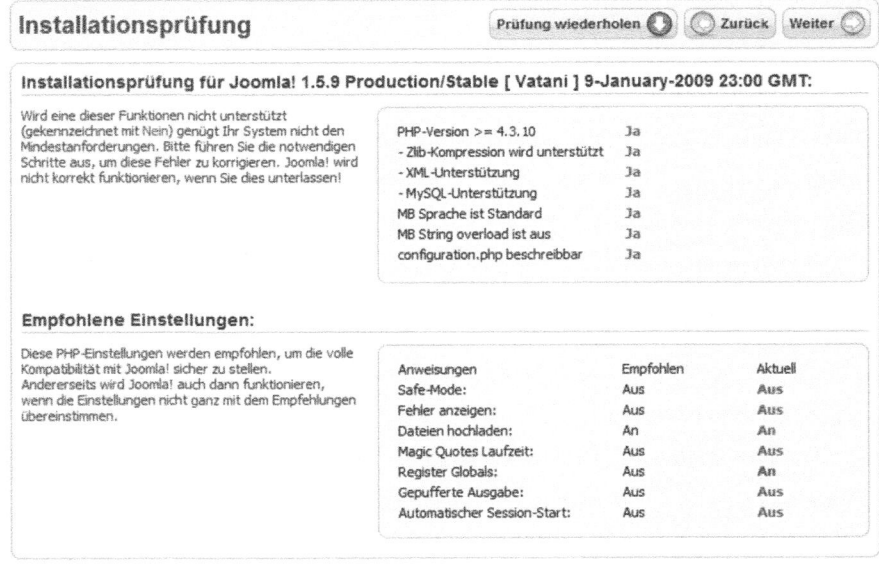

Abb. 10: Installationsprüfung

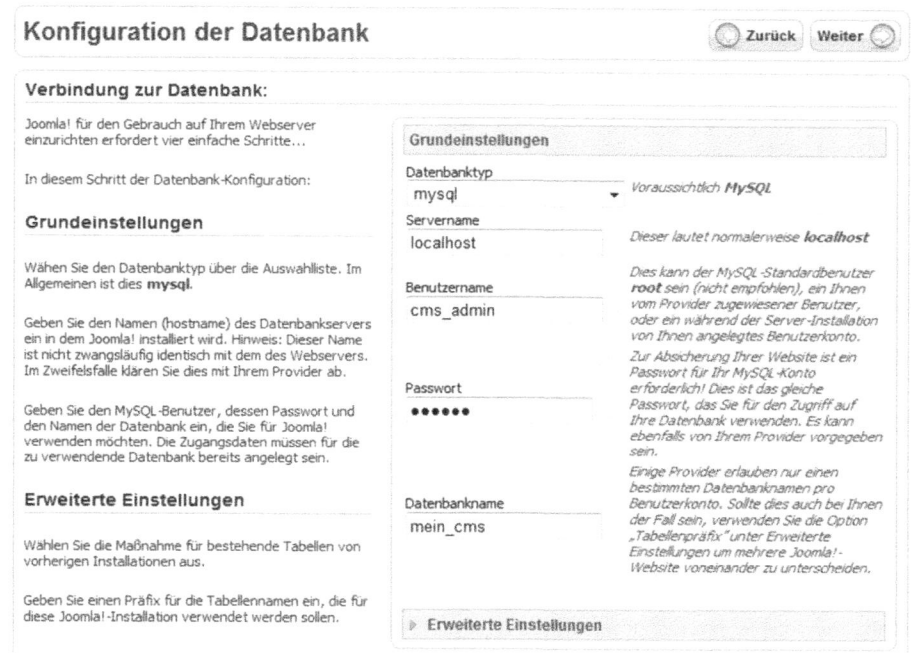

Abb. 11: Verbindung zur Datenbank aufbauen

FTP-Layer für Datenzugriffe aktivieren

Empfehlenswert ist vorab die Anlage eines eigenen FTP-Users für das CMS, der Daten per FTP im System aufspielen kann. Falls man das nicht möchte, kann man den Schritt FTP-Konfiguration gemäß der Abb. 12 überspringen.

Hinweis: Der User sollte Inhaberrechte auf das gesamte CMS-Verzeichnis haben. Dies ist mit „chown ftpcms cms –R" möglich. Das Attribut „R" steht für „rekursiv". Es handelt sich also um eine sehr gefährliche Option, falls diese falsch angewendet wird.

Benutzt man zum Hochladen von Daten auf den Webserver sinnvollerweise einen FTP-User, den man mit den richtigen Daten hinterlegt hat, erhält man eine Erfolgsmeldung. Diese lautet als Bestätigung wie folgt: „Die FTP-Einstellungen sind gültig!"

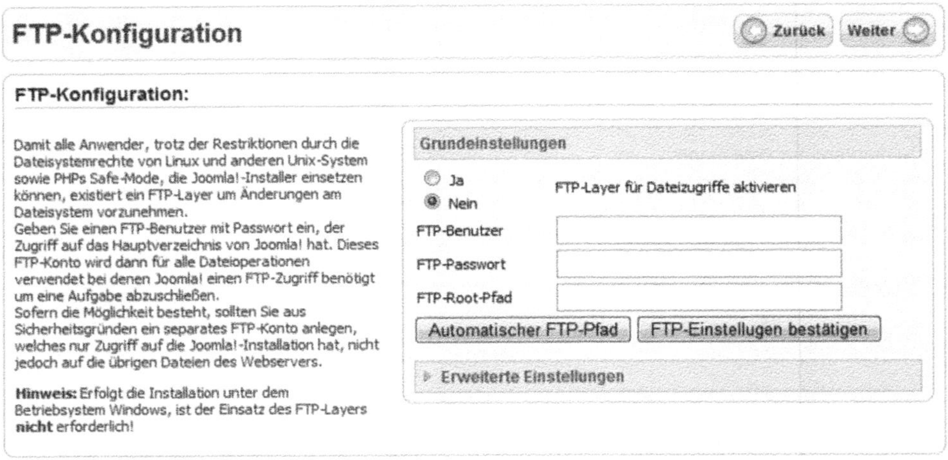

Abb. 12: FTP-Konfiguration

Zum Abschluss gibt man noch allgemein gültige Daten ein, wie den Website-Namen, die E-Mail-Adresse und das gewünschte Administratorpasswort, das später zum Anmelden benötigt wird. Man wählt zudem einen Namen als Überschrift für die CMS-Site. Weiterhin ist es sinnvoll, die Beispieldateien zu installieren. Das System meldet nach erfolgreicher Installation „Beispieldateien wurden installiert!"

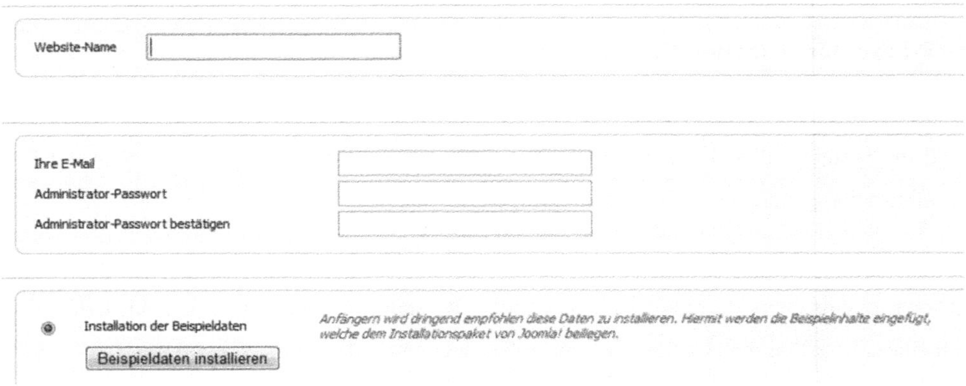

Abb. 13: Allgemeine notwendige und sinnvolle Angaben

Nach einem letzten Klick auf das Bestätigungsfeld wird man über die erfolgreiche Installation des neuen Joomla!-CMS informiert.

Abb. 13: Auswahl

Abschlussarbeiten

Nach Ihrem erfolgreichen Abschluss der Installation erscheint aus Sicherheitsgründen der rot markierte Hinweis: „Bitte denken Sie daran, das Installationsverzeichnis vollständig zu löschen!" Nach der Installation ist in jedem Fall das markierte Verzeichnis „/installation" (siehe Abb. 14) mittels SSH oder FTP zu löschen. In den neueren Versionen vom Joomla! wird man automatisch explizit darauf hingewiesen.

Nachdem das Verzeichnis gelöscht ist, kann man die Website mit der Beispielinstallation (Abb. 15) aufrufen oder gleich in die Administrationsoberfläche wechseln.

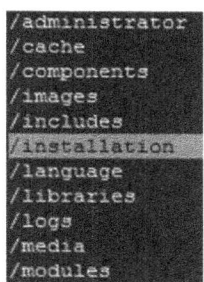

Abb. 14: Zu löschendes Verzeichnis

Hinweis: Weiterhin sind aus Sicherheitsgründen die Rechte für die „configuration.php" anzupassen:

„chmod 644 configuration.php"

Durch Klick auf „Website" gelangt man zum neuen CMS, das den User genau oder ähnlich wie in Abb. 15 erwartet.

Abb. 15: Das Frontend – der Startbildschirm mit Testdaten

Mit Klick auf „admin" gelangt man alternativ zur Administrationsoberfläche (Abb. 16).

Abb. 16: Administratoranmeldung für das Backend.

Sonstige Hinweise und Empfehlungen

Abschließend empfehle ich die Installation eines zusätzlichen Werkzeugs namens „JoomlaPack" (Abb. 17).

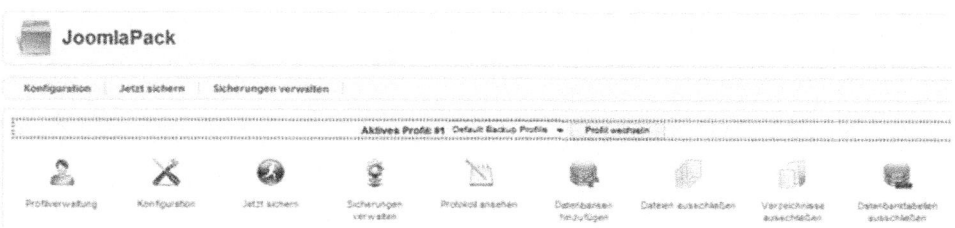

Abb. 17: Backup-Verwaltungs-Tool JoomlaPack

Damit hat man die Möglichkeit, jederzeit die Datenbank oder die gesamte Website zu sichern oder wiederherzustellen. Dieses Werkzeug vereinfacht die Arbeit mit Sicherungen enorm.

Es können nach der Installation dieses Werkzeugs folgende Probleme auftauchen:

Problembeschreibung: Temporäres Verzeichnis nicht beschreibbar
Lösung: „chmod 777 tmp –R" im Hauptverzeichnis der CMS-Installation

Problembeschreibung: Ausgabeverzeichnis nicht beschreibbar
Lösung: „chmod 777 backup –R"
Die Datei befindet sich im Verzeichnis „./administrator/components/com_joomlapack".

Problembeschreibung: Parameterdatei ist bei Templateinstallation nicht beschreibbar
Lösung: „chmod 777 params.ini".
Falls ein anderes Template gewünscht wird und daran Änderungen vorgenommen werden sollen, kommt in der Regel die Meldung, dass eine Parameterdatei nicht beschreibbar ist (Meldung: „Die Parameterdatei „/templates/thema_ name/params.ini" ist nicht beschreibbar!"). Abhilfe schafft man mittels Befehl „chmod 777 params.ini". Ebenso sollte man, falls auch die CSS-Dateien bearbeiten werden sollen, die css-Files mit „chmod 777 *.css" beschreibbar machen.

Zusammenfassung:

Joomla! ist sehr beliebt. Einfache Bedienung trotz professioneller Funktionalität erlaubt dem User, sich auf die Inhalte zu konzentrieren. Vorteilhaft ist die Bereitstellung eines deutschen barrierefreien Templates namens „Beez". Ausgewählte Eigenschaften sind unter anderem neben der strikten Trennung von Layout und Design sowie funktionalem Quelltext mit dem Model-View-Controller-Entwurfsprinzip die Suchmaschinenoptimierung, die eingebaute Volltext-Suchfunktion, das ausgefeilte Cachingsystem für optimierte Geschwindigkeit, die zahlreichen Templates und die große Entwicklergemeinde.

Quellen und Links:

CMS:	Joomla!
Website:	www.joomla.de
Downloadlink:	

http://www.joomla.de/download-joomla.html

Barrierefreies Template:	Beez
Website:	http://www.joomla-beez.de/
Downloadlink:	

http://www.joomlaos.de/option,com_remository/Itemid,41/func,fileinfo/id,3167.html

Zusatzprogramm:	JoomlaPack
Name der Datei:	com_joomlapack-2.0.zip
Downloadlink:	

http://www.joomla-downloads.de/view-document-details/344-joomlapack-backupsystem-fuer-joomla-1.5.html

Nachschlagewerk:	http://www.galileocomputing.de/openbook/joomla/

Anhang 31

Exemplarische Installation von Contenido

Website: http://www.contenido.org/

Downloadseite: http://www.contenido.org/de/cms/Download/index-c-1197-3.html

Anbei soll exemplarisch die Installation eines CMS mit Contenido in der Version 4.8.x aufgezeigt werden.

Technische Voraussetzungen zur Installation von Contenido:

- Webserver mit Apache ab Version 2
- Webserver sollte mit PHP ab Version 5.1 und MySQL ab Version 5.0 ausgestattet sein
- Internetzugang und Browser, Internet Explorer ab Version 6, Firefox ab Version 2
- FTP-Programm zum Upload der Daten
- „root"-Zugriff auf Webserver ist hilfreich für Vergabe von Berechtigungen

Hinweis:

Sollte man keine Möglichkeit haben, auf einen Webserver im Internet zugreifen zu können oder sollten die oben genannten Voraussetzungen nicht erfüllt sein, so reicht es auch eine lokale Testumgebung auf einem Linux-PC zu installieren. Eigentlich erlauben alle Linuxderivate eine einfache Installation von LAMP. Der Begriff LAMP setzt sich zusammen aus den Anfangsbuchstaben der Worte Linux, Apache, mySQL und PHP. Zu beachten ist, dass für die aktuelle Version von Contenido bereits mySQL in der Version ab 5.1 und PHP in der Version ab 5.0 notwendig sind. Sollte das System einmal mit sinnvoller Geschwindigkeit im Internet erreichbar sein, so kann man einen Server oder Webspace bei einem Provider anmieten. Bei guten Paketen ist man Administrator seines Systems, hat „root"-Zugriff und kann alle notwendigen Einstellungen selbst vornehmen. Derartige Systeme inklusive einer TLD sind bereits für wenige Euro pro Monat zu mieten.

Installation:

Nach dem Besuch der Downloadseite hat man die Möglichkeit, die gepackte Datei namens Contenido_4.8.11.zip für eine Installation auf dem Server runterzuladen (Abb. 1). Wir laden die Datei mit knapp 5 MB gepackt herunter und entpacken das Paket lokal auf dem PC. Beim Entpacken werden automatisch alle Dateien korrekt in den jeweiligen Unterverzeichnissen angelegt. Man erhält eine vorgegebene Struktur lokal auf dem PC, die wir anschließend identisch auf den Webserver übertragen. Sinnvoll ist der Einsatz eines Datenbankmanagers wie phpMyAdmin (weitere Infos erhält man unter „http://www.phpmyadmin.net/", das aktuelle Herunterladen ist möglich unter „http://www.phpmyadmin.net/home_page/downloads.php"), um einen User mit den notwendigen Rechten für den Zugriff auf die CMS-Datenbank anzulegen. Entpackt erhalten wir die Verzeichnisstruktur gemäß Abbildung 2.

Abb. 1: Download der gepackten Datei

Vorarbeiten:

Folgende Dateien und Verzeichnisse müssen beschreibbar sein. Dies kann mit dem Befehl „chmod" direkt auf dem Webserver realisiert werden.

contenido/logs/errorlog.txt (falls vorhanden)	cms/logs/
contenido/logs/setuplog.txt (falls vorhanden)	cms/templates/
contenido/cronjobs/pseudo-cron.log (falls vorhanden)	cms/upload/
contenido/cronjobs/session_cleanup.php.job	cms/version/
contenido/cronjobs/send_reminder.php.job	cms/version/css/
contenido/cronjobs/optimize_database.php.job	cms/version/js/
contenido/cronjobs/move_old_stats.php.job	cms/version/layout/
contenido/cronjobs/move_articles.php.job	cms/version/module/
cms/cache/	cms/version/templates/
cms/css/	cms/config.php
cms/js/	contenido/includes/config.php

Datenbankeinrichtung

Wir bereiten eine Datenbank für das CMS vor und legen einen User mit passenden Rechten für den Datenbankzugriff an. Falls man phpMyAdmin nutzen kann, ist das auf einfache Weise gemäß den Abbildungen 2 und 3 zu machen. Hat man kein derartiges Werkzeug zur Verfügung, lautet der alternative manuelle Befehl auf SQL-Kommandoebenenzeile „CREATE DATABASE `mein_cms` ;".

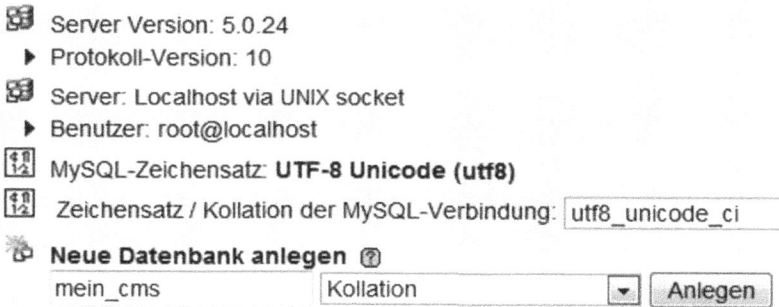

Abb. 2: Datenbank anlegen

Nachdem wir eine neue Datenbank angelegt haben, müssen wir keine Tabellen selbst anlegen. Dies wird vom Installationsskript übernommen. Den passenden User mit den notwendigen Datenbankrechten legen wir entweder per phpMyAdmin (Abbildung 7) an oder manuell mit dem Befehl „GRANT USAGE ON * . * TO 'cms_admin'@'localhost' IDENTIFIED BY '********' WITH MAX_QUERIES_PER_HOUR 0 MAX_CONNECTIONS_PER_HOUR 0 MAX_UPDATES_PER_HOUR 0 ;". Damit erhält der User namens "cms_admin" Zugriff auf die Datenbank „mein_cms" auf dem Server „localhost". „localhost" bedeutet, dass aus

💾 Neuen Benutzer hinzufügen

Logininformationen		
Benutzername:	Textfeld verwenden: ▾	cms_admin
Host:	Textfeld verwenden: ▾	localhost
Kennwort:	Textfeld verwenden: ▾	••••••
Wiederholen:		••••••
Passwort generieren:	Generieren Kopieren	

Abb. 3: Datenbankbenutzer für CMS-Zugriff anlegen

Sicherheitsgründen nur ein lokaler Zugriff von Skripten auf dem Server erlaubt ist. Sollte auch ein externer direkter Zugriff via Internet auf die Datenbank notwendig sein, so kann der Eintrag angepasst werden.

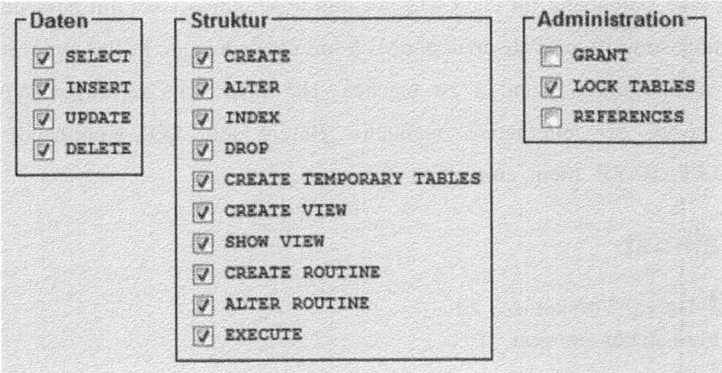

Abb. 4: Datenbankspezifische Rechte vergeben

Hinweis: Bei Sonderzeichen (z. B. der Unterstrich in Benutzernamen oder Datenbanknamen) wird diesem Sonderzeichen systembedingt ein „\" vorangestellt. Dieser User erhält nun datenbankspezifische Rechte.

Sicherheitshinweis: Bitte aus Sicherheitsgründen in keinem Fall globale Rechte vergeben!

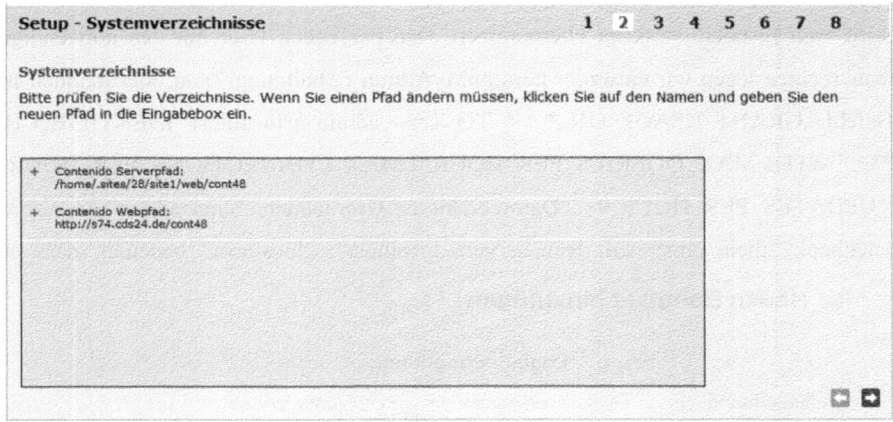

Abb. 5: Prüfung der Systemverzeichnisse zur Kontrolle

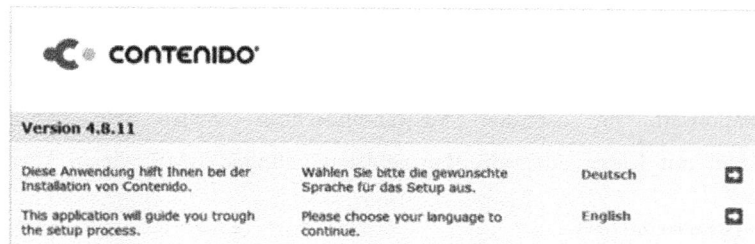

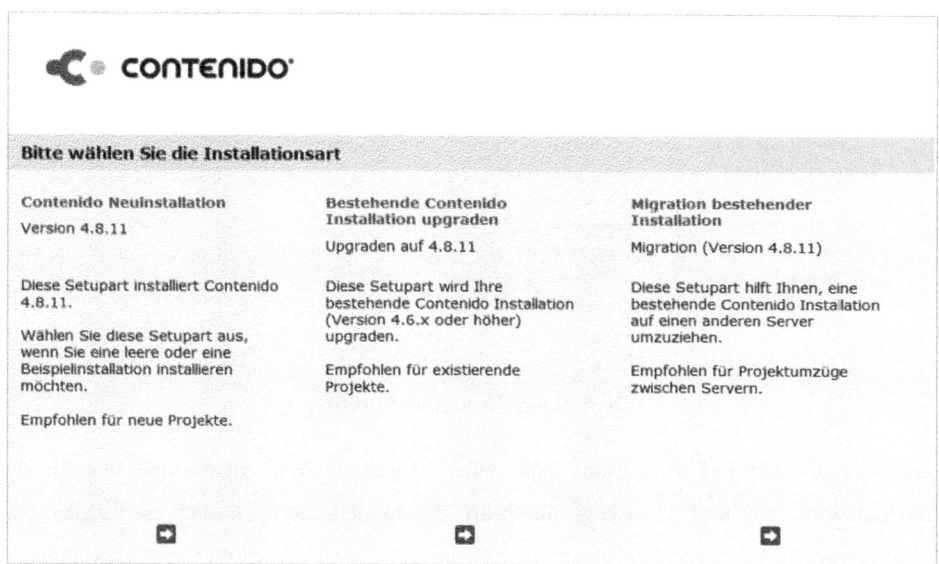

Abb. 6: Auswahl der Installationssprache und Wahl einer Neuinstallation

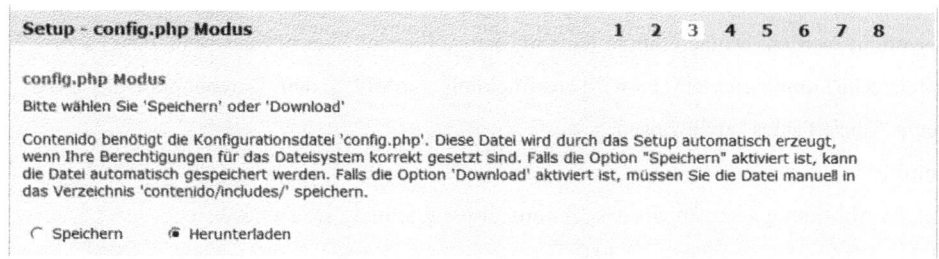

Abb. 7: Die „config.php" enthält alle CMS-spezifischen Daten für die Installation.

Nachdem wir das Hauptverzeichnis im Browser eingeben und noch kein funktionsfähiges CMS installiert ist, werden wir mit dem Startbildschirm der Installationsroutine begrüßt (Abb. 6). Nach der Auswahl der Sprache gelangen wir zum nächsten Punkt, nämlich der Auswahl der Installationsart. Im nächsten Auswahlbildschirm wählen wir zwischen einer Neuinstallation mit leeren oder mit Beispieldaten gefüllten CMS, einem Upgrade einer

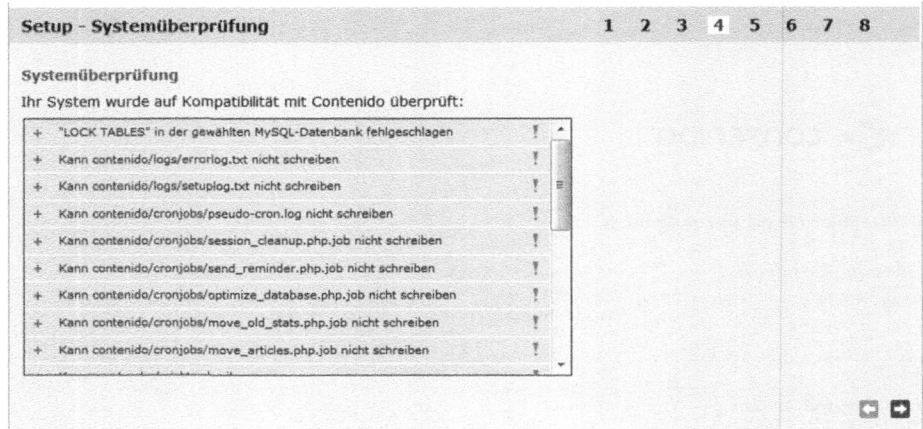

Abb. 8: Setup-Systemüberprüfung

bestehenden Contenido-CMS-Lösung oder einer Migration. Wir entscheiden uns für die Neuinstallation. Schritt 4 im Setup überprüft das aktuelle System und es werden alle Warnungen angezeigt, damit Fehler vor einer weiteren Installation behoben werden können.

Hinweis zu "Lock Tables":
Folgender Hinweis kann bei der Systemprüfung erscheinen: "Lock Tables in der gewählten MySQL-Datenbank fehlgeschlagen". Setup hat versucht, die Testtabelle in der Datenbank „mein_cms" zu sperren. Der „Lock" konnte aufgrund fehlender Berechtigungen nicht ausgeführt werden. Danach fahren wir fort, man sollte sich aber bewusst sein, dass es zu Datenverlust kommen kann. Es wird ausdrücklich empfohlen, dem Datenbankbenutzer das Recht "Lock Tables" zuzuweisen.
Abhilfe:
Gemäß Abbildung 4 setzen wir das administrative Recht „Lock Tables".

Werden keine Probleme mehr angezeigt (Abb. 9), sollte mit der Installation fortgefahren

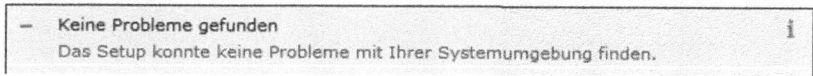

Abb. 9: Systemprüfung ist erfolgreich. Die Installation kann beginnen.

werden können. Die Installationsroutine kann jederzeit unterbrochen werden und man kann nochmals mit der Installation beginnen. Im Setup lässt sich in Punkt 5 ein Beispielmandant anlegen. Dies ist zu empfehlen, da das CMS somit bereits mit Inhalten und wichtigen Informationen belegt ist. Auch werden zwei User automatisch angelegt, unter anderem der

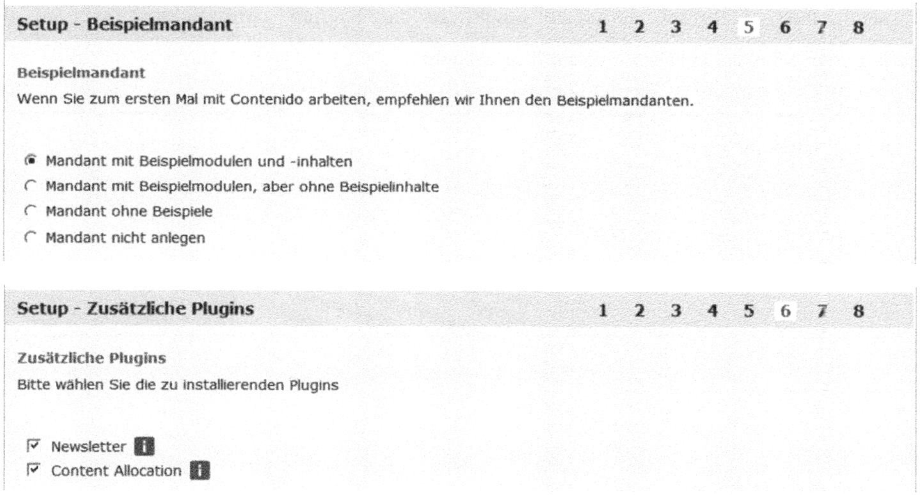

Abb. 10: Anlage eines Beispielmandanten und Auswahl optionaler Plugins

Standardbenutzer, mit dem man sich später im Backend anmelden kann. Sinnvoll ist also die Auswahl eines Mandanten mit Beispielmodulen und Beispielinhalten.

Weiterhin können optional zwei zusätzliche Plugins im 6. Schritt installiert werden (Abb. 10). Dies wäre einmal die Newsletterfunktionalität zum Versand von Textnewslettern und HTML-Newslettern, erweiterbar mit professionellen Newsletter Erweiterungen und inklusive Definition von Newsletterempfängern und Empfängergruppen. Außerdem enthalten ist eine Layouterstellung des HTML-Newsletters mit Hilfe von Contenido-Artikeln.

Zum anderen wird die zur Darstellung und Verwaltung des Contents entwickelte „Content Allocation- und Content include"-Technik angeboten. Diese Technik erlaubt es, auf Basis

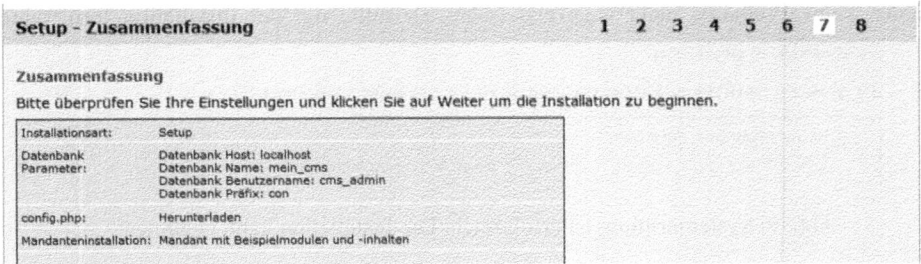

Abb. 11: Setup-Zusammenfassung

eines Templates, den Content an unterschiedlichen Stellen und in unterschiedlicher Form dynamisch nach mehreren Kriterien selektiert darzustellen. Am Schluss werden die Installationsergebnisse zusammengefasst ausgegeben.

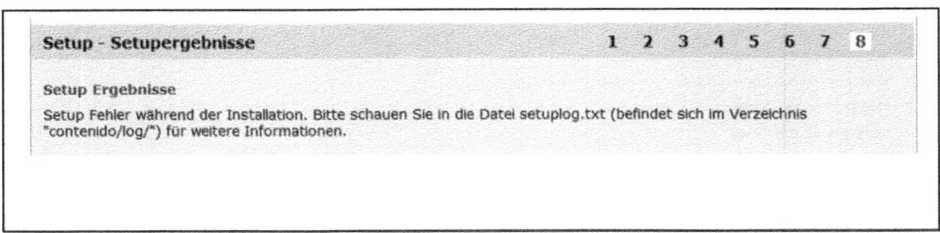

Abb. 12: Die Ergebnisse des Setup

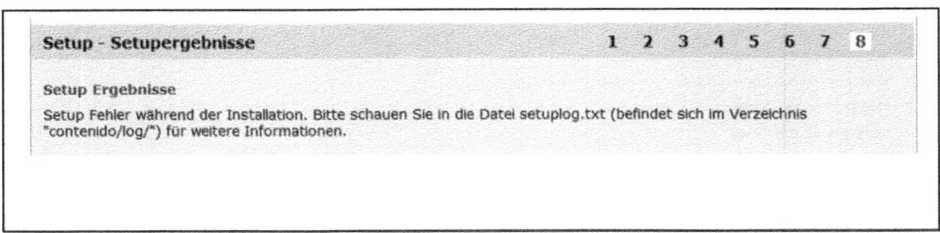

Abb. 13: Setup – Systeminstallation erfolgreich abgeschlossen

Die Abbildungen 11, 12 und 13 zeigen die letzten Schritte während der Installation und gemäß Abbildung 14 hat man nun die Möglichkeit, zwischen den einzelnen Links für die weitere Arbeit zu wählen.

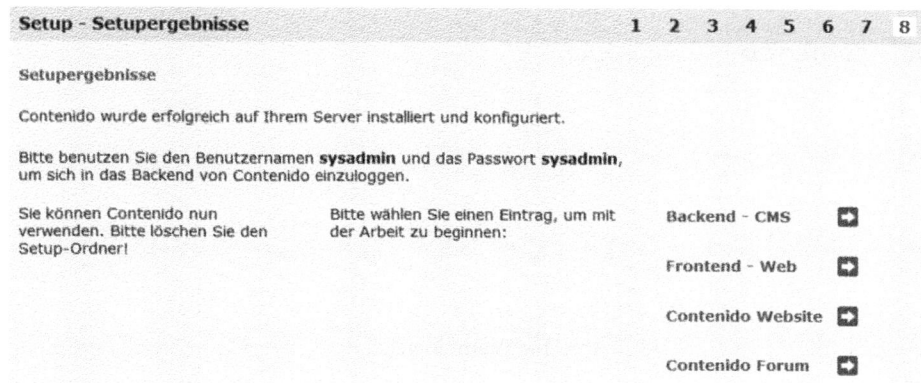

Abb. 14: Die Setupergebnisse im Überblick.

Will man sich das Frontend ansehen, so klickt man auf „Frontend – Web" und sieht nach erfolgreicher Installation den Begrüßungsbildschirm von Contenido gemäß Abbildung 15.

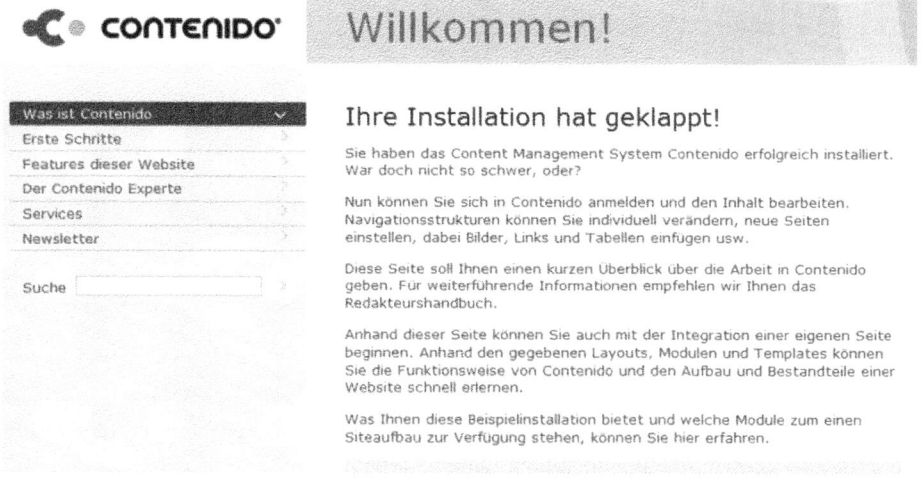

Abb. 15: Begrüßungsbildschirm nach erfolgreicher Installation

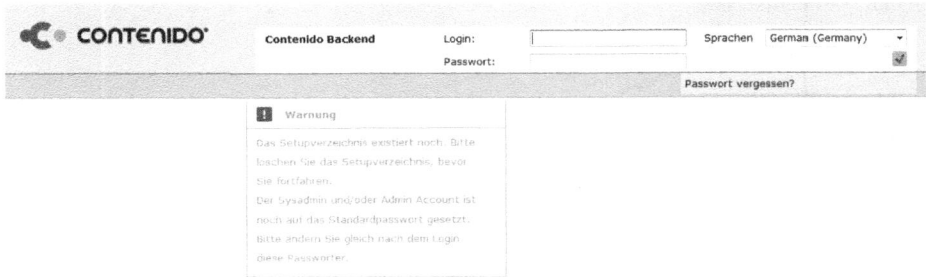

Abb. 16: Warnhinweis.

Hinweis: Beim Öffnen des Backend wird man explizit noch mal darauf hingewiesen, das Setupverzeichnis auf dem Server aus Sicherheitsgründen zu löschen (Abb. 16).

Abb. 17: Die Konfigurationsdatei zwischenspeichern

Abschließende Arbeiten

1) Datei „config.php" auf den Server laden:

Bevor man auf das CMS zugreifen kann, muss die durch die vorhergehende Installationsroutine erstellte Konfigurationsdatei auf den Webserver geladen werden. Am besten verwendet man dazu ein FTP-Programm. Hat man vorab während der Installation das Herunterladen dieses Programms gewählt, so wird man beim nächsten Schritt darauf hingewiesen, diese Datei (Abb. 17) herunterzuladen und für die spätere Verwendung zu speichern. Abbildung 18 zeigt das Backend nach der Fertigstellung der Installation.

2) Standardpasswort ändern

Nach Abschluss der Arbeiten sollte das Standardpasswort des Standardbenutzers geändert werden. Dazu wird das Passwort im Menü (siehe Abb. 19) neu vergeben.

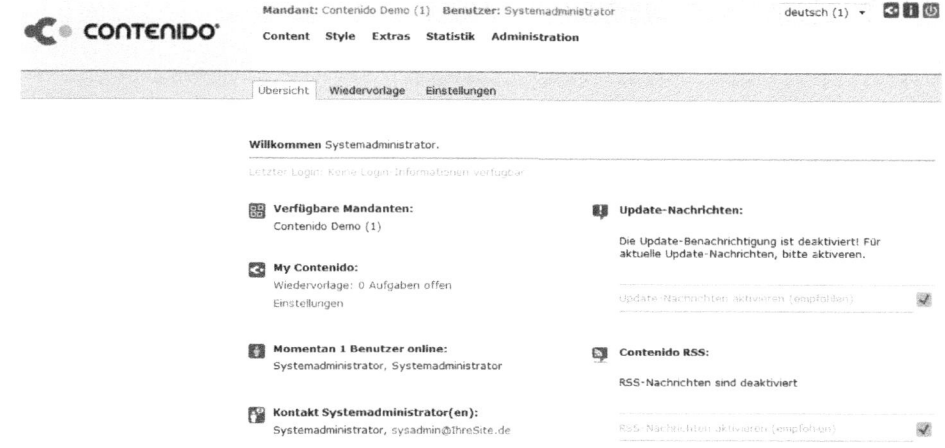

Abb. 18: Das Backend des CMS Contenido

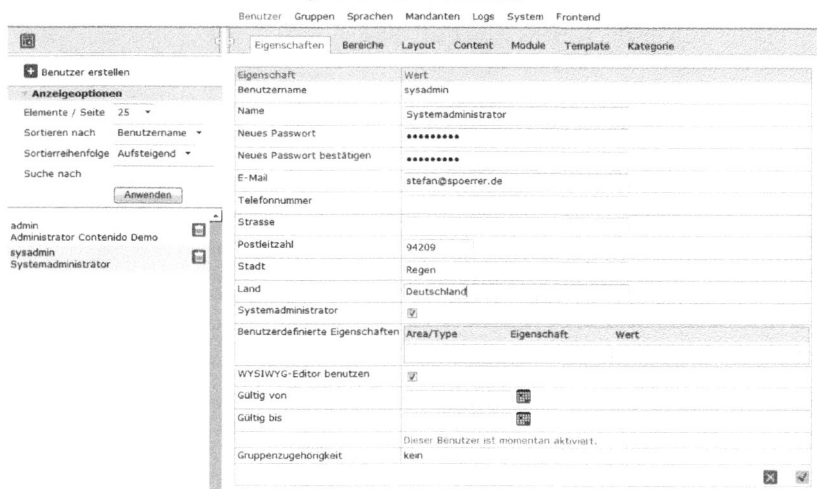

Abb. 19: Passwort des Standardbenutzers ändern.

Folgende Datei zeigt den Inhalt einer typischen „config.php"-Konfigurationsdatei von Contenido:

```php
<?php

/*******************************************
* File    :   config.php
* Project :   Contenido
* Descr   :   Defines all general
*             variables of Contenido.
*
* © four for business AG
********************************************/

global $cfg;

/* Section 1: Path settings
 * ------------------------
* Path settings which will vary along different
* Contenido settings.
*
* A little note about web and server path settings:
* - A Web Path can be imagined as web addresses. Example:
*   http://192.168.1.1/test/
* - A Server Path is the path on the server's hard disk. Example:
*   /var/www/html/contenido    for Unix systems OR
*   c:/htdocs/contenido        for Windows systems
*
* Note: If you want to modify the locations of subdirectories for
*       some reason (e.g. the includes directory), see Section 8.
*/

/* The root server path to the contenido backend */
$cfg['path']['contenido']          = '/home/.sites/28/site1/web/cont48/contenido/';

/* The web server path to the contenido backend */
$cfg['path']['contenido_fullhtml'] = 'http://s74.cds24.de/cont48/contenido/';

/* The root server path where all frontends reside */
$cfg['path']['frontend']           = '/home/.sites/28/site1/web/cont48';

/* The root server path to the conlib directory */
$cfg['path']['phplib']             = '/home/.sites/28/site1/web/cont48/conlib/';

/* The root server path to the pear directory */
$cfg['path']['pear']               = '/home/.sites/28/site1/web/cont48/pear/';

/* The server path to the desired WYSIWYG-Editor */
```

```
$cfg['path']['wysiwyg']          =
'/home/.sites/28/site1/web/cont48/contenido/external/wysiwyg/tinymce3/';

/* The web path to the desired WYSIWYG-Editor */
$cfg['path']['wysiwyg_html']      =
'http://s74.cds24.de/cont48/contenido/external/wysiwyg/tinymce3/';

/* The server path to all WYSIWYG-Editors */
$cfg['path']['all_wysiwyg']       =
'/home/.sites/28/site1/web/cont48/contenido/external/wysiwyg/';

/* The web path to all WYSIWYG-Editors */
$cfg['path']['all_wysiwyg_html']  =
'http://s74.cds24.de/cont48/contenido/external/wysiwyg/';

/* Section 2: Database settings
 * --------------------------
 *
 * Database settings for MySQL. Note that we don't support
 * other databases in this release.
 */

/* The prefix for all contenido system tables, usually "con" */
$cfg['sql']['sqlprefix'] = 'con';

/* The host where your database runs on */
$contenido_host = 'localhost';

/* The database name which you use */
$contenido_database = 'mein_cms';

/* The username to access the database */
$contenido_user = 'cms_admin';

/* The password to access the database */
$contenido_password = 'geheimesPasswort';

$cfg["database_extension"] = 'mysql';
$cfg["nolock"] = 'false';
$cfg["is_start_compatible"] = false;

/* Security fix */
if ( isset($_REQUEST['cfg']) ) { exit; }
if ( isset($_REQUEST['cfgClient']) ) { exit; }
?>
```

Auf der nächsten Seite (Abbildung 20) befindet sich zur Übersicht ein Ausdruck der aktuell

angelegten CMS-Datenbank mit allen notwendigen und durch Contenido installierten

Tabellen.

Tabelle	Aktion	Einträge	Typ	Kollation	Größe
con_actionlog		3	MyISAM	latin1_swedish_ci	2,2 KiB
con_actions		176	MyISAM	latin1_swedish_ci	34,7 KiB
con_area		97	MyISAM	latin1_swedish_ci	11,7 KiB
con_art		38	MyISAM	latin1_swedish_ci	9,2 KiB
con_art_lang		49	MyISAM	latin1_swedish_ci	5,2 KiB
con_art_spec		0	MyISAM	latin1_swedish_ci	1,0 KiB
con_cat		34	MyISAM	latin1_swedish_ci	7,7 KiB
con_cat_art		38	MyISAM	latin1_swedish_ci	6,7 KiB
con_cat_lang		60	MyISAM	latin1_swedish_ci	10,8 KiB
con_cat_tree		34	MyISAM	latin1_swedish_ci	9,4 KiB
con_chartable		1,328	MyISAM	latin1_swedish_ci	26,9 KiB
con_clients		1	MyISAM	latin1_swedish_ci	2,1 KiB
con_clients_lang		2	MyISAM	latin1_swedish_ci	2,0 KiB
con_code		8	MyISAM	latin1_swedish_ci	155,8 KiB
con_communications		0	MyISAM	latin1_swedish_ci	1,0 KiB
con_config		0	MyISAM	latin1_swedish_ci	1,0 KiB
con_config_client		0	MyISAM	latin1_swedish_ci	1,0 KiB
con_container		160	MyISAM	latin1_swedish_ci	12,7 KiB
con_container_conf		9	MyISAM	latin1_swedish_ci	3,6 KiB
con_content		149	MyISAM	latin1_swedish_ci	41,1 KiB
con_data		0	MyISAM	latin1_swedish_ci	1,0 KiB
con_dbfs		0	MyISAM	latin1_swedish_ci	1,0 KiB
con_files		209	MyISAM	latin1_swedish_ci	14,2 KiB
con_file_information		0	MyISAM	latin1_swedish_ci	1,0 KiB
con_frame_files		228	MyISAM	latin1_swedish_ci	14,7 KiB
con_frontendgroupmembers		1	MyISAM	latin1_swedish_ci	2,0 KiB
con_frontendgroups		1	MyISAM	latin1_swedish_ci	2,0 KiB
con_frontendpermissions		1	MyISAM	latin1_swedish_ci	5,0 KiB
con_frontendusers		1	MyISAM	latin1_swedish_ci	2,1 KiB
con_groupmembers		0	MyISAM	latin1_swedish_ci	1,0 KiB
con_groups		0	MyISAM	latin1_swedish_ci	1,0 KiB
con_group_prop		0	MyISAM	latin1_swedish_ci	1,0 KiB
con_inuse		0	MyISAM	latin1_swedish_ci	1,0 KiB
con_keywords		720	MyISAM	latin1_swedish_ci	77,0 KiB
con_lang		2	MyISAM	latin1_swedish_ci	2,2 KiB
con_lay		1	MyISAM	latin1_swedish_ci	6,3 KiB
con_link		0	MyISAM	latin1_swedish_ci	1,0 KiB
con_meta_tag		0	MyISAM	latin1_swedish_ci	1,0 KiB
con_meta_type		8	MyISAM	latin1_swedish_ci	2,8 KiB
con_mod		23	MyISAM	latin1_swedish_ci	132,3 KiB
con_mod_translations		273	MyISAM	latin1_swedish_ci	24,8 KiB
con_nav_main		6	MyISAM	latin1_swedish_ci	2,2 KiB
con_nav_sub		83	MyISAM	latin1_swedish_ci	6,6 KiB
con_news		0	MyISAM	latin1_swedish_ci	1,0 KiB
con_news_groupmembers		0	MyISAM	latin1_swedish_ci	1,0 KiB
con_news_groups		0	MyISAM	latin1_swedish_ci	1,0 KiB
con_news_jobs		0	MyISAM	latin1_swedish_ci	1,0 KiB
con_news_log		0	MyISAM	latin1_swedish_ci	1,0 KiB
con_news_rcp		0	MyISAM	latin1_swedish_ci	1,0 KiB
con_online_user		1	MyISAM	latin1_swedish_ci	2,0 KiB
con_phplib_active_sessions		3	MyISAM	latin1_swedish_ci	8,7 KiB
con_phplib_auth_user_md5		2	MyISAM	latin1_swedish_ci	2,3 KiB
con_pica_alloc		0	MyISAM	latin1_swedish_ci	1,0 KiB
con_pica_alloc_con		0	MyISAM	latin1_swedish_ci	1,0 KiB
con_pica_lang		0	MyISAM	latin1_swedish_ci	1,0 KiB
con_piwf_actions		0	MyISAM	latin1_swedish_ci	1,0 KiB
con_piwf_allocation		0	MyISAM	latin1_swedish_ci	1,0 KiB
con_piwf_art_allocation		0	MyISAM	latin1_swedish_ci	1,0 KiB
con_piwf_items		0	MyISAM	latin1_swedish_ci	1,0 KiB
con_piwf_user_sequences		0	MyISAM	latin1_swedish_ci	1,0 KiB
con_piwf_workflow		0	MyISAM	latin1_swedish_ci	1,0 KiB
con_pi_linkwhitelist		0	MyISAM	latin1_swedish_ci	1,0 KiB
con_plugins		0	MyISAM	latin1_swedish_ci	1,0 KiB
con_properties		36	MyISAM	latin1_swedish_ci	12,1 KiB
con_rights		0	MyISAM	latin1_swedish_ci	1,0 KiB
con_sequence		76	MyISAM	latin1_swedish_ci	6,7 KiB
con_stat		63	MyISAM	latin1_swedish_ci	4,4 KiB
con_status		0	MyISAM	latin1_swedish_ci	1,0 KiB
con_stat_archive		0	MyISAM	latin1_swedish_ci	1,0 KiB
con_system_prop		19	MyISAM	latin1_swedish_ci	3,2 KiB
con_template		8	MyISAM	latin1_swedish_ci	6,4 KiB
con_template_conf		60	MyISAM	latin1_swedish_ci	6,4 KiB
con_type		18	MyISAM	latin1_swedish_ci	20,3 KiB
con_upl		10	MyISAM	latin1_swedish_ci	4,2 KiB
con_upl_meta		0	MyISAM	latin1_swedish_ci	1,0 KiB
con_user_prop		2	MyISAM	latin1_swedish_ci	2,2 KiB
76 Tabellen	**Gesamt**	4,017	MyISAM	latin1_swedish_ci	740,3 KiB

Abb. 20: Typische Contenido-MySQL-Datenbank

Zusammenfassung:

Contenido ist ebenso wie die anderen Systeme ein freies Web Content Management System. Ein Editor erlaubt es, Texte auch ohne HTML-Kenntnisse zu bearbeiten. Contenido trennt auch Layout, Funktionalität und Inhalt. Contenido organisiert sämtliche Artikel in einer Baumstruktur. Der Redakteur weist entweder einer Kategorie oder einem Artikel ein Template zu. Mit Contenido können auch barrierefreie Webseiten erstellt werden. Dies ist hier jedoch etwas umständlicher, da es hierzu keine fertigen Templates gibt, aber Contenido durch seine Struktur das Umsetzen von barrierefreien Seiten unterstützt.

Quellen und Links:

CMS: Contenido

Website: http://www.contenido.org/de/cms

Downloadlink:

http://www.contenido.org/de/cms/Download/index-c-1197-3.html

Anhang 32

Exemplarische Installation von OpenEngine

Website: http://www.openengine.de/

Downloadseite: http://sourceforge.net/projects/openengine

Anbei soll exemplarisch die Installation eines CMS mit OpenEngine in der Version 2.x aufgezeigt werden.

Technische Voraussetzungen zur Installation von OpenEngine:

- Webserver mit Apache oder Internet Information Server

- Webserver sollte mit PHP ab Version 5.x und MySQL ab Version 4.0 ausgestattet sein

- Internetzugang und Browser, Internet Explorer ab Version 6, Firefox ab Version 2

- FTP-Programm zum Upload der Daten

- „root"-Zugriff auf Webserver ist hilfreich für die Vergabe von Berechtigungen

Hinweis:

Sollte man keine Möglichkeit haben, auf einen Webserver im Internet zugreifen zu können oder sollten die oben genannten Voraussetzungen nicht erfüllt sein, so reicht es auch, eine lokale Testumgebung auf einem Linux-PC zu installieren. Eigentlich erlauben alle Linuxderivate eine einfache Installation von LAMP. Der Begriff LAMP setzt sich zusammen aus den Anfangsbuchstaben der Worte Linux, Apache, mySQL und PHP. Zu beachten ist, dass für die aktuelle Version von OpenEngine bereits mySQL ab Version 5.1 und PHP ab Version 5.0 notwendig sind.

Soll das System mit akzeptabler Geschwindigkeit im Internet erreichbar sein, so ist es sinnvoll, sich einen Server oder WebSpace bei einem Provider anzumieten. Bei guten Paketen ist man Administrator seines Systems, hat „root"-Zugriff und kann alle notwendigen Einstellungen selbst vornehmen. Derartige Systeme inklusive einer TLD sind derzeit bereits für wenige Euro pro Monat zu mieten.

Installation:

Nach dem Besuch der Downloadseite hat man die Möglichkeit, die gepackte Datei, aktuell mit dem Namen „openengine20rc2_demosite.zip", für eine Installation auf dem Server herunterzuladen. Wir laden die Datei mit knapp 2,7 MB und entpacken das Paket lokal auf dem PC. Beim Entpacken werden alle Dateien automatisch korrekt in den jeweiligen Unterverzeichnissen angelegt (Abb. 1). Man erhält eine Struktur lokal auf dem PC, die wir anschließend identisch auf den Webserver übertragen. Sinnvoll ist ein Datenbankmanager wie

phpMyAdmin (Weitere Informationen dazu finden Sie unter „http://www.phpmyadmin.net/",
der aktuelle Download ist möglich unter „http://www.phpmyadmin.net/home_page/
downloads.php"), um einen Benutzer mit den notwendigen Rechten für den Zugriff auf die
CMS-Datenbank anzulegen. Entpackt erhalten wir die Verzeichnisstruktur gemäß Abbildung
1. Die Datei „INSTALL" listet bei Bedarf alle Voraussetzungen für eine korrekte Installation
auf.

cms	31.03.2008 14:41	Dateiordner
root	09.04.2008 14:46	Dateiordner
setup	31.03.2008 14:41	Dateiordner
index.php	24.01.2008 15:51	PHP Script
INSTALL	02.05.2008 09:43	Datei
LICENSE	18.02.2005 10:10	Datei
README	17.04.2008 14:14	Datei
UPDATE	17.04.2008 18:33	Datei

Abb. 1: Download der gepackten Datei

Vorarbeiten:

Folgende Dateien und Verzeichnisse müssen beschreibbar sein. Dies kann mit dem Befehl
„chmod" direkt auf dem Webserver realisiert werden.

Verzeichnis: …/openengine/root/img
[root@php5 img]# chmod 777 -R pool
[root@php5 img]# chmod 777 -R cache

Weiterhin sind Vorarbeiten für die Datenbank zu erledigen.

localhost

Server Version: 5.0.24
▸ Protokoll-Version: 10
Server: Localhost via UNIX socket
▸ Benutzer: root@localhost
MySQL-Zeichensatz: **UTF-8 Unicode (utf8)**
Zeichensatz / Kollation der MySQL-Verbindung:
utf8_unicode_ci
Neue Datenbank anlegen
openengine   Kollation
Anlegen

Abb. 2: Anlegen der Datenbank

Datenbankeinrichtung

Wir bereiten eine Datenbank für das CMS vor und legen einen User mit passenden Rechten für den Datenbankzugriff an. Falls man phpMyAdmin nutzen kann, ist das relativ einfach, wie in Abbildung 6 beschrieben. Hat man kein derartiges Werkzeug zur Verfügung, lautet der

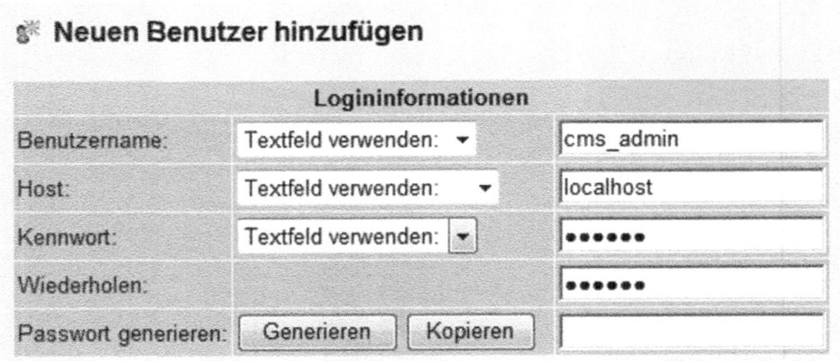

Abb. 3: Datenbankbenutzer für CMS-Zugriff anlegen

manuelle SQL-Befehl „CREATE DATABASE `mein_cms` ;".

Nachdem wir eine neue Datenbank angelegt haben, müssen wir die Tabellen manuell anlegen, da dies nicht vom Installationsskript übernommen wird. Wir kopieren mittels phpMyAdmin die Tabellen in die zuvor angelegte Datenbank. In Abbildung 4 wird die Datenbank des CMS inklusive aller Tabellen angezeigt. Im nächsten Schritt passen wir die Datei „config.php" im Verzeichnis „..../cms/_config/" an. Es wird der absolute Pfad der CMS-Installation in der Konfigurationsdatei angepasst.

Hinweis zu absoluten und relativen Pfaden:

In einem Dateisystem ist der Pfad die Auflistung der Verzeichnisse bzw. Dateien, die zu einer bestimmten Datei oder zu einem bestimmten Ordner führen. In der Regel wird zwischen zwei Arten unterschieden:

Absoluter Pfad: Dieser Pfad geht vom Wurzelverzeichnis („/", oder „C:\") aus.

Z. B.: "C:\windows\abc\text.txt" (Windows), oder "/home/sites/web/text.txt" (Linux)

Relativer Pfad: Ein relativer Pfad geht vom aktuellen Verzeichnis aus.

Z. B.: Falls der absolute Pfad „C:\windows\abc\hallo" lautet, ist „abc\hallo" der relative Pfad.

Relative Pfade haben somit den Vorteil, dass bei Migrationen von Webseiten oder Content Management Systemen auf die umständliche Anpassung aller Pfade verzichtet werden kann.

Wir passen in unserem Fall folgende Zeile an:

Alt: $oe_site_url = "http://127.0.0.1/cms";

Neu: $oe_site_url = "http://www.IhreDomain.de/openengine/cms";

Abschließend ändern wir die Variable „$db_password“ und setzen dort das Passwort für den User mit Datenbankzugriff auf die Datenbank namens „openengine“ ein. Natürlich sollte hier aus Sicherheitsgründen nicht wie oft vorgeschlagen „root“ als Benutzer verwendet werden. Nachdem wir alle Installationsschritte wie beschrieben und gefordert ausgeführt haben, können wir unser neues CMS starten und erhalten einen Startbildschirm, der wie in Abbildung 5 gezeigt, bereits mit Daten gefüllt ist.

In Abbildung 6 wird die erste Anmeldung im Backend gezeigt. Nach der Anmeldung haben wir gemäß Abbildung 7 einen übersichtlichen Zugriff auf die einzelnen Funktionen des OpenEngine-CMS.

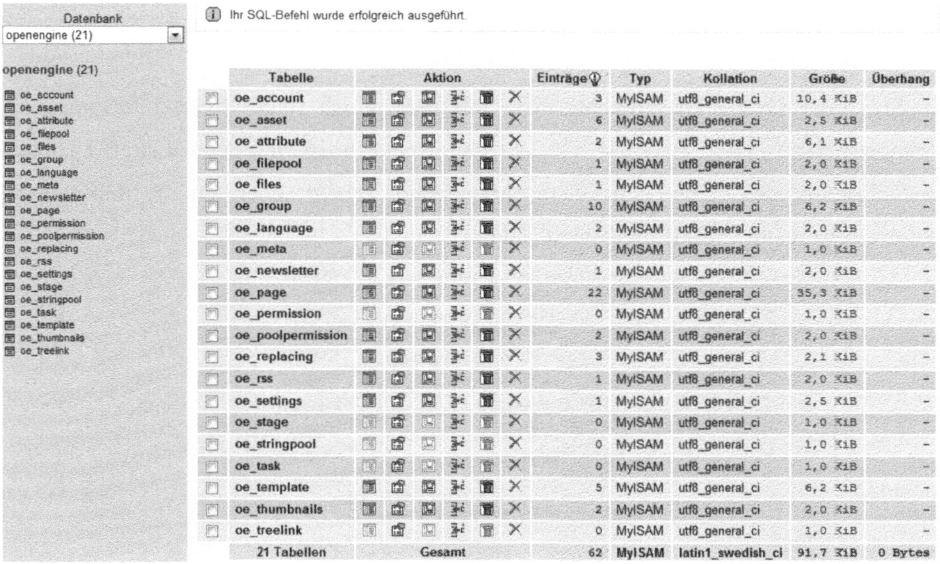

Tabelle	Aktion	Einträge	Typ	Kollation	Größe	Überhang
oe_account		3	MyISAM	utf8_general_ci	10,4 KiB	-
oe_asset		6	MyISAM	utf8_general_ci	2,5 KiB	-
oe_attribute		2	MyISAM	utf8_general_ci	6,1 KiB	-
oe_filepool		1	MyISAM	utf8_general_ci	2,0 KiB	-
oe_files		1	MyISAM	utf8_general_ci	2,0 KiB	-
oe_group		10	MyISAM	utf8_general_ci	6,2 KiB	-
oe_language		2	MyISAM	utf8_general_ci	2,0 KiB	-
oe_meta		0	MyISAM	utf8_general_ci	1,0 KiB	-
oe_newsletter		1	MyISAM	utf8_general_ci	2,0 KiB	-
oe_page		22	MyISAM	utf8_general_ci	35,3 KiB	-
oe_permission		0	MyISAM	utf8_general_ci	1,0 KiB	-
oe_poolpermission		2	MyISAM	utf8_general_ci	2,0 KiB	-
oe_replacing		3	MyISAM	utf8_general_ci	2,1 KiB	-
oe_rss		1	MyISAM	utf8_general_ci	2,0 KiB	-
oe_settings		1	MyISAM	utf8_general_ci	2,5 KiB	-
oe_stage		0	MyISAM	utf8_general_ci	1,0 KiB	-
oe_stringpool		0	MyISAM	utf8_general_ci	1,0 KiB	-
oe_task		0	MyISAM	utf8_general_ci	1,0 KiB	-
oe_template		5	MyISAM	utf8_general_ci	6,2 KiB	-
oe_thumbnails		2	MyISAM	utf8_general_ci	2,0 KiB	-
oe_treelink		0	MyISAM	utf8_general_ci	1,0 KiB	-
21 Tabellen	Gesamt	62	MyISAM	latin1_swedish_ci	91,7 KiB	0 Bytes

Abb. 4: Datenbank von OpenEngine im Überblick

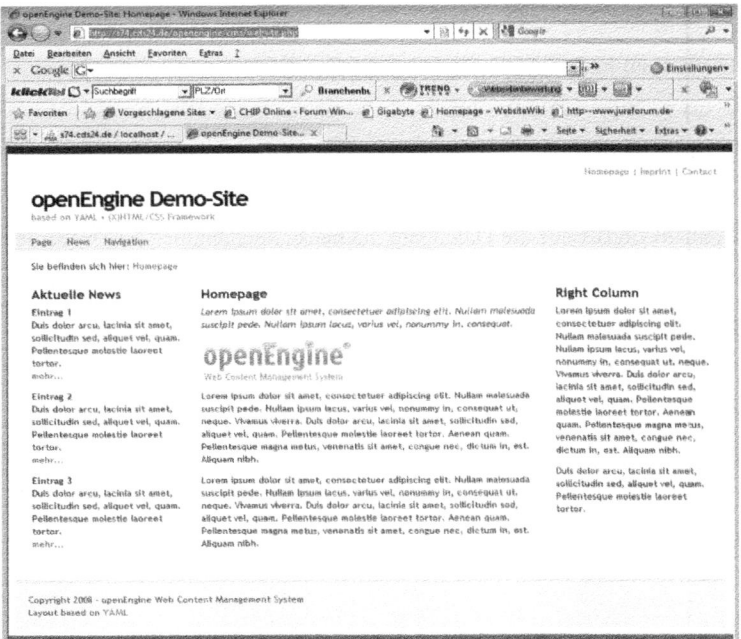

Abb. 5: Startseite nach erfolgreicher Installation

Die Startseite (Frontend) erreicht man mit dem Link „http://www.IhreDomain.de/ openengine/cms". Das Backend ist zu erreichen über http://www.IhreDomain.de/ openengine/cms/openengine. Die erste Anmeldung erfolgt über die E-Mail-Adresse „admin@website.org" mit dem Passwort „admin".

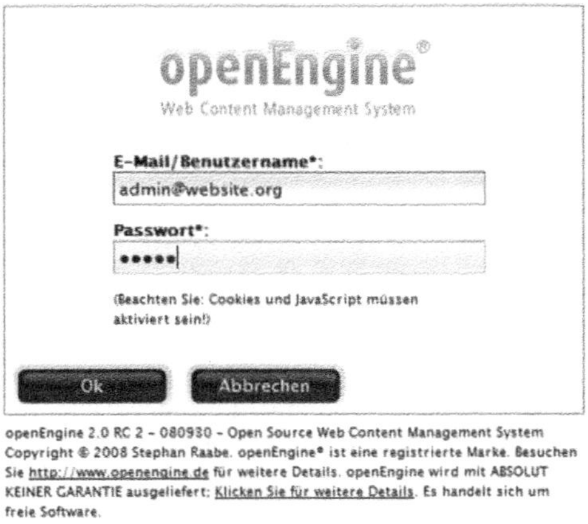

Abb. 6: Erste Anmeldung im Backend

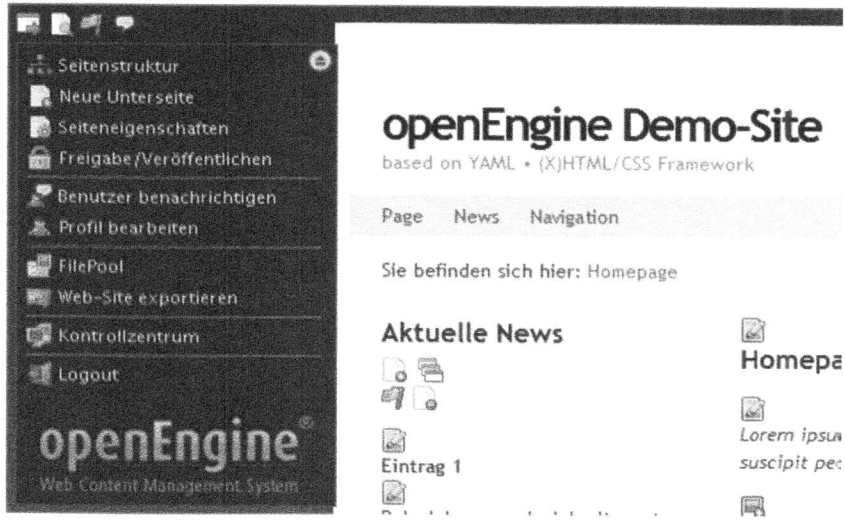

Abb. 7: Backend von OpenEngine

Nach der ersten Anmeldung hat man Zugriff auf das Backend des neuen CMS. Auf der linken Seite sind die Menüpunkte überschaubar angeordnet. In einem der ersten Schritte sollten Sie gemäß Abbildung 9 das Passwort für den Hauptbenutzer ändern, so dass kein fremder Zugriff möglich ist. Sinnvoll ist bei allen CMS, zusätzlich zum Hauptbenutzer einen weiteren Benutzer mit einem „Masterpasswort" anzulegen, das Sie nicht vergessen können. So hat man jederzeit die Möglichkeit, auf das System trotz eines vergessenen Passwortes zuzugreifen.

Hinweis:

In das Content Management System OpenEngine wurde das YAML (X)HTML/CSS Framework als Template und als Vorlage für die Templates integriert. Man kann YAML (YAML ist ein rekursives Akronym für „YAML Ain't Markup Language") aber nicht als fertiges Template sehen, sondern es dient nur zu Vorlage und enthält Beispiele für die Gestaltung mittels CSS. Da es keine weiteren fertigen Templates gibt, muss man das Layout selbst erstellen.

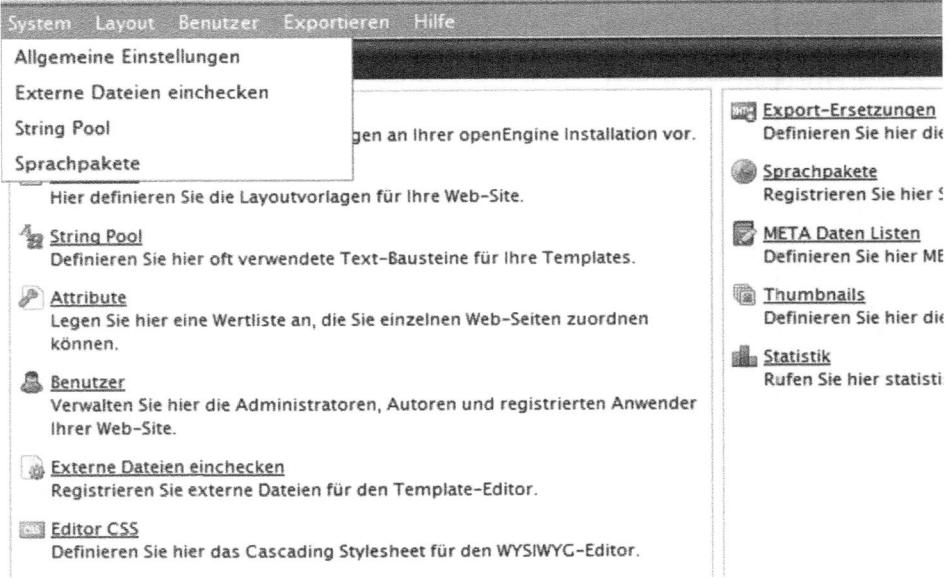

Abb. 8: Allgemeine Einstellungen im Backend

Abb. 9: Änderung des Passworts

Zusammenfassung:

OpenEngine ist ebenso wie die anderen Systeme ein freies Web Content Management System. Die OpenEngine-Demosite enthält das CMS OpenEngine und einen konfigurierten Demo-Auftritt. Die Demosite erklärt die Konzepte von OpenEngine näher und erleichtert durch Beispieltemplates den Einstieg in die weitere Programmierung.

Das „leere" OpenEngine Empty-Project enthält lediglich das CMS OpenEngine und ein leeres Template namens "default". Dieses Paket ist der ideale Ausgangspunkt für ein neues Projekt auf Basis von openEngine.

Zahlreiche Verbesserungen und die neuen AJAX-Funktionen machen OpenEngine mittlerweile zu einem flexiblen und benutzerfreundlichen Content Management System. Die flexible Template-Engine der aktuellen OpenEngine-Version basiert auf HTML und PHP-Funktionen, die durch angepasste Skripte jederzeit erweitert werden können. Das Erstellen von Templates unterliegt keinerlei grafischen Einschränkungen und unterstützt so in kürzester Zeit die Umsetzung jedes beliebigen Layouts, CSS basierten Layouts und barrierefreie Web-Sites.

Quellen und Links:

CMS: OpenEngine

Website: http://www.openengine.de

Downloadlink:

http://sourceforge.net/projects/openengine

Anhang 33

Exemplarische Installation von Redaxo

Website: http://www.redaxo.de
Downloadseite: http://www.redaxo.de/3-0-download-redaxo-de.html

Anbei soll exemplarisch die Installation eines CMS mit Redaxo in der Version 4.2.x aufgezeigt werden.

Technische Voraussetzungen zur Installation von Redaxo:

- Webserver mit Apache
- Webserver sollte mit PHP ab Version 4.3.2 und MySQL ab Version 4.0 ausgestattet sein
- Internetzugang und Browser, Internet Explorer ab Version 6, Firefox ab Version 2
- FTP-Programm zum Upload der Daten
- „root"-Zugriff auf Webserver ist hilfreich für Vergabe von Berechtigungen

Hinweis:
Sollte man keine Möglichkeit haben, auf einen Webserver im Internet zugreifen zu können oder sollten die oben genannten Voraussetzungen nicht erfüllt sein, so reicht es auch, eine lokale Testumgebung auf einem Linux-PC zu installieren. Alle Linuxderivate erlauben eine einfache Installation eines auf LAMP basierenden Systems. LAMP setzt sich zusammen aus den Anfangsbuchstaben der Worte Linux, Apache, mySQL und PHP. Sollte das System einmal mit sinnvoller Geschwindigkeit im Internet erreichbar sein, so muss man sich einen Server oder WebSpace bei einem Provider anmieten. Bei gut ausgestatteten Paketen ist man Administrator seines Systems, hat „root"-Zugriff und kann alle notwendigen Einstellungen selbst vornehmen. Derartige Systeme inklusive einer TLD sind derzeit bereits für wenige Euro pro Monat zu mieten.

Installation:
Nach dem Besuch der Download-Seite hat man die Möglichkeit, die gepackte Datei, aktuell mit dem Namen „redaxo4_2_1.zip" (Abb. 1), für eine Installation auf dem Server runterzuladen (Abb. 1). Wir laden die Datei mit ungefähr 2,0 MB und entpacken das Paket lokal auf dem PC. Beim Entpacken werden automatisch alle Dateien korrekt in den jeweiligen Unterverzeichnissen angelegt. Man erhält eine Struktur lokal auf dem PC, die wir anschließend identisch auf den Webserver übertragen.

Hinweis: Im Gegensatz zu den anderen CM-Systemen bringt der in Windows eingebaute ZIP-Extraktor hier aktuell Fehler beim Entpacken. Hier sollte bei Bedarf ein anderes Programm zum Entpacken verwendet werden.

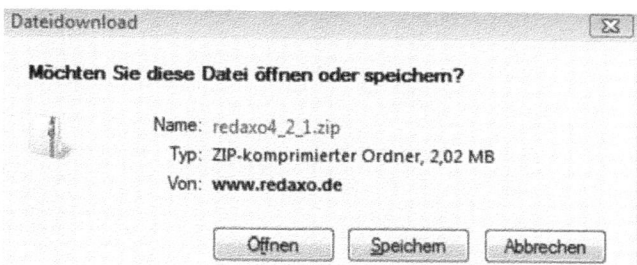

Abbildung 1: Download der gepackten Datei

Sinnvoll für weitere Arbeiten ist ein Datenbankmanager wie „phpMyAdmin" (Weitere Infos finden Sie unter „http://www.phpmyadmin.net/", der aktuelle Download ist möglich unter „http://www. phpmyadmin.net/home_page/downloads.php"), um einen User mit den notwendigen Rechten für den Zugriff auf die CMS-Datenbank anzulegen. Entpackt erhalten wir ab der Version 4 die folgende Verzeichnisstruktur:

/files	_readme.txt
/redaxo	_lizenz.txt
index.php	_getstarted.txt
_.htaccess	_lastchanges.txt

Hinweis zum Zugriffsschutz mit „.htaccess":
Bitte beachten Sie, dass die Konfiguration von „.htaccess" sehr stark abhängig vom verwendeten System ist. Manchmal kann eine Installation erst nach dem Löschen oder nach der richtigen Anpassung dieser Datei gestartet werden.
Hinweis zur Sicherheit:
Das System muss mit größter Sorgfalt installiert werden. Die Dateien bzw. Ordner sind nach dem Hochladen auf den Webserver nicht gesichert und bieten bei falscher Installation Angriffsmöglichkeiten für Hacker und weitere ungebetene Gäste. Bitte beachten Sie in diesem Zusammenhang die aktuellen Hinweise auf der Hersteller-Seite. In den letzten zwei Jahren wurden auch viele Angriffe durch Hacker, die unter anderem über das Backend erfolgten, bekannt.

Nach dem Upload wird die Installationsroutine gestartet. Der Start erfolgt mittels Aufruf einer PHP-Seite. Diese lautet, abhängig von Ihren gewählten Pfaden, „http://www.IhreSeite/redaxo/index.php". Nach der Auswahl der Installationssprache gelangt man zum ersten Schritt der Installation.

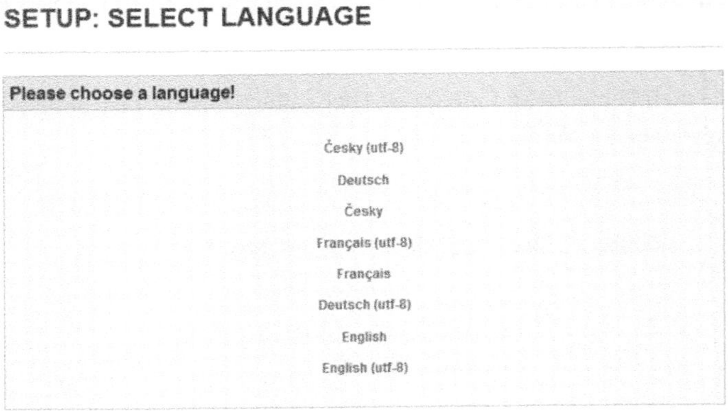

SETUP: SELECT LANGUAGE

Please choose a language!
Česky (utf-8)
Deutsch
Česky
Français (utf-8)
Français
Deutsch (utf-8)
English
English (utf-8)

Abbildung 2: Auswahl der Sprache

Nach der Auswahl der Installationssprache erhält man entweder eine erfolgreiche Prüfung der Installationsvoraussetzungen, wie Abbildung 4 zeigt, oder man muss Nacharbeiten ausführen, wie Verzeichnisse manuell anlegen oder fehlende Berechtigungen setzen. Die auszuführenden Arbeiten werden dann ähnlich Abbildung 3 aufgelistet. Falls die Rechte nicht korrekt angepasst wurden oder weitere Rechte notwendig sind, so zeigt das System an, was genau konfiguriert werden muss. Leider sind diese Fehlerangaben nicht immer sinnvoll erklärt. Es kann zudem vorkommen, dass das FTP-Tool leere Verzeichnisse nicht auf den Webserver kopiert. Fehlende Verzeichnisse müssen deshalb bei Bedarf manuell angelegt und ebenso mit Schreibrechten ausgestattet werden. Folgende Dateien und Ordner benötigen die am Zeilenanfang genannten Rechte:

755   /files

755   /redaxo/include/addons/import_export/files

755   /redaxo/include/generated

755   /redaxo/include/generated/articles

755   /redaxo/include/generated/files

755   /redaxo/include/generated/templates

755   /redaxo/include/install

755   /redaxo/include/clang.inc.php

755   /redaxo/include/addons.inc.php

755   /redaxo/include/functions.inc.php

755   /redaxo/include/master.inc.php

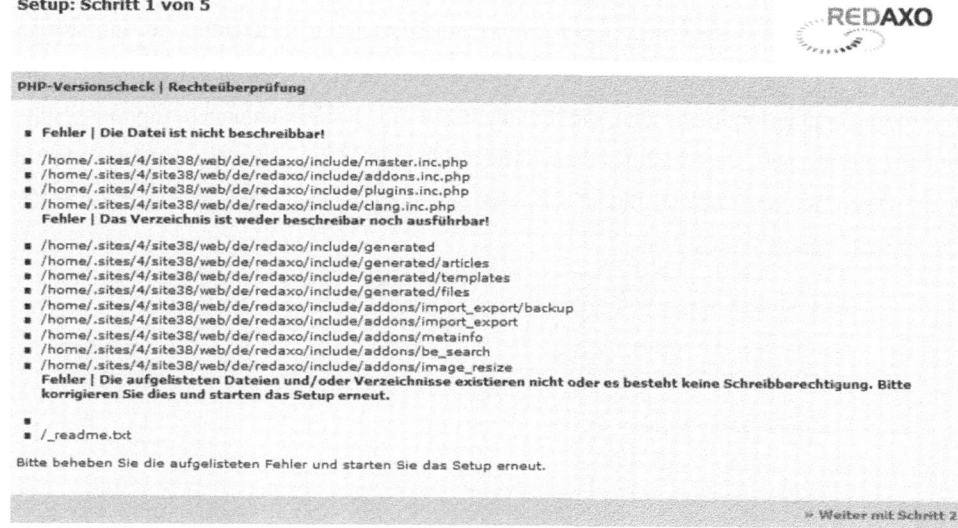

Abbildung 3: Fehlerausgabe der Vorabprüfung

Am sinnvollsten ist es, bereits vor der Installation die notwendigen Rechte wie folgt zu setzen:

- [root@server]# chmod 777 -R files
- [root@ server include]# chmod 777 *.inc.php
- [root@ server include]# chmod 777 -R generated
- [root@ server addons]# chmod 777 -R import_export/backup
- [root@ server addons]# chmod 777 -R import_export
- [root@ server addons]# chmod 777 -R metainfo
- [root@ server addons]# chmod 777 -R be_search
- [root@ server addons]# chmod 777 -R image_resize

Nach der Installation sind die Rechte sofort wieder zurückzusetzen auf „755".

Setup: Schritt 1 von 5

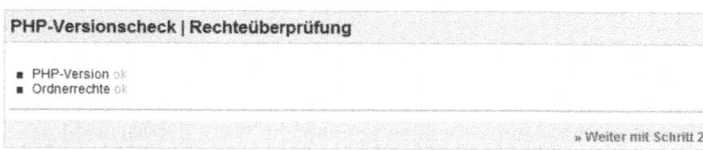

Abbildung 4: Erfolgreiche Vorabprüfung

Nach der erfolgreichen Vorabprüfung gemäß Abbildung 4 können wir mit der eigentlichen Installation beginnen. In Schritt 2 tragen wir wichtige Daten zur Installation ein. Im Bereich der allgemeinen Einstellungen sind die Serverdomain (z. B. „www.IhreDomain.de"), die Serverbezeichnung (optional) und die Emailadresse für Fehlermeldungen (optional, aber sinnvoll) einzutragen. Der Grad der Passwortverschlüsselung kann gewählt werden. Wichtig ist, die Daten der verwendeten Datenbank exakt einzutragen. Der „MySQL Host" ist in der Regel mit „localhost" anzugeben.

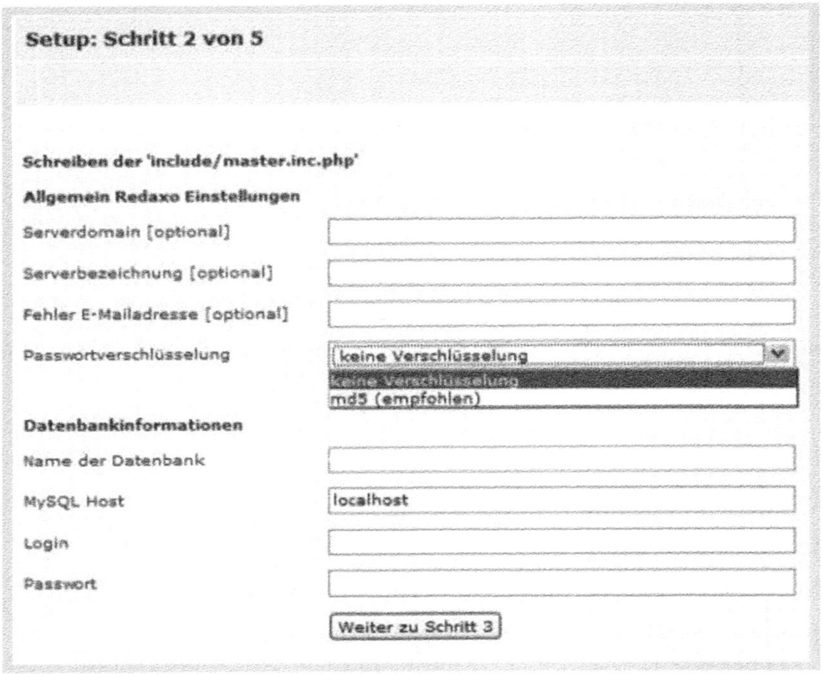

Abbildung 5: Schreiben der Konfigurationsdatei

Nach Eingabe der Daten klicken wir auf „Weiter" zum nächsten Schritt. Im dritten Schritt wählen wir zwischen verschiedenen Möglichkeiten der Datenbankanlage (Abbildung 6). Sie können die Datenbank vom System neu einrichten, überschreiben oder aktualisieren lassen. Falls die Datenbank bereits besteht, kann dieser Schritt auch übersprungen werden. Auch eine Aktualisierung und ein Datenbankimport sind möglich. Sie können bei einem Import zwischen einem eigenen vorhandenen Export oder den Redaxo-Demodaten wählen. Die ersten Schritte mit dem System werden damit erheblich vereinfacht. Nach der Auswahl geben wir im vierten Schritt die Zugangsdaten für den Administrator ein. Hierzu sind die Angaben von Anmeldenamen und Passwort notwendig.

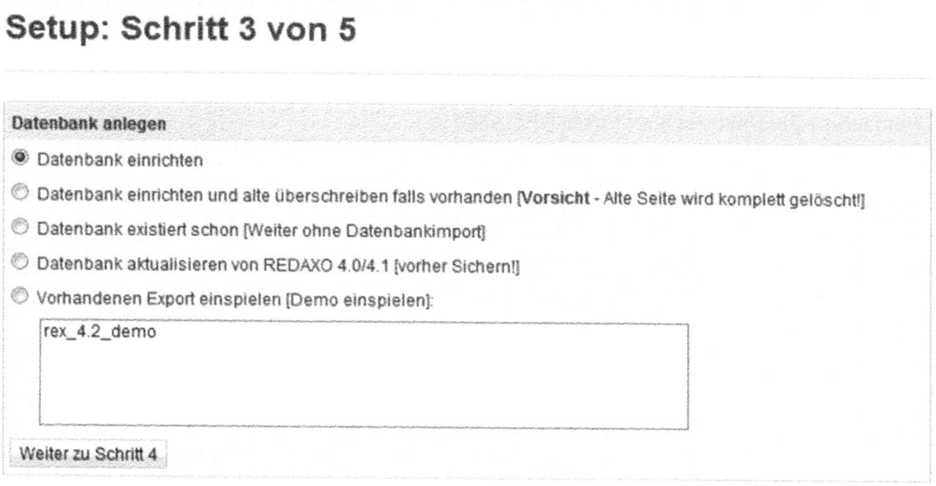

Setup: Schritt 3 von 5

Datenbank anlegen

◉ Datenbank einrichten

○ Datenbank einrichten und alte überschreiben falls vorhanden [**Vorsicht** - Alte Seite wird komplett gelöscht!]

○ Datenbank existiert schon [Weiter ohne Datenbankimport]

○ Datenbank aktualisieren von REDAXO 4.0/4.1 [vorher Sichern!]

○ Vorhandenen Export einspielen [Demo einspielen]:

rex_4.2_demo

Weiter zu Schritt 4

Abbildung 6: Datenbankauswahl

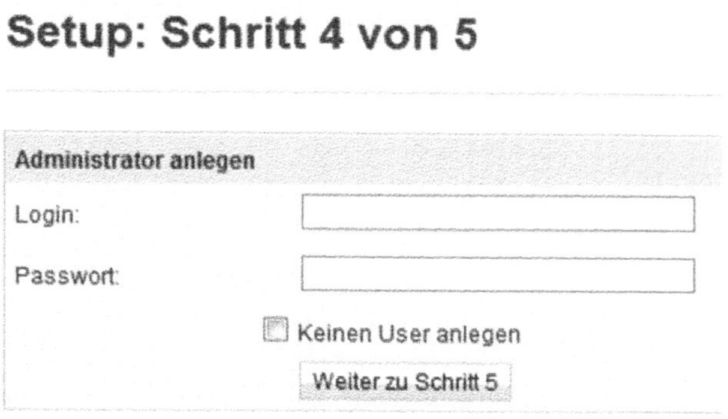

Setup: Schritt 4 von 5

Administrator anlegen

Login:

Passwort:

☐ Keinen User anlegen

Weiter zu Schritt 5

Abbildung 7: Anlegen der Administratorkennung

Nach erfolgreicher Installation erhalten wir die Meldung gemäß Abbildung 8.

Bezüglich Sicherheit ist der folgende Hinweis der Redaxo-Seite zu beachten:

„Für eine REDAXO-Installation ist es wichtig, dass der redaxo/include-Ordner vor Zugriff von außen geschützt wird. Wir haben standardmäßig eine .htaccess-Datei eingebaut, damit ein Apache-Server im Normalfall keinen Zugriff auf die Dateien im Include-Ordner erlaubt. Bei der Version 4.x wurde eine Überprüfung der .htaccess-Datei eingebaut. Sollte sie nicht vorliegen, erhält man bei der Installation eine Warnmeldung."

Setup: Schritt 5 von 5

Herzlichen Glückwunsch zu Ihrem REDAXO!

Bitte noch dieses beachten:

- 1. Mit dem eingerichtetem Zugang einloggen
- 2. Importieren einer Demo über [wenn eingeloggt]: Import/Export und dort jeweils die Datenbank und Files installieren.

Viel Spass und Erfolg
Das REDAXO Team

Abbildung 8: Installation erfolgreich ausgeführt

- redaxo4.0
  - files
  - redaxo
    - include
      - addons
      - classes
      - functions
      - generated
      - install
      - lang
      - layout
      - pages
    - media

- classes
- functions
- generated
- install
- lang
- layout
- pages
- .htaccess
- addons.inc.php
- clang.inc.php
- functions.inc.php
- master.inc.php

Abbildung 9: Die Redaxo-CMS-Verzeichnisstruktur

Anbei folgen einige Bildschirmausschnitte des Backend von Redaxo. Abbildung 10 zeigt in der „Basis Navigation" die Strukturverwaltung von Redaxo. Neben Angaben wie Pfad und Kategorie enthält die Verwaltung auch Angaben zu Artikelnamen, Template, Erstellungsdatum und aktuellem Status.

Abbildung 11 gibt einer Übersicht der verwendeten, installierten und aktivierten AddOns aus. Neben notwendigen System-AddOns können auch weitere optionale AddOns installiert werden. Man muss dabei beachten, dass ein installiertes AddOn von Haus aus nicht aktiv geschaltet ist. Dies muss separat für jedes AddOn gemacht werden.

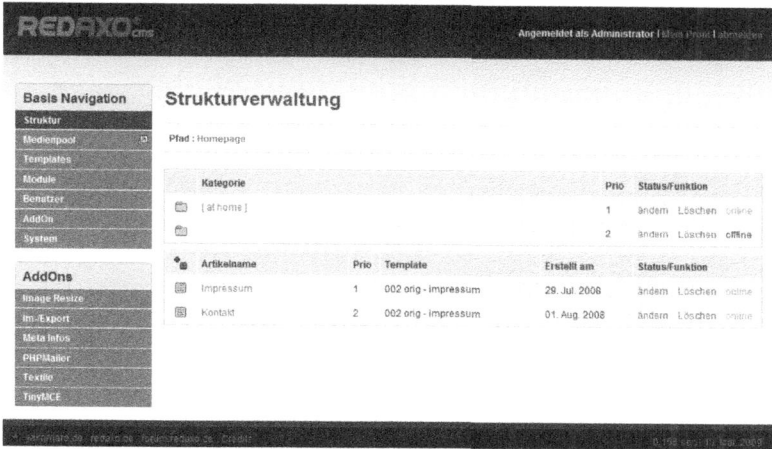

Abbildung 10: Strukturverwaltung

Gemäß Abbildung 12 werden die Einstellungen für das Versenden von E-Mails aus dem System hinterlegt. Man sollte in jedem Fall eine gültige Absenderadresse hinterlegen, damit Spamfilter eine Zuordnung bezüglich des Absenders machen können und so die Mails nicht sperren. Weiterhin kann es sein, dass der SMTP-Dienst zum Versenden von E-Mails eine Authentifizierung verlangt. Dazu ist die Eingabe eines Benutzernamen, der das Recht zum Versenden von E-Mails hat, mit zugehörigem Passwort zwingend notwendig.

Interessant sind die Einstellungsmöglichkeiten im AddOn „TinyMCE", sobald dieses AddOn aktiviert wurde. Man kann auf Wunsch einen gültigen XHTML-Code ausgeben (Abbildung 13).

Eingebaute Redaxo-Standardfunktionen:

- Eine Strukturverwaltung ermöglicht die Verwaltung der Kategorien und Inhalte.
- Im „Medienpool" werden relevante Dateien hochgeladen und verwaltet.
- Integrierte Benutzerverwaltung, über die einzelnen Personen ein zielgerichteter und eingeschränkter Zugriff auf das Backend ermöglicht wird.

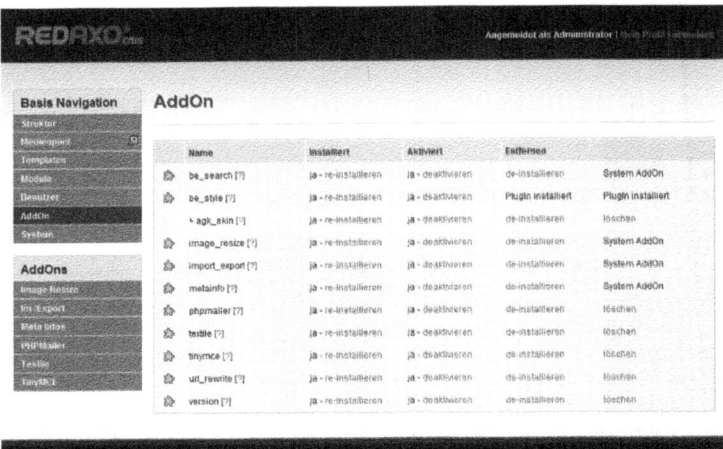

Abbildung 11: Redaxo-AddOns

Abbildung 12: Redaxo E-Mail-Einstellungen

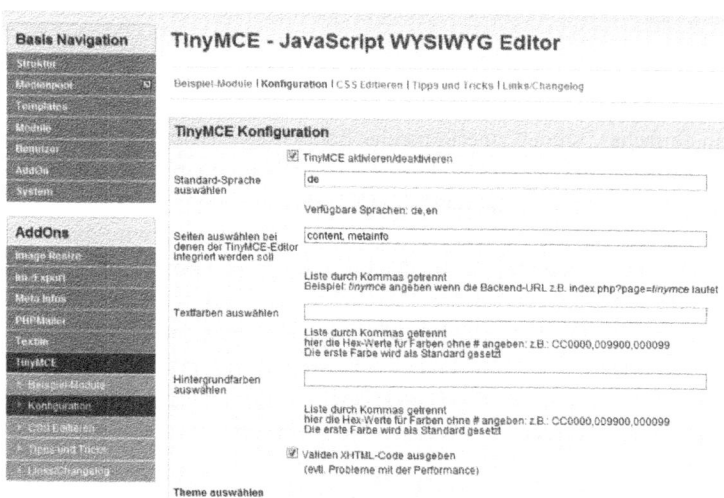

Abbildung 13: Redaxo WYSIWYG Editor

- Zwei getrennte Bereiche für Templates und Module.
- Import-/Export-Funktion ermöglicht Datensicherung und Aktualisierung von Daten.
- Einfache Nutzung der Mehrsprachigkeit.
- Der WYSIWYG-Editor „TinyMCE" kann als Modul eingebunden werden.

Zusammenfassung:

Redaxo ist ein einfaches, schnell zu erlernendes Redaktionssystem, welches einen hohen Grad an Flexibilität gewährleistet. Es bietet die Möglichkeit, Webseiten zu erstellen, die hinsichtlich der individuellen Gestaltung keinerlei Einschränkungen unterliegen. Vor allem Werbeagenturen greifen gerne auf dieses CMS zurück. Gleichzeitig wird durch die Trennung von Inhalt, Funktionalität und Design eine leichte und schnelle Bearbeitung gerade auch für mehrere Bearbeiter mit unterschiedlichen Kenntnissen gewährleistet. Die Aktualisierung von Inhalten kann anschließend ohne besondere Programmierkenntnisse erfolgen. Es sind jedoch weitergehende Kenntnisse über HTML und CSS notwendig, um Internetauftritte sinnvoll realisieren zu können. Alle Anpassungen an spezielle Anforderungen können in PHP oder Javascript programmiert werden. Eine zusätzliche Skriptsprache ist bei Redaxo nicht enthalten.

Quellen und Links:
CMS: Redaxo
Website: http://www.redaxo.de

Downloadlink der Version 4.2.1 vom Oktober 2009:
http://www.redaxo.de/3-0-download-redaxo-de.html

Allgemeine Dokumentation Installation von Redaxo 4.*:
http://www.redaxo.de/253-0-doku-version-4-x.html

The manufacturer's authorised representative in the EU is Springer
Nature Customer Service Centre GmbH, Europaplatz 3, 69115 Heidelberg,
Germany. If you have any concerns regarding our products, please
contact ProductSafety@springernature.com

Printed and bound by CPI Group (UK) Ltd, Croydon, CR0 4YY
23/04/2026
02095645-0008